남들처럼 육아하지 않습니다

교육학자 부부가 전하는
부모 욕망이 아닌 아이의 욕구에 충실한
아이 주도 육아법

차상진 · 하태욱 지음

프롤로그

육아와 교육에 대한 정보가 넘쳐나는 시대, 과연 이 책을 내는 것이 어떤 의미가 있을까 생각해봤습니다. 안 그래도 정보가 넘쳐나는 세상인데 우리까지 보탤 필요가 있을까 하는 생각이 들어서였습니다. 수많은 정보 속에서 흔들리고 혼란스러워하는 부모들을 보며 새롭지도 않을 우리의 이야기를 전달하는 것이 어떤 도움이 될지 의문이 들었습니다.

우연한 기회에 <한겨레>의 육아 웹진 <베이비트리>에 필진으로 참여해달라는 제안을 받았습니다. 유학을 마치고 귀국하여 교육운동을 하면서 대중적인 언어로 부모와 교사들을 만나야겠다는 필요성을 크게 느끼던 시기였습니다. 저희 부부가 따로따로 공부해오던 내용들을 우리 집 식탁에서만 나눌 것이 아니라 다양한 사람들과 함께 나누면 좋겠다는 이야기도 하던 참이었습니다. 그렇게 <베이비트리>의 교육 칼럼으로 '어느 교육학자 부부의 삶은 교육'이라는 코너에 글을 쓰게 되었습니다. '삶 전체가 교육'이라는 말도 되고, 교육이란 것이 원래 정답 없이 지지고 삶는 일이라는 의미도 있었습니다. 말이 교육학자고 교육 전문가지 당시 10대 사춘기에 접어든 아들을 키우는 일은 늘 이론적 당위와 현실적 한계 사이의 갈등 그 자체이기도 했습니다. 저희가 겪는 갈등과 어려움, 그럼에도 불구하고 놓치지 않고 가져가야 할 것들에 대해 이야기해보고 싶었습니다.

대안교육을 공부한 남편 하태욱은 서머힐 학교Summerhill School(1921년 영국에 세워진 세계에서 가장 유명한 대안학교. 세상에서 가장 자유롭고 행복한 학교를 지향하는 민주적 학교)를 연구하며 자유와 소통, 그리고 민주주의의 가치를 배웠습니다. 그리고 우리 교육이 바뀌기 위해서는 환경 자체를 변화시켜야 한다는 생각을 갖고 있습니다. 대한민국에서 살아남으려면 어쩔 수 없다는 패배주의적 시각으로 우리 아이들을 계속 고통의 굴레로 몰아넣을 수는 없기 때문입니다. 새로운 길을 찾을 수 있다는 믿음도 갖고 있습니다. 우리나라는 당장 대입문제와 청소년 자살이 고등학생 때부터 문제로 드러나다 보니 대안교육이 고등학교 과정에 집중되어 있지만 실상 그 시작은 유아기부터, 그리고 가정에서부터 시작되어야 한다고 생각합니다.

유아교육을 전공하면서 하이스코프를 공부한 아내 차상진 역시 진정한 변화는 유아기부터 시작되어야 한다는 데 동의합니다. 하지만 그 변화는 단순히 당위나 구호로 이행될 수 있는 것이 아니기에 보다 체계화된 틀이 있으면 좋겠다고 생각했습니다. 아이에게 자기주도적인 놀이 환경을 만들어주는 하이스코프의 교육과정이 눈에 들어왔던 것은 그런 이유에서였습니다. 아이에게 막연히 야단만 치거나, 왜 못하느냐고 한탄하기보다 스스로 할 수 있는 체계와 풍토를 만들어줌으로써 육아와 교육의 문화가 달라질 수 있다는 점을 배웠습니다. 학계에서는 매우 주목받는 교육 프로그램임에도 불구하고 한국에는 소개가 미미했던 데다 이론과 현장을 잇는 실천은 더 전무했습니다. 그 간극을 메우면 우리 동네에서부터라도 조금씩 교육환경을 바꾸어나갈 수 있을 거라고 생각했습니다.

각각 다른 공부를 했지만, 같은 지향을 가지고 아이를 키웠습니다. 또 지역에서 함께 교육공동체를 꾸려나가면서 교육현실을 바꾸는 일이 불가능한 건 아니라는 자신감이 생겼습니다. 학교를 중심으로 하던 지식과 경쟁의 교육 플랫폼 시대를 넘어 이제 공동체를 중심으로 하는 관계와 소통의 교육 플랫폼이 가능함을 온몸으로 확인했기 때문입니다.

더구나 교육청이나 지자체 역시 혁신학교나 마을공동체를 열쇠말로 이런 흐름에 불을 붙이고 있어 저희들의 이야기를 청하는 곳들도 많아졌습니다. 하지만 여전히 일상에서 만나는 부모님들에게는 불안이 크게 자리 잡고 있습니다. 한국 사회는 불안을 증폭시키는 방식으로 교육을 팔아먹고 있기 때문입니다. 그걸 열심히 소비하면서도 이게 맞는 건지, 이렇게 해도 되는 것인지 끊임없이 걱정하고 흔들립니다. 대안이 있다는데 진짜 대안이 되는지도 모르겠고 다 불안하기만 합니다.

그래서 출판을 제안받은 저희 두 사람은 오랜 시간 함께 고민하고 의논한 끝에 책을 내기로 결정했습니다. '정보의 홍수'라지만 오히려 불안을 부추기는 '정보의 혼란'이 더 많은 시대, 부모님들에게 줏대를 세우시고 힘을 내시라 이야기하고 싶어졌습니다. 시중에 떠도는 소위 '카더라' 통신과 왜곡된 신념보다는 연구와 근거에 기반한 이야기를 다시 한 번 전하고 싶었습니다. 흔들리며 피지 않는 꽃이 어디 있겠습니까. 다만 물살에 휩쓸려 떠다니지 않고, 굳건하게 땅에 뿌리를 내린 채 흔들린다면 분명 꽃은 피리라 믿습니다.

이 책을 내기까지 감사해야 할 분들이 많습니다. 특히 저희 두 사람이 제 몫을 하는 한 인간으로 성장하기까지 감내해주신 양가의 어른들께 깊은 감사를 드립니다. 저희들의 교육적 영감은 어른들로부터 받은 양육에서 출발했던 것임이 분명합니다. 부모가 이론과 현실 사이에서 갈팡질팡할 때 자신의 본성대로 스스로 자라나 이제 스무 살 성인이 된 아들 하늘찬에게도 고마운 마음을 전합니다. 앞으로도 스스로의 길을 뚜벅뚜벅 걸어가주기를 기도하는 마음으로 지켜봅니다. 무엇보다 저희들의 글을 책으로 내기까지 애써주신 분들께 깊은 감사를 드립니다. <한겨레> 육아 웹진 <베이비트리> 담당이신 양선아 기자님, 저희 부부를 필자로 초대해주시고 출판사와 연결시켜주지 않았다면 이 책은 나오지 못했을 겁니다. 참 고맙습니다. 책을 내기까지 저희 부부를 격려해주시고 다양한 피드백으로 놓친 부분들을 지적해주신 한겨레출판사 교양팀 편집진에게도 큰 감사인사 전합니다. 그 외의 많은 분들이 주신 영감과 가르침이 저희를 세워주셨음을 늘 기억합니다. 모두들 고맙습니다.

한밭에서
차상진·하태욱 드림

프롤로그 4

1장
대한민국 부모가 아닌 '내 아이의 부모'로 사는 법

교육, 가르치는 것과
기르는 것의 조화
14

'가르치는 것'보다 더 중요한
'보여주는 것'
22

대한민국에서 살려면
어쩔 수 없다는 당신에게
29

예측 가능한 일과가
주도적인 아이를 만든다
37

학원보다 더 중요한,
아이 스스로 인생을 계획할 수 있는 능력
45

학원보다 더 중요한,
경험을 돌아볼 수 있는 능력
52

2장
"잡고 사느냐, 잡혀 사느냐"
아이와 기싸움하는 부모에게

부모, 감시자인가 파트너인가
아이와 첫 관계 맺기

62

box. 당신은 아이를 어떤 존재로 생각하고 있습니까? 67

양육 주도권에 관한 생각의 패러다임
주도권은 빼앗는 것이 아니라 기꺼이 나누는 것

69

관계 맺기1. 아이와 부모
아이의 발달 특성을 알면 육아가 행복하다

74

관계 맺기2. 자기 자신
감정과 생각을 표현할 줄 아는 아이

82

관계 맺기3. 친구
우리 아이 첫 친구 사귀기

88

6단계 싸움 중재 방법
친구, 형제와 다투고 있는 아이에게 말 걸기

95

체벌에 대한 고찰
매가 매를 부른다

112

3장
"가르칠 것인가, 스스로 알게 할 것인가"
스스로 답을 찾으며 배우는 아이

모든 아이에게 통하는 지침은 없다

120

놀이란 무엇인가
놀이에 대한 믿음

125

놀이가 배움이 되려면
열린 질문, 열린 장난감으로 놀아주기

133

box. 아이에게 안정감을 주는 장난감 정리법 142

0~7세 일상 속 언어능력 키우기
표정, 몸짓, 말, 모든 것이 언어 발달의 시작이다
▶듣고 이해하기 ▶말하기 ▶읽기 ▶쓰기

147

box. 이야기의 힘 170

일상에서 수학하기
생활 속에서 수학적 사고력 키우기
▶수와 연산 ▶도형과 공간지각 ▶측정

176

일상에서 과학하기
아이의 과학적 사고를 발달시키는 대화법
▶관찰하기 ▶분류하기 ▶실험하기 ▶예측하기 ▶결론 내리기 ▶의견 나누기

208

일상에서 사회성 키우기
세상과 잘 어울리는 아이로 키워주는 대화법
▶사회에 대한 기본적 지식 ▶판단하는 사고능력 키우기 ▶민주적 기질 키우기

234

box. 몸으로 하는 세계화 246

4장
아이가 살아갈 새로운 시대, 새로운 교육

'맘충'과 아동학대 사이에서 길 찾기
훈육, 어떻게 해야 할까요?
254

잔소리의 도道
잔소리 좀 안 하고 살 수 없나요?
261

필요악과 죄수의 딜레마 사이에서
사교육, 안 시켜도 될까요?
269

영어보다 더 중요한 소통의 즐거움
그래도 영어는 가르쳐야 하지 않나요?
277

사용하는 법보다 더 중요한 생각하는 힘
전자기기는 멀리해야 하나요?
284

<u>box. 디지털 시대, 당신은 어떤 부모인가요?</u> 294

경쟁 신화와 협력의 시대
경쟁 없이 살아갈 수 있나요?
296

드론맘이 아닌 서핑맘 되기
4차 산업혁명시대, 우리 아이는 어떻게 키워야 하나요?
304

집에서 아이와 함께 만들어 노는 홈메이드 장난감 10 313
미주 324

대한민국 부모가 아닌
'내 아이의 부모'로
사는 법

1장

교육, 가르치는 것과 기르는 것의 조화

學而時習之不亦說乎(학이시습지불역열호)[1]
배우고 적절히 그것을 실천하면 얼마나 즐거운가!

《논어》의 첫머리에 있는 말입니다. 논어의 20부 중 1부에 해당하는 〈학이(學而)편〉, 그중에서도 가장 첫머리에 있다니 공자님 말씀 중에서도 핵심이 아닐까 싶습니다. 특히 〈학이편〉은 배움의 가치와 중요성을 이야기하고 있으니 자녀 '교육'을 위해 고민하는 우리에게 시사하는 바가 크다고 생각합니다.

얼마 전 한 기관에서 준비하는 부모 교육 프로그램을 함께 기획한 적이 있습니다. "우리는 어떻게 해서 '부모'가 되는가." 논의의 시작은 이것이었습니다. 처음부터 모두 난감해졌습니다. 이 화두에서 '부모'란 생물학적 부모가 아니라 사회적인 역할로서의 부모일 텐데, 우리는 아무도 '부모 되기'에 대해 배운 적이 없기 때문입니다. 그렇다면 우리는 어떻게 "부모 교육 전문가"라고 불리게 되었는가, 생각해봐도 대답은 "어쩌다 보니"라며 서로 웃었습니다. 소위 전문가라고 모인 사람들마저 이럴진대 보통의 부모들은 어떨까요. 준비 없이 부모가 되는 것은 철부지 불장난으로 아이를 낳는 경우에만 해당되는 것이 아니구나 싶었습니다. 나이의 많고 적음을 떠나 어떻게 부모가 될 것인지 진지하게 고민해볼 기회도 없이 우리는 육체적인 본능과 문화적인 관습에 이끌려 부모가 됩니다. 제대로 준비된 바가 없으니 주변에 떠다니는 검증되지 않은 정보에 휘둘리고 결국 사교육 의존성이 높아지는 것도 무리는 아니다 싶습니다.

우리는 사회에서 어떤 역할을 맡기 위해서 오랜 시간 그 역할이 되기 위한 교육을 받습니다. 짧게는 몇 개월 과정에서 길게는 몇 십 년 동안 학교나 학원을 다니고 시험을 쳐서 자격증을 따기도 합니다. 그런데 우리가 사회에서 맡는 그 어떤 역할보다 파급력이 큰 '부모 역할'을 맡기 위해서는 어떤 교육도 받아본 적이 없습니다. 운전을 하려면 운전면허시험을 통과하고 연수를 거쳐 도로로 나서지만 부모 자격 검정시험이 있어서 떨어진 사람은 자녀양육권을 박탈당한다는 법은 없습니다.

가만히 생각해봅시다. 아이의 교육을 맡을 선생님의 전공이 무엇이고, 아이를 가르칠 자격이 되는지 따져본 적은 있지만 내가 부모 자격이 있는지 생각해본 적은 많지 않을 겁니다. 부모의 역할은 고민하지 않고 주변에서 들리는 '카더라 통신', 근거 없는 신념, 비과학적이고 비교육적인 정보에 휘둘리며 갈팡질팡하는 경우가 많지요.

"그럼, 공부 많이 한 전문가들은 부모 노릇을 잘한다는 거냐?" 이렇게 묻는다면 저희 부부도 썩 자신 있지는 않습니다. 교육을 화두로 잡고 공부를 시작한 지가 20년이 훌쩍 넘었지만 저희 또한 자식을 키우는 일은 어렵습니다. 내 자식의 문제가 되면 머릿속의 지식이 가슴으로 내려오기 전에 본능과 감각이 먼저 꿈틀거리기 때문입니다. 교육학을 전공한 연구자라는 거죽을 쓰고 있지만, 자식을 키우는 부모로서 살다 보면 순간순간 비교육적인 욕망에 흔들리는 스스로를 발견하곤 합니다.

앞서 學而時習(학이시습)에 '배우고 적절히 그것을 실천한다'는 해석을 달았습니다. 신영복 선생님의 해석입니다. 배움(習)이란 흰(白) 새의 날개(羽)이니 배운 것을 실천하지 못한다면 날개는 있으나 날지 못하는 닭 같은 존재가 된다는 의미라고 합니다.[2] 그러니 제가 하는 어떤 공부와 연구보다 내 아이 기르기에 대한 고민과 성찰이 필요하다고 느낍니다. 학문적으로 떠드는 이야기들 중에 아이를 키울 때 적용할 수 없는 것이 있다면 그건 허공에 뜬 이야기일 수밖에 없으니까요.

그래서 '부모 되기'에 대해서 배우고 실천하는 일은 무척 중요합니다. 배우고 실천하는 일은 또한 발견하는 일이기도 합니다. 아이의 성장을 바라보며 순간순간 아이가 보여주는 모습에서 놀랍고 신기한 발견을 하다 보면 그 자체로 즐겁고 행복합니다. 배운 것을 적절히 실천했더니 놀라운 발견까지 한다면 어찌 즐겁지 아니하겠습니까!

배우고 익히는 이야기가 나온 김에 '교육이란 무엇인가?'에 대해 조금 더 이야기해보겠습니다. '교육(敎育)'이란 가르치고(敎) 기른다(育)는 뜻이지요. 여기서 '敎(교)'라는 한자는 '본받을 爻(효)'와 '아이 子(자)', 그리고 '칠 攵(복)'이 합쳐진 글자입니다. 즉, 아이를 때려서라도 본받도록 하는 것이 가르치는 행위라는 겁니다. 다시 말해 가르치는 사람이 주체가 되는 행위입니다. 우리말 '가르치다'는 '가리키다'와 같은 어원이라고 합니다. 가르치는 행위는 진리를 알고 있는 사람이 "저것이 진리다"라며 가리키는 행위인 것이죠.

서양에도 비슷한 관점이 있습니다. 교육을 의미하는 영어의 'Pedagogy'는 그리스어 'Paidos(어린이)'와 'Agogos(이끈다)'의 합성어입니다. 여기서 주인집 자녀를 이끌고 스승을 찾아다니는 노예를 일컫는

'Paidagogos'라는 표현을 거쳐 'Pedagogy'가 된 것이라는군요. 오늘날로 치면 이 학원, 저 학원으로 아이들을 끌고 다니는 '엄마 매니저'쯤 될까요? 서양에서도 아이를 이끄는 사람, 즉 교육자가 무엇을 가졌느냐가 중요합니다.

이에 반해서 '育(육)'은 '아이(子)'를 '기르는 것(肉)'을 의미합니다. 기른다는 것은 스스로 자라나는 환경을 만들어주는 것이죠. '기르다'라는 동사가 '길'이라는 명사에서 나왔다는 주장도 있습니다. 아이가 자신의 길을 걸어갈 수 있도록 하는 것, 그것이 기르는 행위라는 겁니다. 영어로 교육을 뜻하는 'Education'은 'E(밖)'와 'Duco(꺼내다)'라는 라틴어에서 왔다고 합니다.[3] 자기 안에 있는 잠재력과 재능을 밖으로 꺼낼 수 있느냐 없느냐는 자신의 힘에 달려 있습니다. 아이의 입을 열고 손을 집어넣어 그것을 끄집어낼 방법은 없습니다.

교육이란 '가르치는 것(敎)'과 '기르는 것(育)'의 조화입니다. 하지만 우리 사회는 가르치는 것만 지나치게 강조하고 있습니다. 아이의 안에 어떤 생각, 욕구, 가능성이 들어 있는지 들여다보지 않고 부모 욕심대로, 선생이 아는 대로 강요하기만 합니다. 조기교육, 사교육 열풍도 모두 가르치는 것에 지나치게 추가 기운 탓에 나타나는 왜곡 현상일 겁니다. 물론 무조건 기르는 것만이 강조되어야 한다는 말은 아닙니다.

흔히 '대안교육'을 아무것도 가르치지 않고 아이들을 방치하는 교육으로 아는 분들이 많습니다. 아마도 가르치는 것이 지나치게 비대해진 우리 사회에서 기르는 것을 강조하다 보니 생긴 오해가 아닌가 싶습니다. 아이의 이야기를 듣고, 아이의 욕구를 알아주고, 흥미를 파악하고, 그 길을 걸어갈 수 있는 환경을 만들어주는 것, 그것이 바로 가르치는 것과 기르는 것의 조화입니다. 그런 교육환경 속에서 자라나는 아이야말로, '배우고 익힘의 즐거움'을 아는 아이로 자랄 수 있습니다.

최근 '부모력'이라는 신조어가 뜬다고 합니다. 아이를 키우는 데는 할아버지의 경제력, 아빠의 무관심, 엄마의 정보력, 아이의 체력이 필요하다는 우스갯소리가 있던데 부모력은 또 무언가 싶을 수도 있겠습니다. 앞에서 이야기했던 부모 자격 검정시험이 도입된다면 그 출제 기조는 경제력, 무관심, 정보력, 체력을 검정하는 것일까요? 부모력에 대한 자료나 책을 찾아보니 대부분 아동중심주의 교육에 기반을 둔 내용이었습니다. 아동중심주의Child-Centeredness란 어른의 기준에 아이들을 맞추지 말고 아이의 본성과 재능, 그리고 흥미로부터 출발하자는 교육학의 기조입니다. 아동중심주의의 철학적 기반은 자연주의Naturalism입니다. 자연주의는 '자연'이라는 물리적 환경과 합일되는 단어로, 도시 콘크리트의 인공적 환경과 반대로 자연과 함께하는 교육을 강조하지요. 숲 유치원, 농촌 유학 등에서 아이들이 생태적 자연과 함께 자랄 수 있는 환경을 만들어주는 것을 강조하는 것은 이런 까닭입니다.

영어에서 자연을 의미하는 'nature'는 본성이라는 의미도 함께 가지고 있습니다. 물리적 환경인 '자연'으로 돌아간다는 것은 아이가 스스로의 '본성'과 만나는 일이기도 합니다. 결국 부모의 욕심이나 의도대로 아이를 만들려고 하지 말고 있는 그대로를 인정하고 아이가 본성대로 자랄 수 있도록 돌보라는 메시지겠지요. 아이의 첫걸음마가 그렇게 시작되었던 것처럼 말입니다.

그런데 육아와 교육에 대한 정보가 넘쳐나는 이 세상에서, 더구나 온갖 인공물로 가득한 도시에서 본성을 이야기하는 것이 가당키나 할까요? 學問如逆水行舟不進則退(학문여역수행주부진즉퇴).[4] 우리 삶은 물을 거슬러 올라가는 배(逆水行舟)와 같아서 공부를 통해 계속 노를 저어 앞으로 나가지 않으면(不進) 그 자리에 있는 것이 아니라 물살에 밀려 계속 뒤로 간다(則退)는 뜻입니다. 춘추전국시대 학자 등석(鄧析)의 말을 적었다는 《등석자》〈무후(無厚)편〉에 나오는 글이라고 합니다. "생각하며 살지 않으면 사는 대로 생각하게 된다"는 말의 고전 버전쯤 되겠네요. 끊임없는 삶의 성찰이 필요하다는 거겠지요. 그렇지 않으면 이 정보의 홍수에 휩쓸리기 십상이라는 의미입니다. 어떻게 사는 것이 옳은 것인가? 아이를 어떻게 키워야 할까? 정답은 없지만 흔들리면서, 고민하면서, 공부하면서, 한 걸음씩 나가는 거죠. 그런 의미에서 다시 한 번, 學而時習之不亦說乎.

'가르치는 것'보다 더 중요한 '보여주는 것'

"어떻게 하면 아이를 잘 키울 수 있을까요?"

학부모 교육을 가면 가장 많이 듣는 질문입니다. 질문의 세부적인 내용은 조금씩 다르지만 근본적인 내용은 똑같습니다. 도대체 어떻게 해야 아이를 잘 키울 수 있을지. 우리는 '부모 되기'에 대해 배운 적이 없다고 하면 사람들은 묻습니다. "부모가 되려면 도대체 뭘 배워야 합니까?" 글쎄요, 도대체 뭘 배우면 좋은 부모가 될 수 있을까요?

이 질문에 대한 답은 잠깐 미뤄두고 두 개의 에피소드를 이야기해 드리겠습니다. 첫 번째는 함께 공부하던 선배의 이야기입니다. 어느 날 선배가 공부하느라 책과 펜을 들고 책상에 앉아 있는데 일곱 살 난

딸아이가 동화책을 한 권 들고 의자를 끌고 와서는 옆에 앉더랍니다. 선배는 대수롭지 않게 생각하고 책으로 눈을 돌려 다시 책을 읽었습니다. 그런데 아이가 동화책에 색연필로 삐뚤빼뚤 줄을 긋더라나요. 선배가 야단치듯이 말했답니다. "너 동화책에 낙서하면 어떻게 해!" 아이는 당당하게 답했다지요. "낙서한 거 아니야. 중요해서 줄 긋는 거야!" 공부하는 아빠를 둔 아이는 늘 아빠의 모습을 지켜봤을 겁니다. 아빠는 공부하다가 중요한 부분에는 줄을 긋곤 했겠지요. 어쩌면 왜 책에 줄을 긋느냐고 묻는 아이에게 중요한 곳에 줄을 긋는 거라고 얘기했을지도 모릅니다. 어쨌든 선배네 아이의 천진한 얼굴이 떠올라 늘 미소 짓게 되는 에피소드입니다.

두 번째 에피소드는 최근 한 지인에게 들은 이야기입니다. 이 집에는 일곱 살짜리 큰딸과 네 살짜리 작은딸이 있습니다. 형제자매들이 그렇듯 종종 아옹다옹하지요. 그런데 큰아이가 일곱 살쯤 되니 네 살짜리 작은아이는 논리로 언니를 따라가지 못하더랍니다. 언니가 동생에게 "너는 이렇고 저렇고 해서 잘못했잖아" 하며 따지면 자기가 잘못한 것 같기는 한데 인정하기는 싫고 그랬던 거지요. 한참 수세에 몰려 있던 작은아이가 상황을 한 방에 역전시키는 필살기를 보여줬답니다. "너는 조용히 하고 가서 학습지나 풀어!" 이 꼬마의 발칙한 한마디에 말문이 막힌 큰아이 모습을 상상하면 우습기도 하지만 서글프기도 합니다. 네 살짜리 작은아이는 어디서 이 말을 들었을까요? 이 말 한마디가 전세를 역전시킬 것을 어떻게 알았을까요? 아마 그 말은 큰아이가 엄마에게 일상적으로 듣는 지청구였겠지요. 초등학교도 들어가지 않은 큰아이는 호기심이 많아 이것저것 참견이 많았을 겁니다. 대신 가만히 앉아서 해야 하는 학습지는 밀리기 일쑤였을 테고요. 엄마는 큰아이가 참견할 때마다 귀찮아하며 야단을 쳤겠지요. "너 학습지 다했어? 가서 학습지나 풀어!" 동생은 언니가 그 한마디에 풀이 죽어 방 안으로 들어가는 모습을 매일 봤을 겁니다.

"아이는 어른의 등을 보고 자란다"는 말이 있습니다. 부모는 아이를 어떻게 '키울까'만 고민할 뿐, 내가 어떤 모습을 '보여줘야 하는가'는 중요하게 생각하지 않습니다. 하지만 아이들은 가르쳐주는 것보다 보여주는 것에서 훨씬 더 빠르고 강하게 배웁니다. 아이들 앞에서는 늘 조심하고 의식적으로 좋은 행동을 보여주면 되겠다고 생각할 수도 있습니다. 그런데 아이들은 부모가 의식적으로 보여주는 모습과 실제의 모습을 선험적으로 구분해냅니다. 또한 의식적으로 보여주는 모습은 일회적이지만 실제의 모습은 일상 속에서 무의식적이며 반복적으로 나타나지요. "착하게 살아라" 하면서 이기적으로 사는 부모, "나쁜 짓 하지 말아라" 하면서 부정행위를 저지르는 교사, 부모는 늘 스마트폰과 텔레비전을 끼고 살면서 아이들에게만 강조하는 독서 교육. 아이들은 이미 다 보고 배우고 있습니다. 아무리 좋은 것을 가르쳐도 부모가 실제로 그렇게 살지 않으면 교육은 헛수고입니다.

서두에서 많은 학부모들이 이런 질문을 한다고 말했습니다. 아이를 어떻게 키워야 하는지, 무엇을 가르쳐야 하는지. 그런데 진짜 물어봐야 하는 질문은 다른 것이어야 할지도 모르겠습니다. "나는 어떻게 살아야 하는가?"

대안교육학부모연대라는 조직이 있었습니다(지금은 대안교육연대라는 단체와 통합되었습니다). 대안학교에 아이를 보내는 학부모들이 모여서 만든 단체입니다. 이 단체가 처음 만들어졌을 때 대표를 맡으신 분이 "왜 이 단체를 만드는가?"에 대한 답으로 이런 말씀을 하셨습니다. "아이들은 제 나름대로 알아서 자랄 테니, 부모도 부모대로 즐겁게 살아야지!" 힘들어 죽겠다는 소리, 세상은 원래 그런 거란 소리, 어쩔 수 없다는 소리만 늘어놓고서는 아이들이 행복하게 살기를 원한다면 지나친 욕심일 겁니다. "나는 어떻게 해야 즐겁고 행복하게 살 수 있을까?"를 고민하면 자녀 교육은 저절로 되는 걸지도 모르겠습니다.

교육사회학의 주된 관심사 중 하나는 계층의 문제입니다. '중산층 이상의 가정에서 태어난 아이가 가난한 집의 아이들보다 교육적으로 유리할 수밖에 없는 이유' 같은 것이죠. 예를 들면 이런 것입니다. 마트에 갔는데 아이가 뭔가를 사달라고 합니다. 안 그래도 빡빡한 살림에 피곤하기까지 하니 부모는 아이의 욕구에 귀 기울여줄 마음의 여유가 없습니다. 아이는 엄마가 들어주지 않으니 서서히 '떼쟁이' 모드로 돌입합니다. 엄마는 아이의 등짝을 때리며 말합니다. "엄마가 이럴 거면 따라오지 말라고 했어, 안 했어? 버리고 가기 전에 조용히 해!" 아이는 울고 엄마는 아이 팔을 낚아채 끌고 가고. 대충 이런 장면이 상상되는 거죠.

그런데 경제적으로 안정적인 중산층 이상의 부모는 차분하게 말합니다. "뭐가 먹고 싶어? 그럼 우리 ○○이가 먹고 싶은 거 하나 골라봐. 이 썩으니까 사탕 같은 건 안 되지만 아이스크림은 괜찮아. 한 번에 먹고 싶은 것을 다 살 수는 없으니까 하나만 고르는 거야." 중산층 부모는 교육적 자각이 없어도 교육적 행위를 합니다. 먼저 아이의 이야기에 귀를 기울였습니다. 그리고 아이의 욕구를 인정해주었습니다. 하지만 되는 것과 안 되는 것에 대한 경계를 분명하게 그어줬지요. 엄마의 의견을 강요하지 않고 아이에게 선택의 기회를 열어준 겁니다. 이런 작은 행위와 태도, 문화적 양식이 아이의 성장에 미치는 영향은 엄청납니다. 이것을 프랑스의 사회학자인 부르디외Bourdieu는 '문화 자본Cultural Capital'과 '아비투스Habitus'라는 이론으로 설명합니다.[5] 사교육비 지출 규모 같은 수치를 들먹이지 않아도 실제로 부모의 경제 · 문화력이 자녀 교육에 직간접적으로 영향을 미친다는 것이지요.

물론 소득이 많으면 무조건 교육을 잘하고 소득이 적으면 자녀 교육을 못한다는 뜻은 아닙니다. 여기서 지적하는 것은 부모가 자신의 삶에 만족도가 높고 마음의 여유가 있을 때, 자신도 모르게 교육적인 행동들이 나타난다는 점입니다. 그리고 이런 행동과 태도는 학습지나 학원보다 아이들의 성장에 더 큰 영향을 미칩니다. 자녀 교육과 관련된 책을 낸 법륜 스님은 이렇게 말씀하셨습니다.

> 자기 상처를 치유해서 자기 스스로 건강해져야 해요. 내가 건강해져야 남편도 사랑할 수 있고 자식도 사랑할 수 있습니다. 상처 받은 마음으로는 누군가를 사랑하기가 힘듭니다. (중략) 부모가 자신의 상처를 치유하지 않고, 상처의 독기를 아이에게 뿜으면 아이는 잘 성장할 수가 없어요.[6]

세계적으로 유명한 영국의 대안학교 서머힐을 설립한 교육자 A. S. 닐A. S. Neill은 《문제의 아동》이라는 책에서 "문제 아동은 없다, 문제 부모가 있을 뿐이다"라고 단언한 바 있습니다.[7] 아이에게 하는 이야기와 아이 앞에서 보여주는 행동은 모두 '아이를 위한다'는 명분을 담고 있지만, 실상은 부모의 가치관을 주입하거나 자신 안에 들어 있는 수많은 상처를 심리적으로 왜곡한 결과인 경우가 많습니다. 심리학자이자 건강한 여성 되기 운동을 펼치고 있는 문은희 선생님은 저서 《엄마가 아이를 아프게 한다》에서 "가정은 인권의 사각지대"라는 지적을 했습니다. 부모의 뒤틀린 욕심이 아이들을 '존중받지 못하는 인간'으로 만들고 있다는 것이죠. 그런 태도와 행동이 쌓이면 아이들을 위한다는 부모의 교육적 행위가 결국 아이를 아프게 하는 결과를 낳는다는 겁니다.[8]

힘들지 않은 사람, 상처가 없는 사람, 심리적으로 어려움을 겪지 않는 사람이 어디 있겠습니까. 하지만 그것을 어떻게 이겨내느냐가 내 행복뿐만 아니라 아이의 성장을 좌우한다는 사실을 기억해야 합니다. 자녀를 키우면서 가장 중요한 것은 결국 부모 스스로 행복하고 즐거운 사람이 되어야 한다는 것입니다. 예전에 한 트위터에서 본 글이 생각납니다.

> 음치가 음악을 가르칠 수 없고, 물을 무서워하는 사람이 수영을 가르칠 수 없듯이 자존감이 약한 부모가 자녀의 자존감을 키우기란 쉽지 않다. 엄마의 행복이 자녀의 행복이라는 것은 바로 이 때문이다.
>
> (@itmembers)

스스로에게 한 번씩 물어봅시다. "나는 행복한가?" "어떻게 하면 아이를 잘 키울 수 있을까요?"라는 질문도 바꿔봅시다. "어떻게 하면 내가 더 행복해질 수 있을까요?"

대한민국에서 살려면 어쩔 수 없다는 당신에게

부모님들과 자녀 교육에 대해 이야기하다 보면 가장 많이 듣는 말이 있습니다. "한국에서 살려면 어쩔 수 없지 않나요?"입니다. 저는 되묻습니다. "왜 우리 아이들이 한국에서만 살아야 할까요? 글로벌 시대인데." 한동안 '대안대학'에 대한 연구를 하느라 외국의 청년교육과정을 찾아다닌 적이 있습니다. 다양한 방식으로 청년들의 진로를 열어주는 교육 플랫폼이지요. 그런데 전문가들도 잘 모르는 곳에 한국 청년들이 하나둘쯤 꼭 있더군요. 경쟁보다는 협력을 추구하는 플랫폼에서 정말 재미있고 신 나게 배움과 경험을 쌓고 있었습니다. 그들이 소위 좋은 '스펙'을 가지고 있어서 그곳에 있는 것이 아니었습니다. 그저 새로운 것에 도전하는 것을 두려워하지 않아서 거기까지 가게 된 듯했습니다.

글로벌 시대라고 말하지만 우리의 사고와 상상력은 여전히 우리가 아는 세계, 우리가 사는 시대에 멈춰 있습니다. 일단 인정합시다. "우리는 우리 아이들의 미래에 대해서, 그들이 살아갈 시대에 대해서 잘 모른다." 그러면 미래를 위해 아이들에게 무언가를 시킨다는 것이 얼마나 어리석은지 깨닫게 될 것입니다.

그 대표적인 것이 '사다리론'입니다. 대부분의 부모들은 현재 교육이 문제가 있다는 것을 알고 있으며 대안을 찾을 필요가 있다는 생각도 합니다. 다만 우리 아이는 현재의 공교육에서 그럭저럭 잘 견디거나, 적어도 아직까지는 큰 문제가 없는 듯 보이니 다른 선택을 한다는 것이 마치 사다리를 잘 오르고 있는 아이를 끌어내리는 건 아닌지 걱정됩니다.

그런데 이 사다리론에는 몇 가지 논리적 함정이 있습니다. 우선 우리의 삶을 사다리를 '오르는 것'으로 비유하는 것이 정당한가의 문제입니다. 우리 사회는 경쟁이 당연하다는 인식이 깊게 자리 잡고 있고 경쟁에서 승리한 자만이 모든 것을 독식한다는 생각이 퍼져 있습니다. 모두가 하나의 사다리에 매달려 더 높은 곳으로 올라가기 위해 경주하는 사회가 사다리론의 근본적인 세상 인식입니다. 과연 그럴까요? 정말 세상은 모두가 단 하나의 사다리에 매달려 끌어내리고 짓밟고 올라가려 애쓰는 '만인에 대한 만인의 투쟁'인 건가요? 실제로는 각자 자기 사다리를 가지고 나름의 속도로 오르고 있다고 생각하는 게 더 타당하지 않을까요?

더 나아가 생각해보면 우리의 삶을 '사다리'를 오르는 것으로 비유하는 것 자체가 문제가 있지 않나 싶습니다. '사다리'라는 비유는 '위를 향해 간다'는 것과 '떨어지면 안 된다'는 두 가지 전제를 가지고 있습니다. 실상 우리의 삶은 '위'를 향한다기보다 앞으로 나아가는 것에 더 가깝습니다. 길을 걸어가는 것이지요. 길을 걷다 보면 그 길이 탄탄대로일 수도 있고 굽이굽이 꼬부랑길일 수도 있습니다. 어느 길이 더 좋은 길이라고 얘기할 수는 없습니다. 탄탄대로는 빠르지만 꼬부랑길은 경치도 보고 사람들도 만나며 가는 즐거운 길이니까요. 갈림길을 만나면 어느 쪽으로 가야 할지 선택도 해야 하지요. 그중 어느 선택이 절대적으로 옳다거나 틀리다고 할 수 없습니다. 각자 다른 선택일 뿐이지요.

한쪽 길을 선택했는데 가다 보니 선택하지 않은 다른 길을 만나기도 합니다. 때로는 내가 선택한 길이 예상했던 것과 전혀 다른 경우도 있지요. 생각지도 못했던 그 길이 또 다른 재미나 새로운 깨달음을 주기도 합니다. 이것이 제가 '사다리론'으로 질문하는 부모님들께 답변

드리는 '길론'입니다.

　결국 문제는 우리가 어떤 생각을 가지고 세상을 살아가는가로 귀결됩니다. 대학에서 학생들을 가르치면서 세칭 명문대 학생일수록 경쟁에서 승리해온 경험을 반복하며 승자독식을 당연하게 여기고 있음을 느낍니다. 죽이지 않으면 죽는다는 공포심이 체화되면서, 그리고 승리하면 얻는 것이 많다는 경험이 강화되면서 다른 존재에 대한 공감 능력이 사라지는 것이죠. 내 옆에 있는 사람이 무슨 일로 힘들어하는지, 절망하는지, 혹은 기뻐하는지 보려는 노력이 사치인 시대가 되었습니다. 오로지 나만이 앞으로, 아니 위로 전진하기 위해 정진하는 것이지요. 이런 '엘리트'들이 사회를 '지배'하는 것이 당연해지고, 지배할 수 있는 위치에 올라갈 수 없는 사람들의 어려움과 고통에 공감하는 일은 가치 없는 일이 되어버리는 불감증의 사회가 점점 더 심화되고 있습니다.

　이런 때일수록 인문학이 필요합니다. 모든 것이 '팔릴 수 있는가'의 상품 가치로 재단되는 이 사회에서 돈 안 되는 인문학의 가치에 대해 떠드는 것은 공허한 일일지도 모릅니다. 하지만 우리의 삶을 돌아보고 삶의 진실을 지켜보게 만드는 것은 오로지 인문학적인 감수성을 통해서만 가능합니다. 일류 대학에도 인문학 수업이 있지만, 학점과 스펙에 급급한 학생들에게 인문학적 성찰이란 사치일 뿐입니다. 결국 교육이 바뀌어야 합니다. 대안이 필요합니다. 자신부터 달라져야 합니다. 부모도 마찬가지입니다. 우리 사회 전체에 삶을 성찰할 수 있는 인문학적 정신이 넘실대기를, 그리하여 인문학적 상상력을 바탕으로 '어쩔 수 없는 현실'을 넘어 새로운 미래를 꿈꿀 수 있기를 희망합니다. 노력하지 않으면 나아갈 수 없습니다. 사다리론이 아니라 길론으로 생각의 틀이 바뀌어야 합니다.

그렇다면 사고의 틀을 어떻게 바꾸어야 할까요? 첫 번째는 '질문'을 던지는 것입니다. "대한민국에서 살려면 어쩔 수 없어"가 아니라 "꼭 그래야 할까" 묻는 것입니다. 그냥 어린이집이, 유치원이, 학교가, 심지어는 사교육 시장이 알아서 해줄 거라고 맹목적인 믿음을 갖는 것이 아니라 왜 그래야 하느냐고 묻는 것입니다. 두 번째는 교육을 위탁하려는 태도를 버리는 것입니다. 아이의 배움과 성장을 기관에만 맡겨두면 부모는 어느 교육 상품이 좋은지 정보를 찾는 데만 골몰합니다. 물론 부모가 교육 전문가도 아니고, 맞벌이 등으로 바쁜 와중에 할 수 있는 최선이 아니냐고 항변할 수도 있습니다. 그러나 내가 배움의 주체가 된다는 것은 다른 영역의 문제입니다. 좋은 교육 상품만 찾다 보면 더 차별성 있고, 더 비싸고, 더 효율적인 것만 찾게 되고, 소위 돈값을 하지 못하는 기관에는 소비자로서 항의할 권리가 만들어집니다. 아이도 부모의 시각을 따라가기 때문에 기관과 교사를 부모가 구매한 서비스 제공자로 인식합니다. 교권 침해 사례로 교사들의 사기가 땅에 떨어졌다는 이야기는 이제 흔하지요. 교육기관을 내 아이의 성장을 함께 논의할 파트너로 생각하지 않으면 교육적 의미는 반감이 아니라 오히려 역효과를 냅니다. 맡겨두는 것이 아니라 함께 의논하고 길을 찾는 자세가 필요합니다.

그러기 위해서는 어떤 아이로 키울 것인가에 대한 지향점이 있어야 합니다. '어른들 말 잘 듣는 착한 아이'라는 지향점은 너무나 시대착오적입니다. 우리는 그 사실을 2014년 세월호 참사로 뼈아프게 느꼈습니다. 배가 가라앉는 위급 상황에서 착한 아이들은 잘못된 정보를 갖고 부적절하게 내려진 지시를 따르다 희생되었습니다. 이건 우리 교육의 결과입니다. 서울대 교수학습연구소 이혜정 박사의 연구에 따르면 서울대에서 A+를 받는 학생들의 학습 패턴은 수업 시간에 교수님의 말씀을 숨소리 하나 놓치지 않고 받아 적은 후 그것을 잘 외워서 답안지에 풀어놓는 것이었다고 합니다. 대학은 질문과 토론이 살아 있는 곳이어야 하지만 실제로 학점을 잘 받기 위해서는 수용적 사고력에 스스로를 묶어놓는 것이 훨씬 유리했던 겁니다. 이혜정 박사는 그 결과 "열심히 공부할수록 비판적·창의적 사고력이 사라진다"고 단언합니다.[9] 우리는 몸으로 느끼고, 스스로 판단하고, 자기 주도적으로 문제를 해결하는 아이들로 키워야 합니다.

〈국제시장〉이라는 영화를 본 분들은 기억하겠지만, 우리 부모님 세대는 참고 견디면 그 보상으로 조금 더 윤택한 삶을 보장받았던 세대입니다. 우리나라가 끊임없이 성장하던 시기이기도 해서 안정된 직장을 얻기만 하면 정년이 보장되던 세대였습니다. 평균수명도 지금보다 짧아서 정년 이후의 삶도 길지 않았지요. 그러니까 우리 부모님들은 당신들이 살아온 삶을 기준으로 우리 세대에게 조언하시는 겁니다. "내가 살아보니 하고 싶은 거 다 하면서 욕심대로 살아서는 가족들을 건사하기 어렵더라. 그러니 참고 시키는 일을 잘해야 더 나은 삶이 보장된다"는 것이죠. 이 삶의 패러다임은 깨졌습니다. 열심히 해도 성공이 보장되지 않는 사회가 도래했습니다. 나의 욕구, 나의 관심을 희생함으로써 받을 수 있는 보장은 이제 없어졌습니다. 오히려 자신의 흥미와 관심이 새로운 삶을 개척하는 시대가 되었지요. 게다가 수명은 늘어 100세 시대가 되었습니다. 50년 동안 시키는 대로 살아왔는데 더 이상 아무도 나에게 무언가를 시키지 않는 삶을 50년이나 더 살아야 한다는 것은 참으로 막막한 이야기입니다.

그래서 더더욱 우리 아이들은 다른 방식으로 자라야 합니다. 기성세대는 40~50대에 깨달은 사실을 현재의 젊은이들은 20대에 겪고 있습니다. 무한대로 미래를 포기해야 하는 'N포 세대', 노력해도 보장되지 않는 '노오력의 배신' 등이 그것들이지요.[10] '왜'와 '어떻게'라는 질문을 잊은 채 그저 시키는 대로 자신의 욕구와 관심, 흥미를 억누르는 것이 세상을 살아가는 '정답'이라는 생각에서 벗어나야 합니다. 그러기 위해서는 스스로의 욕구를 들여다보고 그 욕구를 펼쳐낼 줄 아는 아이로 자랄 수 있는 환경을 만드는 것이 중요합니다.

그런 의미에서 패러다임 변화를 인지하고, 그것을 잊지 않고 실천으로 만들어야 합니다. 많은 사람들이 "한국에서 살려면 어쩔 수 없이 이 질서에 따라야 한다"고 말합니다. 글로벌 시대에 왜 한국적인, 그것도 매우 왜곡되고 뒤떨어진 특수성을 기준으로 잡는 걸까요? 우리의 교육 문제가 얼마나 심각한지, 우리 아이들이 그 안에서 얼마나 고통 받고 있는지, 그것이 얼마나 세계적인 흐름에 역행하고 있는지 잊지 않고 기억한다면 '가만히 있지 않는 것', '가만히 있지 않는 아이들로 기르는 것'이 필요합니다. 어디서부터 어떻게 해야 할지 막막하지만 차근차근 성찰해보면 분명히 길은 있습니다. 이제부터는 그 길의 시작을 하나씩 더듬어가겠습니다.

예측 가능한 일과가 주도적인 아이를 만든다

　　　　　이 상황을 한번 상상해보세요. 한 직장맘이 있습니다. 오늘은 아침부터 유난히 힘든 하루입니다. 둘째 녀석을 어린이집에 데려다 놓고 출근해야 하는데 오늘따라 유난히 고집을 부립니다. 엉망인 집 안을 뒤로한 채 아이를 어린이집에 데려다 놓은 후 택시를 탔으나 길이 막힙니다. 여지없이 지각이라 팀장님께 한마디를 들으며 자리에 앉습니다. 그런데 팀장님이 느닷없이 일거리를 하나 던져줍니다. 갑자기 일이 1.5배로 늘어났습니다. 늦어진 퇴근, 저녁은 알아서 해결하라고 남편에게 연락하려는 순간 시어머니에게 전화가 옵니다. 오늘 집 앞에서 모임이 있다며 오랜만에 손주 얼굴도 볼 겸 들러서 저녁을 드시겠답니다.

만약 이런 일이 일어난다면 어떤 기분이 들까요? 짜증, 분노, 부당함, 억울함, 불안감, 불안정, 무언가에 통제받는 느낌, 도망가고 싶은 기분 등 온갖 부정적인 감정을 경험하겠지요. 교사 교육이나 학부모 교육에서 이런 상황을 상상하고 이야기를 시작하면 진심으로 흥분하며 열을 내는 분들도 계십니다. 감정 이입이 되는 모양입니다.

흔히 "세상만사 내 맘대로 되는 게 하나도 없다"는 말을 분노, 냉소, 자조의 어조로 내뱉고는 합니다. 내가 내 삶을 통제하는 게 아니라 다른 사람, 주변에서 일어나는 일에 휩쓸릴 수밖에 없기 때문입니다. 그럼 여기서 아이의 시선에서 일과를 들여다봅시다. 아이는 자기에게 주어진 하루를 어떤 기분으로 보내고 있을까요?

"일어나."

"이거 먹어."

"이거 입어."

"빨리 준비해. 학원 갈 시간이야."

"학습지 먼저 풀어."

"텔레비전 끄고 양치질 해. 잘 시간이야."

혹시 아이의 생활 속에 '나'는 없고 이런 지시와 통제만 가득한 것은 아닌지 살펴봐야 합니다. 아직 정서적 능력, 인지적 능력이 발달하지 못한 아이들은 어른처럼 불안하거나, 누군가에게 통제당하고 있는 느낌이라거나, 억울하다거나 하는 느낌을 구체적으로 표현할 수는 없습니다. 그냥 짜증이 많아지고, 모든 일에 의욕이 없어지겠지요.

그렇다면 (아이와 어른을 포함한) 사람들은 왜 이런 기분을 느낄까요? 이런 불쾌한 느낌은 어디서 오는 걸까요? 무엇보다 전체적인 일과의 구조가 불안정한 데서 오는 심리적 불안감이 주된 이유입니다. 중간에 불쑥불쑥 끼어드는 예상치 못한 사건들로 인해 내 일과에 대한 통제력이 상실되었기 때문이지요. 예측 가능한 일과의 큰 틀 안에서 '나'를 찾을 수 있는 자발성과 선택권이 없어진 것도 불안의 큰 요인으로 작용합니다.

이런 식의 하루하루가 계속된다면 아이의 자발성, 주도성은 기대하기 어려워집니다. '자발성을 강조하는 교육', '아동 중심의 교육'이란 특별한 프로그램을 통해 배우는 것이 아니라 일상에서 조금씩 자라는 것입니다. 아이들을 오랫동안 가르쳐온 한 선생님은 학생들을 대상으로 한 학습 상담이 결국은 학습 계획을 짜주는 일이 되어버렸다고 하시더군요. 이 공부를 해서 무엇을 어떻게 하겠다는 야심 찬 미래 계획까지는 차치하더라도, 이 과목을 어떻게 공략해보겠다는 자발성이나 주도성조차 없는 학생들이 부지기수라며 안타까워했습니다. '헬리콥터맘'이니 '캥거루족'이니 하는 말이 계속 나오는 걸 보니 홀로서기를 하지 못하는 청년들도 수두룩한 듯합니다. 아이들의 매니저 노릇을 하는 엄마 옆에서 "엄마, 나 이제 뭐 해?"라며 하루하루를 보내는 아이들의 미래를 보는 것만 같아 씁쓸했습니다.

    그럼, 주도성과 자발성이 뛰어난 아이로 키우려면 어떻게 해야 할까요? 먼저 일관성 있는, 아이들도 예측 가능한 일과를 계획해야 합니다. 이때 하루 계획은 가족 구성원 모두의 생활 사이클을 포함하여 각자가 생활 속에서 '나'와 '우리'를 찾을 수 있도록 배려해야 합니다. 유학 시절 어린아이를 키우는 학생 부부였던 저희는 늘 허둥지둥했습니다. 어느 날 "이렇게 살 수 없다!"고 자각한 후 세 식구의 일과를 구체적으로 계획했습니다. 아침 일찍 일어나 저는 아침을 준비하고 남편은 아이를 씻기고 나갈 준비를 합니다. 셋이 아침을 먹고 나면 남편은 아이를 유아원에 데려다 놓고 학교에 갑니다. 그동안 저는 집안일을 대충 해놓고 조금 늦게 집을 나섭니다. 오후 다섯 시에 아이 유아원이 끝나면 그날 저녁 수업이 없는 사람이 아이를 데리고 집으로 갑니다. 집에 간 사람은 아이와 저녁을 먹고, 함께 놀아줍니다. 그리고 아이를 씻기고 침대에서 동화책 몇 권을 함께 읽은 후 아이를 재웁니다. 아이가 자고 나면 어른들의 자유 시간입니다. 물론 둘 다 수업이 없는 날은 온 가족이 함께 저녁 시간을 보내지요. 이런 일과가 자리 잡히고 나니 허둥지둥하던 생활에서 어느 정도 벗어날 수 있었습니다. 내 시간과 함께하는 시간, 일하는 시간과 쉬는 시간이 확보되니 삶에도 균형이 생겼습니다. 또한 부모의 심리적 안정은 아이의 정서적 안정과도 직결됩니다.

하지만 구조화된 일과 안에서 아이가 삶의 주인으로 살도록 만들려면 그 안에서 아이의 '자발성'이 보장되어야 합니다. 아이가 하고 싶은 일을 할 수 있는 시간이 보장되고 계획하고 선택할 수 있는 기회가 주어져야 합니다. 가족의 생활 패턴이 자리 잡히면 아이는 자신이 하고 싶은 놀이를 맘대로 할 수 있는 시간이 언제인지 알게 됩니다. 이때 부모는 자유 시간을 흐지부지 보내는 것이 아니라 그 시간을 계획하여 알차게 보낼 수 있도록 도와주어야 합니다. 예를 들면 어린이집이 끝나고 집에 오는 동안 아빠나 엄마와 함께 "오늘은 집에 가서 뭐하고 놀까?"를 계획하는 겁니다. 처음에 아이는 블록 놀이, 인형 놀이 등 간단한 놀이를 생각할 것입니다. 부모는 그것을 가지고 어떻게 놀 것인지 구체적으로 계획할 수 있도록 도와주어야 합니다. *아이와 함께하는 '계획하기'의 구체적인 방법은 다음에 이어지는 글을 참고해주세요. 이 과정이 쌓이면서 아이는 자신의 일을 보다 구체적으로 계획하고 실행할 수 있는 힘을 기르게 됩니다. 혹시 이전에 하다가 그만둔 일이 있다면 스스로 마무리할 수 있도록 유도하고 도와주는 작업도 필요합니다.

또한 일과 안에는 아이의 '선택권'이 보장되어야 합니다. 하지만 유아 시기의 아이들은 상황과 앞뒤 맥락을 계산할 수 있는 능력이 발달되지 않았기 때문에 부모는 '제한된 선택권'을 주어야 합니다. 아이의 선택권을 존중한다고 "오늘 저녁은 뭘 먹을까?"라고 열린 질문을 하다 보면 냉장고 안은 먹다 남은 음식과 재료로 넘쳐나게 될 겁니다. 아이에게 상황을 인지시키고 그 안에서 선택을 하도록 질문해야 합니다. 예를 들면 "오늘 저녁은 뭘 먹을까? 할머니가 보내주신 갈치를 구워서 어제 먹다 남은 된장국과 먹을 수도 있고, 카레라이스 재료도 있어. 냉동실에 사골국물 얼려놓은 게 있으니 떡국도 끓여 먹을 수 있겠다. 뭐 먹을까?", "오늘 밤에는 어떤 동화책을 읽고 잘까? 《누가 내 머리에 똥 쌌어?》는 너무 자주 읽었으니까 오늘은 책장에서 다른 책을 골라보자", "서랍에서 입고 싶은 스웨터를 골라봐. 그럼 엄마가 바지를 골라줄게" 등입니다. 이 과정이 반복되면 아이는 무언가를 선택해야 할 때 지금 무엇이 가능한지 판단할 수 있는 힘이 생깁니다. 물건, 사람, 상황 등을 고려하고 배려할 수 있는 능력을 갖게 되는 것이지요.

아이가 지금 가능하지 않은 '선택'을 고집할 때도 있습니다. 예를 들면 밥 먹기 전에 단 음식을 먹겠다고 떼를 쓰거나, 저녁 식사 후 거실에서 공을 가지고 놀겠다고 하는 일 등이지요. 이럴 때는 왜 지금 그 일이 불가능한지 구체적으로 설명한 후, 언제 그 일이 가능한지 다시 '선택'할 수 있게 도와주어야 합니다. "밥 먹기 전에 단 음식을 먹으면 밥맛이 없어지니까 지금은 곤란해. 우리 곧 저녁을 먹을 거거든. 하지만 밥 먹은 후에는 먹을 수 있지. 그래도 이건 한 번에 다 먹기는 너무 많아 보인다. 단 음식은 이가 썩을 수 있고, 키 크는 데 방해가 되거든. 두 개만 고르면 어떨까? 하나는 저녁 식사 후에 먹고, 또 하나는 내일 어린이집 끝나고 집에 오는 길에 먹는 거야" 같은 방법입니다.

잘 짜인 일과라고 해서 1년 365일을 그 틀 안에서 움직일 수는 없습니다. 여러 가지 변수가 생기기 마련이지요. 그럴 때는 아이에게 '미리', '구체적'인 설명을 해줄 필요가 있습니다. 아무리 어린아이라도 자기 삶에 주도성을 갖기 위해서는 심리적, 물리적인 준비가 필요하거든요. "내일 모레, 두 밤 자고 나면 이모가 우리 집에 놀러온대. 어린이집 끝나고 아빠랑 집에 오면 이모가 와 있을 거야. 그날은 엄마가 저녁 준비하는 동안 이모랑 놀 수 있겠다. 이모랑 뭐 하고 놀지 미리 생각해봐."

또한 갑작스럽게 생기는 일도 있습니다. 아이의 생활에 영향을 미치는 사건이라면 구체적인 설명이 필요합니다. "아빠 회사에서 같이 일하는 아저씨의 어머니가 갑자기 돌아가셨대, 그래서 아빠가 위로하러 가셨어. 오늘 늦게까지 그 아저씨 옆에 계셔야 한대. 오늘 저녁은 아빠 없이 우리끼리 먹어야겠다. 오늘은 자기 전에 동화책도 엄마랑 읽어야겠네. 아빠는 오늘 늦게 오실 테니까 내일 아침에 일찍 일어나기 힘드실 거야. 내일 아침 어린이집도 엄마랑 같이 가야 할 것 같아. 다음 날부터는 다시 아빠랑 갈 수 있어."

이렇게 지금 가족이 처한 상황을 이해하면서, 자신의 삶을 주도하도록 유도하는 과정은 부모와 아이의 관계의 질을 높일 수 있을 뿐만 아니라, 아이에게 여러 가지 상황을 이해하고 다른 사람들을 배려하는 경험을 제공합니다. 예측 가능하고 스스로 준비할 수 있는 일과는 아이의 주도성과 자발성 및 독립성을 키워줍니다. 또한 심리적 안정감을 가져와 자신감과 자존감을 높이는 데도 큰 도움이 됩니다.

"엄마, 나 이제 뭐 해?"가 아니라 "엄마, 나 오늘 이거 할래요"를 말하는 아이로 키우는 것은 부모의 작은 철학과 노력에서 시작됩니다.

학원보다 더 중요한,
아이 스스로 인생을
계획할 수 있는 능력

어머니 칠순 기념 여행지를 크로아티아로 정하면서, 같은 곳을 여행했던 텔레비전 프로그램 〈꽃보다 누나〉를 보았습니다. 소소한 여행 정보도 유용했지만, 짐꾼으로 나온 이승기가 도리어 누나들의 '짐'으로 전락하는 좌충우돌 해프닝이 참 재미있더군요. 훤칠한 훈남에 엄친아로 대표되는 이승기가 왜 '허당'이라는 의외의 별명을 가지고 있는지 알 것 같았습니다. 보던 중 프로그램 중간에 나온 이승기의 인터뷰가 마음에 남았습니다. 고등학생 때 데뷔한 그는 줄곧 남이 짜준 스케줄에 따라 움직였다고 합니다. 스태프들과 함께 움직이는 바쁜 일정 속에서 "뭘 하고 싶다"라고 말하는 건 민폐가 될 것 같았다고 고백하더군요. 하지만 누나들과 함께한 열흘간의 여행이 큰 전환점이 되었고, 이제는 하고 싶은 일이 많아졌다고 합니다. 모든 것을 알아서 해야 하는 자유 여행이 그에게 많은 것을 알려준 모양입니다.

잔잔한 울림 끝에 우리 아이들이 생각났습니다. 학교에 들어가기 전부터 매니저 역할을 하는 엄마가 계획한 스케줄 속에서 학원과 학원을 오가는 아이들은 무얼 배우고 있을까요? "엄마, 나 이제 뭐 해?"가 입에 붙은 아이들이 어떤 어른으로 자랄지 생각하면 마음이 편하지 않습니다. 내가 무엇을 하고 싶은지, 그것을 어떻게 하면 되는지 생각하는 힘은 하루아침에 저절로 생기는 것이 아니니까요. 내 마음을 가만히 들여다보고, 내가 원하는 것이 무엇인지 파악하고, 그 일을 하기 위해 필요한 것을 미리 생각하며 준비하는 능력은 일상에서 조금씩 훈습(薰習)되는 것입니다.

제가 연구하는 하이스코프 유아교육 프로그램에서 주목할만한 특징 중 하나는 아이들이 어떤 활동을 시작하기 전에 계획하고, 실행하고, 자기가 한 일을 돌아보며 평가하는 작업을 일과에 포함하는 것입니다. 아이가 자유 놀이를 시작하기 전에 하고 싶은 일, 하지만 아직 일어나지 않은 일을 머릿속으로 그려보고 그것에 대해 교사와 함께 이야기하면서 자신의 놀이를 계획하는 것이지요. 언어능력과 자기 주변의 물건, 사람, 장소 등에 관한 심상 능력이 발달되면서 아이의 계획 능력은 점점 발전하게 됩니다. 자신의 놀이를 계획하는 일은 아이들의 놀이가 가지고 있는 무한한 배움의 잠재력을 조금 더 현실화할 수 있는 좋은 방법이기도 하지요.

무언가를 계획하면서 아이들은 내가 원하는 것, 하고 싶은 일이 무엇인지 생각해볼 수 있습니다. 어른들이 아이의 관심과 욕구를 인정하고 존중하며 그것을 이루도록 도와준다면 아이들은 자신의 놀이(배움)에 더 적극적으로 임하게 되지요. 목적과 목표를 가지고 행동할 때 훨씬 더 강한 열정과 에너지가 발휘되기 때문입니다. 또한 무언가를 계획하는 일은 아이로 하여금 자기가 하려는 일을 미리 시뮬레이션해보는 작업을 요구합니다. 필요한 물건, 장소, 사람, 상황 등에 대한 가능성과 작업 단계의 인과관계를 생각해보고 방해가 되는 문제를 미리 예상하고 준비해야 합니다. 만 3세경 아이들의 계획 능력은 '자동차 놀이', '퍼즐 놀이' 같은 한 단계 사고에 머무르지만, 만 5세 정도가 되면 조금씩 구체화, 정교화, 세밀화되면서 몇 단계의 실행 계획으로 발전합니다.[11] 보통 어떤 일을 진행할 때 어린아이들은 방법의 효율성보다는 완성에 집착합니다. 하지만 계획하기의 경험이 쌓이면서 보다 효율적인 방법을 생각하게 됩니다.

아이들과 함께하는 '계획하기'란 사실 별것 아닌 것처럼 보일 수 있습니다. 그냥 아이가 놀이를 시작하기 전에 "오늘은 뭘 할 거니?" 하고 질문을 던져보세요. 통원버스에서 내려 집으로 걸어오는 길이나 집에 돌아온 후 간식을 먹으면서 묻는 것도 좋겠지요. 계획에 대한 질문은 아이가 생각을 담아 답할 수 있는 열린 형태가 좋습니다. "뭐 가지고 놀 거야?", "어디서 놀 거야?"보다는 "오늘은 뭐 하고 놀 거야?", "어떻게 놀 거야?" 같은 열린 질문이 아이의 사고를 더 촉진시키기 때문입니다.

질문을 하고 나면 부모는 아이의 생각과 말을 기다립니다. 아이들은 자신의 계획을 몸짓, 행동, 언어 등 다양한 방법으로 표현하는데 아직 계획하기에 익숙하지 않은 아이들은 보통 무언의 몸짓이나 행동으로 표현하거나 단답형으로 대답하는 경우가 많습니다.[12] 바닥에 놓인 블록 상자를 손가락으로 가리키기도 하고, 아무 말 없이 색종이 뭉치를 들고 오기도 합니다. 혹은 "인형", "놀이터"처럼 원하는 물건이나 장소만을 말하거나 "햄스터랑 놀 거야", "딱지 만들 거야" 같은 짧은 대답을 하기도 합니다. 계획을 자꾸 번복하거나 계획한 것과는 다른 놀이를 할지도 모릅니다. 아이의 계획하기가 어떤 모습이건 부모는 있는 그대로의 상태를 수용해야 합니다. 한두 번의 시도로 훌륭한 계획을 세울 수는 없으니까요. 중요한 것은 무언가를 하기 전에 미리 생각해보는 습관을 키우는 겁니다. 하지만 부모의 재촉이나 지나친 개입은 아이를 불편하게 만들어 오히려 생각의 성장을 방해할 수 있습니다.

아이가 무언의 몸짓이나 행동으로 생각을 표현하면 부모는 "아, 성재가 블록 놀이가 하고 싶구나!", "색종이를 가지고 왔구나. 색종이로 뭘 할 거니?" 같은 호의적인 표현으로 아이의 선택을 알아주고 차분하게 의도를 파악해나갑니다. 그리고 아이가 어떤 일을 진행할 때 구체적 단계를 생각해보고, 계획을 보다 세밀화, 정교화시킬 수 있도록 지원합니다. 단순히 블록 상자가 보여서, 문득 색종이가 생각나서 그 놀이를 하는 것보다는 놀이를 시작하기 전에 무엇을 어떻게 할 것인지 머릿속에 내적 이미지를 만들어보도록 하는 거지요.

계획을 구체화시킬 때는 아이에게 필요한 물건이나 장소, 사람, 상황 등의 제반 사항도 생각할 수 있도록 도와줍니다. 색종이를 가지고 온 아이가 "나비랑 꽃을 접어서 창문에 붙일 거야"라고 했다면 무슨 색 색종이가 몇 장이 필요한지, 색종이로 접은 나비와 꽃은 어떤 모습, 어떤 방법으로 창문에 붙일 건지 등에 대한 구체적인 준비물과 작업 단계를 생각해보는 것이지요. 원하는 색의 색종이가 충분하지 않다면 잡지, 포장지 활용 등의 대안도 생각해볼 수 있습니다. 색종이를 붙이고 난 후에도 창문이 잘 열리고 닫히는지, 혹시 다른 이에게 피해가 되는 일은 없는지 등 내 행동으로 인한 물리적·심리적인 인과관계까지도 고려할 수 있도록 대화를 나누어봅니다.

계획을 실행에 옮기면서 아이들은 새로운 아이디어를 첨가하기도 하고, 예상치 못한 난관에 부딪치기도 합니다. 계획이란 자신의 관심이나 욕구를 어떤 목적으로 구체화하면서 계속 수정하고 보완해나가는 과정이니까요. 아무리 어린아이라도 하고 싶은 일에 대해 생각해보고 그 안에서 문제를 수정하고 보완하여 해결하려는 욕구가 있기 때문에 계획하기는 유아기에도 충분히 가능한 작업입니다. 한 번의 놀이 계획이 하루의 계획으로 발전하고, 하루의 계획이 일주일, 한 달, 일 년, 그 이상으로 확장될 수 있습니다. 이런 능력은 스스로의 삶을 꾸려나가는 데 있어서 매우 중요하지만 쉽게 습관화될 수 없는 것이기에 어른의 지원이 필요하지요.

제천간디학교 전 교장 양희창 선생님의 부모 강의를 들으며 크게 공감한 내용이 있습니다. 아이들이 세상을 살아가는 데 필요한 것은 자기 인생을 기획할 수 있는 능력과 나와 남을 배려하는 능력, 크게 이 두 가지라고 합니다. 사회가 조장하는 불안에 휘둘리지 않고 내 인생을 원하는 방향으로 꾸려나갈 수 있는 힘과 어떤 일을 수행하는 데 있어 나와 너, 우리 모두가 똑같이 존중받고 배려받아야 함을 아는 것은 이 시대를 살아가는 데 꼭 필요한 덕목이라는 것이지요. 인생, 계획(기획), 배려 같은 단어가 거창해 보일 수도 있지만 가만히 생각해보면 일상 속에 소소하게 녹아 있는 게 아닐까 싶습니다. 매일 내가 하고 싶은 일을 스스로 생각하고 조금씩 계획하고 준비하면서 그 안에서 나와 남, 우리가 더불어 행복할 수 있도록 배려하는 일, 지금 우리 아이들에게 꼭 필요한 연습이 아닌가 합니다.

학원보다 더 중요한,
경험을 돌아볼 수 있는 능력

　　세월호 사건이 일어난 지 만 4년이 지났습니다. 얼마 전 다섯 명의 미수습자 유가족들이 슬픔을 가슴에 묻고 팽목항을 떠나기로 했다는 마음 아픈 소식을 접하면서 미안한 감정이 들었습니다. 너무 미안해서 감히 "미안하다"는 말조차 내뱉기 힘들고, 또 다시 아무 일도 없었던 듯 살아가는 자신을 발견하게 될까 봐 두렵고 겁나는 건 저 혼자만의 감정은 아닐 겁니다. 왜 과거의 그 수많은 사건으로부터 아무것도 배우지 못했나, 고작 이것밖에 안 되는 우리가 아이들은 어떻게 키워야 하나 마음이 많이 복잡했습니다. 이런저런 고민 끝에 우리 아이들에게 필요한 것은 내 인생을 잘 계획하는 것에서 더 나아가 자기가 경험한 것들을 되돌아보고 그 안에서 의미 있는 배움을 찾아내는 것이 아닐까 하는 생각이 들었습니다.

앞에서 언급했듯이 하이스코프 프로그램에서는 아이들이 놀이를 시작하기 전에 자신의 놀이를 계획하고, 실행하고, 평가하는 작업을 중요하게 여깁니다. 이 '계획-실행-평가'의 3단계 과정은 옥스퍼드대학교의 캐시 실바Kathy Sylva 연구팀을 비롯한 교육학자들도 관심을 가지고 있는 하이스코프 프로그램의 백미입니다. 내 인생을 계획할 수 있는 능력 키우기에 이어, 내 경험을 돌아볼 수 있는 능력 키우기에 관한 이야기를 이어갈까 합니다.

아이의 '학습'에 관심이 많은 우리나라 부모들은 아이를 교육하는 데 있어 기억이나 암기 능력(기술)에 큰 비중을 두는 경우가 많습니다. 배운 것들을 얼마나 많이 외우고 있느냐는 좋은 점수를 얻기 위한 중요한 요소 중 하나이지요. 학원가에서 유행하는 '기적의 암기법'이니 '뇌 구조를 통한 기억법' 등도 다 같은 맥락의 요구와 필요에서 비롯된 것입니다. 하지만 암기에만 집중하는 학습은 한계가 있습니다. 어느 글에서 보니 소위 '학원빨'은 33세에 끝난다고 하더군요.[13] 학교와 시험이라는 인공적인 환경에서는 암기 능력을 높여주는 학원이 효과적일 수도 있겠지만 삶을 살아가는 데는 그다지 도움이 되지 않는다는 겁니다. 오히려 학원식 암기 학습에만 익숙해지면 스스로 판단하고 성찰하고 기획하는 데 방해가 된다고 지적합니다.

그렇다면 우리 부모들은 지난 일을 곰곰이 생각해보고 평가하고 반성하는 사고 과정에 대해서는 얼마나 관심이 있을까요. 자신의 경험을 되돌아보고 분석하고 평가하는 이 작업은 전반적인 통찰력을 키울 수 있는 중요한 사고 과정입니다. 내가 무엇을 했는지, 어떻게 했는지 적극적으로 생각하면서 세상의 원리와 이치를 깨닫고 배움을 보다 깊고 공고하게 만드는 이 작업은 단순한 기억이나 암기를 뛰어넘는 고차원적인 것입니다. 인간은 보통 만 3세를 전후하여 과거에 경험한 사람, 사물, 사건과의 상호작용에 대한 내적 이미지를 만들고 그것에 대해 곰곰이 생각하는 것이 가능하기 때문에, 아이들은 이때부터 경험을 통해 정보를 얻고 기억하며 앞으로 일어날 일에 자연스럽게 적용하게 됩니다. 구체적인 직접 경험이 추상적이고 관념적인 사고로 전환되면서 무슨 일이, 어떻게, 왜 일어났는지 생각해보고 그 과정 속에 숨어 있는 의미 있는 사실을 깨닫게 되는 것이지요.[14]

"우리 오늘 뭐 했지? 어떻게 했지?"라고 아이들에게 질문하면 자신의 경험을 머릿속에 형상화하고 그 이미지로 자기만의 이야기를 구성합니다. 어린아이 수준의 회상(회고) 및 평가 작업은 그저 기억하고 있는 무언가를 상기해 말하는 것처럼 보일 수도 있습니다. 자기가 가지고 놀았던 물건을 가리키거나 보여주고, 어쩌면 자기가 사용했던 물건을 떠올리며 그 이름 정도를 말하겠지요. 놀이 동작을 말없이 보여주거나, 경험한 일이나 사건을 간단히 대답하기도 합니다. 회상(회고) 작업이 더 익숙한 아이라면 자기가 경험한 많은 일 중 어떤 한 가지에 대해 조금 더 자세히 말할 겁니다. 지금 이야기하고 있는 일과 관련된 과거의 경험을 함께 말할 수도 있고, 자신의 경험을 원래 생각했던 의도나 계획과 연결해서 말하기도 합니다. 더 성숙한 아이라면 이전의 경험을 바탕으로 더 나은 방향으로 계획을 수정해서 행동한 후 달라진 결과에 대해 말하기도 합니다.

아이가 이 중 어떤 발달 단계에 있건 간에, 경험했던 많은 일 중에서 의미 있는 일을 골라 다양한 표상(말, 글, 그림, 음악, 동작 등)으로 재구성해내는 일은 자신의 경험을 인식하고 자각하여 얻어내는 통찰의 작업입니다. 주변 사람, 사물, 사건과 '나'를 연결시키고 그 관계를 이해하고 해석할 수 있게 되기까지 요구되는 중요한 삶의 연습이지요. 세상을 보는 통찰력과 건강한 비판 의식, '가만히 있지 않는' 행동의 원동력은 이런 일상적인 연습에서 다져집니다.

회상(회고)이나 성찰은 그 일에 자신의 감정이 충분히 담겨 있어야 가능합니다. 그래서 아이가 자신의 경험을 말할 때는 어떤 것을 말할지 예측하기기 쉽지 않지요. 아이가 경험한 일 중 부모가 강한 인상을 받고 감정과 의미를 부여한 일이라고 해서 아이도 같을 것이라 생각하고 강요하는 것은 바람직한 자세가 아닙니다. 아이는 어떤 순서로 얼마나 많은 시간을 경험했는가와 상관없이 자신에게 의미 있는 경험만을 표현하는 경우가 많습니다. 부모가 보기에 의미 있었던 특별한 경험들은 차치하고 별것 아닌 것 같은 '그네 타기'나 '성민이랑 놀았던 거' 등을 말할 수도 있습니다. 여기서 중요한 것은 어떤 경험을 회상(회고)했느냐보다 아이가 자신의 경험을 되돌아보고 말하는 기회를 가졌다는 사실입니다.

아이와 회상(회고) 및 평가 작업을 할 때는 가장 먼저 몸을 낮추고 신체적인 눈높이를 맞춥니다. 때로 아이는 부모와 나누고 싶은 이야기가 있어 먼저 대화를 시작할 겁니다. 그럴 때는 아이가 시작하는 말을 놓치지 말고 적극적으로 반응해야 합니다. 아이가 "엄마, 나 오늘 공원에서 다람쥐 봤지"라고 말한다면 "그래, 오늘 공원에서 다람쥐 봤지. 다람쥐가 왜(어떻게) 거길 왔을까?"라고 할 수 있겠지요.

때로는 어른이 먼저 아이의 회상(회고) 작업을 시작할 수도 있습니다. "아까 놀이터에서 정연이 정글짐 꼭대기까지 올라가더라"처럼 부모가 관찰한 아이의 모습을 이야기하면서 대화를 이끌어내는 것입니다. 아이의 의도를 생각하며 아이가 놀이할 때의 모습을 주의 깊게 살펴본다면 아이와의 회상(회고) 작업에 도움을 받을 수 있습니다. 앞에서 이야기한 '계획하기'와 연결하여 진행한다면 더욱 풍부한 결과를 기대할 수 있겠지요.

　아이가 자기 이야기를 시작했다면 아이의 말을 있는 그대로 인정하고 받아들이면서 지지를 보냅니다. 하지만 "잘했어!", "최고야!" 같은 칭찬의 말은 삼가야 합니다. 그보다는 "그래", "그랬구나!" 같은 추임새를 하거나 아이의 말과 행동을 반복하고 따라 하면서 지지하는 것이 좋습니다. 아이가 손가락을 하나씩 펴며 "붓펜으로 이름을 한 번 쓰고, 두 번 쓰고, 세 번 썼어요"라고 한다면 그 동작을 똑같이 따라 하며 "붓펜으로 이름을 한 번 쓰고, 두 번 쓰고, 세 번 썼구나!"라고 말하는 방법입니다.

　부모는 '듣는' 사람으로, 아이의 이야기가 보다 깊고 풍부해지도록 도움을 주는 자세가 필요합니다. 이때 아이에게 질문을 하더라도 대화의 주도권은 아이에게 있어야 함을 명심합니다. 또한 여러 개의 질문을 한꺼번에 퍼붓는 것이 아니라 절제하며 하나씩 묻는 것이 좋으며, 질문은 아이가 자신이 경험한 일에 대해 '어떻게', '왜' 그랬는지 생각해볼 수 있는 열린 형태여야 합니다.

　때로는 부모의 전략적인 질문이 아이를 더 성찰하게 만들 수 있습니다. 아이가 블록으로 시소를 만들었다면 "어떻게 시소가 한쪽으로 기울어지지 않고 양쪽이 똑같이 떠 있게 만들었니?"나, 칭얼거리는 동생을 달래주었다면 "어떻게 지석이를 웃게 만들었니?" 같은 질문입니다. 열린 질문은 아이가 자신의 행동에 대해 내적 이미지를 만들고 분석해볼 수 있는 기회를 줍니다.

놀이 중이라도 엄마나 아빠가 적절한 순간에 다른 결과를 만들 수 있는 가능성을 질문해서 아이의 사고를 북돋울 수 있습니다. 이때 부모는 과거의 경험과 현재의 경험을 연결시켜 비교해보는 기회를 제공할 수도 있습니다. "카펫 위에서는 플라스틱 기둥이 자꾸 넘어졌는데 마룻바닥에 세우니까 단단히 서 있네", "다리를 잡고 안았을 때는 강아지가 낑낑거렸는데 몸통을 들어 안으니 가만히 있네" 같은 말은 자신의 경험을 돌아보게 하고 회고나 평가를 통해 보다 효과적이고 합리적인 방법을 찾는 습관을 길러주지요. 이런 경험이 쌓이면 아이들은 자신의 행동과 결과의 인과관계를 되돌아보고 분석하고 평가하여 보다 나은 방법을 창조할 수 있는 힘을 키우게 됩니다.

'계획하기'가 아이들로 하여금 자신의 행위에 대한 의도나 목적을 미리 생각해볼 수 있는 힘에 관한 것이었다면, '돌아보기'는 자신의 경험을 어떻게 인식하고 성찰할 것인가에 관한 것입니다. 사고하는 힘, 성찰하는 힘, 그리하여 새롭게 만들어내는 힘은 거저 얻는 것이 아닙니다. 끊임없는 연습과 훈련을 통해 체득되는 것이지요. 혹자는 좋은 대학을 나와서 좋은 직장에 들어가면 저절로 생긴다고 생각할 수도 있지만 이런 능력은 단시간에 얻을 수 있는 것이 아니며, 머리가 굳어진 후에는 더욱 얻기 어렵습니다. 무슨 일이 일어났고, 왜 일어났고, 어떻게 그런 일이 일어날 수 있었는가에 대한 질문을 스스로에게 던지며 주체적인 삶을 꾸려가도록 하는 교육은 가정에서, 학교에서, 사회에서 지속적으로 이루어져야 합니다.

"잡고 사느냐, 잡혀 사느냐"

아이와 기싸움하는 부모에게

2장

아이와 첫 관계 맺기

부모, 감시자인가 파트너인가

아들을 비인가 대안학교에 보냈습니다. 그곳에도 입학 전형이 있어서 입학을 결심하면 준비해야 할 것들이 있습니다. 물론 시험 점수나 스펙이 필요한 것은 아니고 입학을 원하는 학생과 부모(양육자)가 작성해야 하는 긴 입학원서가 있지요. ▶살면서 의미 깊었던 일, 아쉬웠던(힘들었던) 일을 편안하게 적어주세요 ▶자녀를 키우면서 가장 기뻤던 순간, 잊지 못할 순간, 가슴 아팠던 기억이나 상처가 있다면 어떤 것이었습니까? ▶가정에서 갈등이 생기거나 무언가 결정할 일이 있으면 어떻게 풀어가나요? ▶바람직한 교사상에 대해 써주세요 ▶이 시대에 비인가 대안학교를 선택한 이유는 무엇입니까? ▶자녀가 어떤 사람으로 자라기를, 그리고 사회에서 어떤 일을 하며 어떻게 살아가길 기대합니까? ▶사회를 변화시키기 위한 활동이나 나눔을 실천하고 있습니까? ▶청소년의 사회 참여 활동에 대해서 어떻게 생각합니까? 등의 문항에 충실히 답해야 합니다. 고민을 하면서 하나씩 적다 보니 내가 어떤 생각으로 아이와 살아왔는지, 그리고 앞으로는 어떻게 살아야 할지 자연스럽게 생각해보는 기회가 되었습니다. 원서를 쓰다가 의도치 않게 자기 성찰을 하게 된 한 엄마는 그 과정이 너무 힘들고 벅차서 이틀 밤을 엉엉 울며 원서를 완성했다는 후일담도 들었습니다.

이런저런 생각을 정리하면서 원서를 쓰고 나니 결국 삶에서 가장 중요한 것은 '관계'가 아닐까 싶었습니다. 인간은 수많은 '관계' 속에서 살아갑니다. 가깝게는 부모, 배우자, 자녀, 형제 등 가족과의 관계가 있고, 친구나 이웃과의 관계도 있지요. 좀 더 넓게 생각하면 내가 속해 있는 공동체와 사회, 국가와의 관계, 자연과의 관계 등도 있습니다. '관계'는 내가 대상에 대한 존재 개념을 어떻게 가지고 있느냐에 따라 맺는 방식이 달라집니다. 즉, 자기 부모를 가엾은 존재, 내가 돌보아야 할 존재로 보는 자식도 있고, 그저 물주로 보는 자식도 있습니다. 자연을 인간의 소유물로 생각해 개발만을 생각하는 사람도 있고, 세상 만물을 모두의 것으로 생각하며 아끼고 보존하려는 사람도 있습니다. 국민을 개돼지로 생각하느냐, 모든 권력은 국민으로부터 나온다고 생각하느냐에 따라 나라의 모습도 달라집니다.

아이와의 관계도 마찬가지입니다. 의식하건 의식하지 못하건 아이를 어떤 존재로 보느냐는 아이를 대하는 태도나 양육 및 교육 방식에 차이를 만듭니다. 이러한 차이는 교육 프로그램의 운영에도 드러납니다. 예를 들어 몬테소리 교육자들은 아이가 자신의 배움을 관리할 수 있는 능력과 책임을 가지고 있다고 생각합니다. 마치 교사가 없는 듯 아이들이 자신의 일에 몰입하는 것을 성공의 신호로 여기지요. 그래서 자기능력개발을 지원하는 다양한 교구로 교육환경을 구성합니다. 발도르프 교육자들은 인간이 태어날 때 육체뿐만 아니라 생명체, 감정체, 자아라는 눈에 보이지 않는 구성체도 함께 탄생한다고 믿지요. 그래서 인간 내부에서 매순간 발현되는 영적인 에너지를 예술적 이미지로 승화시키는 작업을 중요하게 생각합니다. 하이스코프에서는 아동을 자발성을 가진 배움의 주체로 생각하기 때문에 주도적이고 능동적인 배움을 강조하며 다양한 경험을 통해 세상을 배울 수 있다고 믿습니다. 따라서 어른은 아이들의 '관리자'나 '지시자'가 아닌 '파트너'의 역할을 자처하지요. 하이스코프와 유사한 아동관을 가지고 있는 레지오에밀리아는 보통의 유아교육기관에서는 안전 문제로 잘 사용하지 않는 도구를 허용하기도 합니다. 유아들이 플라이어나 펜치를 사용하여 철사로 무언가를 만들고 못과 망치를 사용하여 목공 작업을 하지요. 반면 위험한 도구는 아예 치워버리는 기관도 있습니다. 무조건 없애야 한다고 생각하는 쪽과 어른이 작업 파트너로 함께하면서 장갑이나 보안경 같은 안전 기구를 착용하도록 하는 쪽은 아이를 위하는 일이 무엇이고, 배움이 무엇인지 각자 다르게 이해하고 있을 겁니다. 도전적인 환경에서 아이가 스스로 무언가를 해보도록 돕는 일을 어른의 역할이라고 이해하는지, 아니면 안전한 환경에서 아이들에게 필요하다고 생각되는 정보와 지식을 제공하는 일을 어른의 역할이라고 이해하는지는 교육 방식에 큰 차이를 만들어냅니다.

어린 시절 주변 사람들과 어떤 관계를 맺었느냐는 아이가 자신을 어떻게 바라보고, 다양한 상황에서 어떻게 행동할지를 결정하는 중요한 요인이 됩니다. 아이가 세상에 태어나서 만나는 어른들이 자신을 능력 있고 책임 있는 존재로 존중했는가, 아니면 부족하고 나약한 존재로 생각했는가에 따라 스스로를 그렇게 생각하고 그런 기대에 맞추어 행동한다는 것입니다. 더구나 어린아이들은 어른들이 자기를 알아주길 바라고 또 어른들을 기쁘게 만들려고 애쓰는 성향이 강합니다. 때문에 부모나 교사가 아이를 대하는 태도는 아이가 자신의 삶을 주도적으로 살아가는 데 많은 영향을 미칩니다. 아이가 친구와 관계를 맺는 방식 역시 이전에 부모를 비롯한 주변 어른들과 어떤 관계를 맺었는가에 영향을 받습니다. 아이들은 어른의 행동에서 자신의 가치를 확인합니다. 어른이 아이의 말을 귀담아듣는 것은 네 생각에 가치를 둔다는 의미이고, 어른이 아이의 말을 기록하는 것은 그 말이 자신에게 무척 중요하다는 의미를 전합니다. 그러므로 아이와 대화를 나눌 때는 얼마나 아이의 말과 생각을 존중하고 있는지가 담겨 있어야 합니다.

Part 2에서는 일상에서 실천할 수 있는 '관계 맺기'의 노하우를 하나씩 풀어볼까 합니다. 가르침과 배움은 사회적인 상호작용의 과정이기 때문에 진정한 관계가 만들어지면 더욱 효과적입니다. 일상에서 경험하는 관계 맺기의 기억은 쌓이고 쌓여서 아이들의 자아 개념을 만들고, 스스로를 어떤 사람이라고 생각하는가는 다른 환경에서 다른 사람들과 관계를 맺을 때 자신만의 방식을 만들어냅니다. 결국 한 인간이 사회화되는 과정의 질은 일상의 작디작은 경험이 모여서 결정되는 것입니다.

당신은 아이를 어떤 존재로 생각하고 있습니까?

| 부모는 권위적인 위치에서 아이에게 필요한 것을 직접 가르쳐야 한다 | or | 아이는 놀이와 경험을 통해 세상을 이해하고 배운다. 어른은 이를 위한 아이들의 파트너여야 한다. |

| 부모는 아이를 위한 배움의 과정과 목표를 미리 정해놓아야 한다. | or | 부모는 아이의 관심과 능력을 지원할 수 있는 다양한 경험을 제공해야 한다. |

| 부모는 배움에 필요한 교구(장난감, 물건)를 선택하고 통제·관리하여 아이에게 제공해야 한다. | or | 부모는 아이가 자신이 원하는 교구(장난감, 물건)를 직접 고를 수 있도록 격려해야 한다. |

| 부모는 아이의 문제를 해결해주어야 한다. | or | 부모는 아이가 자신의 문제를 직접 해결할 수 있도록 지원하고 도와주어야 한다. |

| 아이는 부모가 말하는 것을 귀담아 듣고 따라야 한다. | or | 부모는 아이의 이야기를 귀담아들어야 한다. 아이는 이 과정에서 말하는 방법을 배운다. |

| 부모는 아이가 제대로 알고 있는지 확인하기 위해 질문을 하고 틀렸을 때는 바로잡아야 한다. | or | 부모는 자신이 모르는 정보를 아이에게 얻기 위한 경우를 제외하고는 아이가 정답을 알고 있는지 확인하기 위한 질문은 피해야 한다. |

| 교육이란 아이를 훈육하는 것이다. 규칙에 반하는 행동을 봐주면 안 된다. | or | 교육은 아이를 훈육하는 것이라기보다 아이가 경험과 시행착오를 거쳐 깨달음을 얻을 수 있는 기회를 제공하는 것이다. |

| 부모는 아이가 자신의 말과 행동에 책임을 지도록 해야 한다. 이 경험을 통해 아이는 결과와 책임을 배우기 때문이다. | or | 부모는 아이가 자신의 말과 행동에 대한 원인과 결과를 볼 수 있도록 지원해야 한다. 이 경험을 통해 아이는 더 바람직한 선택을 하는 법과 자신의 행동을 조절하는 방법을 배우기 때문이다. |

<출처> Epstein, A. S. & Hohmann, M. The HighScope Preschool Curriculum, p.59. HighScope Press. 2012

주도권은
빼앗는 것이 아니라
기꺼이 나누는 것

양육 주도권에 관한 생각의 패러다임

얼마 전 소파에 누워 텔레비전 채널을 돌리다가 재미있는 프로그램을 하나 보았습니다. 여러 명의 주부들이 나와 '아내가 잡고 사는 것이 나은가 잡혀 사는 것이 나은가?'라는 주제로 설전을 벌이고 있었습니다. 패널로 나온 한 사람은 부부 주도권의 확인 지표는 아침밥을 누가 차려주는가에 달려 있다고 말합니다. 아내가 남편에게 아침밥을 차려주면 '잡혀 사는 여자'랍니다. '잡고 사는 여자'는 남편이 아내가 먹을 아침밥을 차린다는군요.

우리나라 사람들은 이런 주도권 쟁탈에 무척 예민한가봅니다. 결혼 전의 젊은 남녀를 대상으로 연애의 주도권이 누구에게 있는지 테스트하는 스마트폰 어플리케이션도 있다고 합니다. 개발자는 테스트 결과에 따라 주도권을 빼앗아올 수 있는 팁까지 알려준다고 설명합니다. 최근 한 부모에게 받은 질문도 기억이 납니다. 양육의 주도권을 잃지 않고 훈육하는 방법을 알려달라는 것이었습니다. 부부 주도권, 연애 주도권에 이어서 '양육 주도권'입니다. 어린이집, 유치원, 학교도 마찬가지입니다. 교사들도 아이들과의 주도권 쟁탈에 관한 이야기를 많이 하지요. 결혼 생활이나 연애 관계처럼 학년 초에 기선을 제압해 놓지 않으면 아이들을 통제하기 어렵다는 '교실 주도권'입니다.

'주도권'이라는 단어는 '주동적인 위치에서 어떠한 일이나 상황을 이끌어나가는 권리나 권력'을 의미합니다. 한데 연애와 부부 생활, 교육이나 양육에서 모두가 주동적인 위치만을 고집하면 어떻게 될까요? 많은 전문가들은 아이가 양육자 및 교육자로부터 어떤 대우를 받았는가, 그들과 어떤 방식으로 관계를 맺으며 성장했는가는 그 아이가 성인이 됐을 때 가지는 인격, 가치관, 공감 능력, 사회성, 쾌활함 등과 밀접한 관계가 있다고 주장합니다. 아이들의 역할이 공동체에서 권력을 가진 사람이 만들어놓은 규율이나 규칙에 복종하는 것이냐, 아니면 공동체 속에서 다른 사람들과 능동적으로 조화로운 관계를 만들어나가는 것이냐에 따라, 그리고 아이들에게 배움이 이미 만들어놓은 지식이나 관습을 정해진 틀대로 받아들이는 일이냐, 아니면 세상에 대한 새로운 경험과 연습이냐에 따라 아이의 인생이 크게 달라진다는 겁니다.

존중받지 못한 사람이 다른 사람을 존중하기는 어렵습니다. 가정 폭력의 피해자였던 아이들이 커서 가정 폭력의 가해자가 될 가능성이 높다는 연구 결과도 이런 이유 때문입니다. 존중을 위해서 중요한 것은 '소통'이겠지요. 나이나 권위로 주도권을 잡는 것이 아니라 서로의 의견과 의사를 나누면서 가장 합리적인 방안을 찾아나가는 것, 그런 학습과 훈련이 생활 속에서 이루어지지 않는다면 교실에서 배우는 협동이니 인성이니 하는 말은 공허한 수사에 불과합니다.

제가 하이스코프 유아교육 프로그램에서 얻은 가장 큰 삶의 교훈 중 하나는 주도권은 빼앗거나 빼앗기는 것, 얻거나 잃는 것이 아닌 '기꺼이 나누는 것'이어야 한다는 겁니다. 때로는 내가 인도자, 안내자가 되고 때로는 상대방이 그래야 한다는 것이지요. 그러려면 우리가 속한 공동체 구성원(특히 연장자)의 마음가짐이 중요합니다. 주도권을 '나누는 것'이라고 생각하면 밀고 당기는 기싸움의 에너지 소모를 줄여주고, 창조적이고 생산적인 에너지를 만들어내지요.

가족 공동체 안에서도 마찬가지입니다. 아이들에게도 주도권을 나누어주는 마음의 여유야말로 즐겁고 행복한 육아의 시작입니다. 주도권을 나누기 위해서 먼저 부모는 아이를 효율적으로 통제하면서 무언가를 끊임없이 가르쳐야 한다는 생각을 버려야 합니다. 하루가 다르게 변화하는 세상에서는 어른들도 배워야 할 것들이 무궁무진하며, 이 모든 것들을 아이와 '함께' 배운다고 생각해야 합니다. 아이들에게 도움을 주고 싶을 때는 통제하고 가르쳐야 한다는 생각보다 인생의 선배로서 경험을 나눈다는 마음가짐이 필요합니다. 마찬가지로 부모 역시 기쁜 마음으로 아이들의 생각과 경험을 나누어 받아야 합니다. 존중과 즐거움을 바탕으로 하는 양육 태도가 다른 사람을 배려할 줄 아는 당당하고 행복한 아이를 만듭니다.

하지만 아이와의 생활이 항상 기쁘고 즐거울 수만은 없지요. 우리네 삶은 갈등과 대립의 연속입니다. 양육도 예외일 수 없습니다. 하루에 세 번은 해야 하는 양치질을 왜 매번 안 하겠다는 것인지, 애써 차려놓은 밥상 앞에서 투정은 왜 부리는지, 자기가 어지른 장난감은 도대체 누구더러 치우라는 건지. 이렇게 일상에서 생기는 소소한 갈등을 줄이기 위한 매우 중요한 대책 중 하나가 바로 '체계', 즉 '시스템'입니다. '시스템'은 비단 기업이나 공공기관에서만 필요한 것이 아닙니다. 가정에서도 마찬가지입니다. Part 1의 〈예측 가능한 일과가 주도적인 아이를 만든다〉에서 언급한 '나'와 '너', '우리'가 함께하는 예측 가능한 일과와 사람, 물건, 상황에 대한 구체적 설명, 그리고 그것들을 고려한 선택과 자율적인 권리 등은 가족 구성원이 주도권을 나눠가지며 살 수 있는 '체계'입니다.

　기꺼이 주도권을 나누는 양육자는 아이들의 행동을 '발달의 과정', '성장의 과정'으로 이해하기 때문에 아이의 실수나 실패를 걱정하거나 두려워하지 않습니다. 실수나 실패, 시련을 통해 얻게 될 경험의 가치를 믿고 존중하기 때문이지요. 책《야누슈 코르착의 아이들》[15]에도 나와 있듯이 아이들은 실수할 권리, 실패할 권리, 그리고 지금 그 모습 그대로 소중하게 존중받을 권리를 가지고 있습니다. 현명한 양육자는 아이들과의 대립과 갈등을 '위기'로 생각하지 않고 '배움의 기회'로 삼습니다. 세상과 세상살이를 배울 수 있는 아주 소중한 경험인 것이지요.

　삶 속에서 부딪치는 어려움을 해결하는 과정에서 부모가 보여주는 모습은 아이가 성장했을 때 마음속에 품게 될 부모의 모습이자 아이가 살아갈 삶의 모습이 될 것입니다. 먼 훗날 아이의 마음속에 자신과 자식 모두를 존중하고 사랑했던 부모로 남고 싶다면, 아이가 '나'와 '너', '우리'를 생각하는 마음을 가진 건강한 성인으로 자라길 바란다면 주도권은 우리 모두의 것이어야 한다는 사실을 기억해야 합니다.

아이의 발달 특성을 알면 육아가 행복하다

관계 맺기1. 아이와 부모

오래전 장안의 화제를 불러일으키며 베스트셀러가 되었던 《화성에서 온 남자 금성에서 온 여자》[16]라는 책이 있습니다. 화성에서 온 남자와 금성에서 온 여자가 지구별에서 만나 어울려 살아가는 과정에서 알아야 할 각각 다른 사고와 행동 양식을 재미있게 그려낸 책이었죠.

'연애전문가'로 불리는 팝 칼럼니스트 김태훈 씨가 이런 말을 하더군요. 남자와 여자를 컴퓨터에 비교하자면 여자가 남자보다 사양이 조금 더 높답니다. 그래서 남자라는 존재를 여자의 마음과 머릿속에 넣으면 읽히는데, 여자라는 존재를 남자에게 넣으면 읽히지 않는답니다. 믿거나 말거나 한 이야기죠.

육아도 연애만큼 복잡하고 어려운 일임에는 틀림없는 것 같습니다. 서점에 가보면 연애백서 이상으로 육아백서가 넘쳐납니다. 연애는 그 사람이 아니어도 남자, 여자는 세상에 넘쳐나니 안 맞으면 까짓것 헤어지면 그만이지만 육아는 어디 그런가요. 어쨌든 내 자식이고 내 부모니 세상이 끝나는 날까지 관계를 부정할 수 없습니다. 아이와 부모의 행동 및 심리 상태는 컴퓨터 사양처럼 누가 높거나 낮다고 구별할 수도 없지요.

하지만 부모가 아이보다 인지적으로 조금 더 높은 발달 단계에 있으니 아이가 어떻게 다르게 생각하고, 다르게 느끼는가를 이해한다면 조금 더 과학적이고 합리적인 육아가 가능해질 겁니다. 아동심리학의 대부인 피아제Jean William Fritz Piaget의 발달 단계 구분으로 보자면 '전조작기'에 해당되는 유아기 아이들의 사고와 행동 양식은 다음과 같은 특성을 가지고 있습니다.

자기중심주의

이 시기 아이들의 일반적 특징 중 하나는 자신의 관점에서만 느끼고 생각한다는 점입니다. 아이들은 다른 사람의 생각이나 감정을 배려하는 능력이 미약합니다. 따라서 "네가 이러면 쟤 기분이 어떨 것 같니?"라는 다그침은 효과가 없습니다. 이보다는 갈등 상황에서 다른 사람의 입장이나 기분 등을 구체적으로 들을 수 있는 기회를 만들어 주는 것이 좋습니다.

성인임에도 불구하고 여전히 자기중심적인 사람들을 자주 보게 되는 이유는 자기중심적 사고를 벗어나는 일이 하루아침에 주입식으로 얻어지는 능력이 아니기 때문입니다. 다른 사람의 요구와 내 요구를 조율해가는 작업은 어린 시절부터 꾸준히 훈습되어야 합니다.

직관적이고 구체적인 사고

이 시기의 아이들은 눈에 보이는 분명한 특성이나 특질 등을 토대로 세상을 이해하기 때문에 아이들을 대하는 방법은 매우 구체적이어야 합니다. 따라서 장난감 하나를 두고 싸우는 아이들에게 "같이 가지고 놀아야지!", "사이좋게 놀아"라는 다소 추상적인 말은 별로 도움이 되지 않습니다. 이보다는 장난감을 함께 가지고 놀 수 있는 놀이를 소개하고 각자의 역할을 구체적으로 생각해보도록 돕거나, 커다란 모래시계 등을 사용하여 한 명씩 교대로 놀 수 있도록 시간을 정하는 것이 훨씬 합리적입니다.

수영장에 가기로 한 날을 손꼽아 기다리며 하루에도 수십 번씩 "우리 수영장 언제 가?"라고 묻는 아이가 있다면 원형 클립을 남은 날짜 수만큼 엮어 걸어두고 하나씩 떼는 것도 좋습니다. 아이가 하루 세 번 약을 먹어야 한다면 약병을 세 개 그려두고 한 번 먹을 때마다 하나씩 지우게 하는 방법도, 내일 챙겨갈 준비물을 아이가 알아볼 수 있는 그림이나 기호로 적어 가방에 붙여주는 방법도 이 시기 아이의 발달 특성에 맞는 육아 방법입니다.

언어적 한계

외국어로 대화를 나눈다고 생각해볼까요? 머릿속 생각이나 내 안에서 일어나는 느낌을 완벽하게 표현하기가 어려울 겁니다. 그래서 때로는 어눌하거나 무례해 보이지요. 이제 막 말을 배우고 있는 아이들도 마찬가지입니다. 언어능력이 충분히 발달되지 못한, 아직 발달 단계에 있는 아이들은 자신의 요구나 느낌을 명확하고 세련되게 표현하기가 버겁습니다. 따라서 아이가 충분히 생각하고 최대한의 표현력을 발휘할 수 있도록 편안한 분위기를 만들어주어야 합니다.

이제 막 말문이 트인 동생이 언니 앞에서 자신의 입장을 표현해야 한다면 부모는 아이가 하는 말을 충분히 듣고, 언니가 더 잘 이해할 수 있도록 친절한 통역사처럼 다시 말해주는 작업을 해야 합니다. 아이의 언어 발달이 또래에 비해 다소 더디다면 부모의 이러한 지원은 더욱 더 필수입니다.

과격한 신체 표현

이 시기 아이들의 표현 방법은 상당히 신체적이고 물리적입니다. 기쁠 때는 소리를 지르고, 슬플 때는 우는 것으로 감정을 표현합니다. 따라서 아이들이 다른 사람을 때리거나, 소리를 지르거나, 자기가 원하는 물건을 뺏는 것은 지극히 자연스러운 행동이라 할 수 있지요. 아이가 기분이 좋아서 손을 높이 들며 함성을 지르거나, 엉덩이를 흔들며 춤을 추는 행동은 무척 사랑스럽습니다.

하지만 다른 사람을 때리거나 자기가 원하는 물건을 낚아채는 행동은 당황스럽고 화가 나지요. 이런 상황에 아이에게 소리를 지르거나 체벌을 가하는 일은 행동을 바꾸는 데 도움이 되지 않습니다. 오히려 바람직하지 못한 표현 방법을 강화시키는 결과를 낳을 수 있지요. 그보다는 그런 행동을 하는 아이의 심리 상태를 충분히 공감해주고, 원초적 표현을 대신할만한 보다 세련된 방법을 직접 보여주는 것이 효과적입니다. "나도 좀 ○○해도 될까?", "주세요" 등과 같은 가벼운 일상 표현이 그 본보기가 될 수 있습니다.

독립성에 대한 실험 "내가! 내가 할래!"

유아기 아이들은 주양육자로부터 분리되고 있음을 느끼면서 자신의 독립성을 실험하는 단계에 있습니다. 스스로 무언가를 선택하고 결정하는 재미를 맛보기 시작하는 시기이기도 합니다. 하지만 이 시기 아이들의 독립성이란 어른들이 보기에는 너무나 억지스러운 경우가 많지요. 더구나 고집이 세지고 떼가 늘어나면 부모는 인내심을 시험받는 기분이 됩니다. 이 상황에서는 아이에게 '내 행동이 현실적으로 받아들여지는 범위 안에 있는가'를 이해시키는 데 주력해야 합니다.

만약 아이가 새롭게 기술을 습득한다면 이는 당연히 축하받아야 할 일입니다. 부모는 아이가 새로운 기술을 발휘하고 연습할 수 있도록 충분한 기회를 주어야 하지요. 하지만 그럴 상황이 아니라면, 아이에게 안 되는 이유를 구체적으로 설명해야 합니다. 아이가 지금 처해 있는 상황을 충분히 이해할 수 있도록 해야 하지요.

한 가지 더 강조하고 싶은 것이 있습니다. 당황스럽겠지만 앞에서 열거한 아이의 행동은 그저 또래 아이들과 마찬가지로 발달적 특성에 따른 성장 과정의 한 모습일 뿐이라는 것입니다. '이 녀석이 날 무시해?', '지금 일부러 이러는 거지?'처럼 과장된 생각은 오히려 감정을 폭발시켜 폭언이나 폭행 같은 후회스러운 결과를 초래할 수 있음을 명심해야 합니다.

《화성에서 온 남자 금성에서 온 여자》에는 이런 내용이 있습니다.

> 이상적인 상대란 완벽한 사람이 아니라 '우리'라는 관계 속에서 완벽할 따름이다.

완벽한 아이는 없습니다. 내 자식은 이래야 하며 이렇게 행동해야 한다는 기대를 버리고, 있는 그대로 아이를 이해해주고 받아줄 수 있는 포용력으로 '우리'라는 관계 속에서 완벽함을 찾아야 할 뿐이지요.

감정과 생각을 표현할 줄 아는 아이

관계 맺기2. 자기 자신

　　부엌일을 할 때 라디오 듣는 것을 좋아합니다. 그래서 일부러 좋아하는 프로그램이 나오는 시간에 부엌일을 하곤 하지요. 어느 날 저녁, 역시 라디오를 틀어놓고 밀린 설거지를 하고 있는데 한 작사가가 자기 이야기를 들어보라더군요. 이런 이야기였습니다. 노랫말을 쓰는 그에게 작사법을 가르쳐달라는 사람이 많다고 합니다. 그런데 별게 없다는 거예요. 그저 솔직할 뿐이라고 합니다. '밉다', '아프다', '그립다' 등 자기감정을 똑바로 바라보고 그것을 잘 표현해내는 것, 그것이 바로 자신의 비결이라고 했습니다. 또 이런 이야기도 했습니다. 정신과 의사들이 말하길 자기감정을 감추는 사람은 우울증에 잘 걸린다고요.

1990년대부터 교육학, 심리학계는 '정서 지능'이라는 개념에 주목하고 있습니다. 정서 지능이란 ▶ 자신의 감정을 똑바로 읽고 표현할 수 있는 능력 ▶ 다른 사람의 감정을 제대로 읽고 공감하며 바람직한 방법으로 자신의 감정과 조율해내는 능력 ▶ 자신의 감정을 잘 다스려 삶을 계획하고 무언가 이루어낼 수 있는 능력을 말합니다. 다시 말하면, 정서 지능이란 일상 속에서 자신에게 일어나는 느낌이나 감정을 알아차리는 능력에서 출발한다는 겁니다. 이 능력은 다른 사람의 감정을 이해하고 그것을 공감하는 능력과 연결됩니다. 공감 능력은 건강한 관계 맺기에 큰 도움이 되기 때문에 사람들과 더불어 행복한 삶을 꾸려나가기 위한 초석이 될 수 있지요. 이뿐만이 아닙니다. 정서 지능이 높은 사람들은 자신의 기분을 보다 긍정적인 방향으로 다스리고 자신의 능력에 대한 신뢰감을 높일 줄 압니다. 그에 따라오는 자신감은 도전적인 과제를 계속해서 끌고 나갈 수 있는 자기 동기화를 이루어냅니다. 또한 기분이나 감정은 사람의 기억 속에 있는 정보를 재조직하고 활용하는 데도 영향을 미치기 때문에 자신의 기분을 다스릴 줄 아는 사람은 그렇지 않은 사람보다 더 창조적으로 문제를 해결할 수 있습니다.

"자기감정을 감추는 사람은 우울증에 걸리기 쉽다"는 정신과 의사의 말이 제게는 "자기감정을 잘 모르는 사람은 우울증에 걸리기 쉽다"는 말로 들립니다. 정서 지능은 지금 내가 느끼고 있는 감정을 제대로 바라볼 수 있는 능력에서 시작되니까요. 사람은 만 3세만 되어도 자신의 감정을 인식하고 그 감정이 왜 생겼는지 말할 수 있습니다. 하지만 자기감정을 제대로 읽고, 다른 사람과 공감하며, 스스로를 잘 다스려서 다른 사람과 더불어 살 수 있는 능력은 저절로 생기지 않습니다. 연습이 필요하지요. 부모는 아이가 새로운 사물을 접하면 그것이 무엇인지 알려주고 싶어 합니다. 아이가 새로운 정서를 경험할 때도 그럴까요? 안타깝게도 아이의 감정이나 기분에 대해서는 함께 이야기하기는커녕 오히려 부정하는 태도까지 보입니다.

"아무것도 아닌 것 가지고 왜 그러니. 괜찮아, 괜찮아."
"에이, 뭐가 아파. 하나도 안 아프지."
"뚝! 창피하게 남자가 어디 동생 앞에서 울어. 남자는 우는 거 아니야."

자신의 감정 상태를 무시당하며 자란 아이에게 정서 지능을 기대하기는 어렵습니다. 정서 지능이 낮은 아이에게 슬기롭게 감정을 다스리는 일도, 다른 사람과 더불어 살아가는 일도 기대하기 어렵겠지요.
아이의 정서 지능을 개발하기 위해 부모는 어떤 지원을 해야 할까요? 가장 중요한 것은 어떤 일이 일어났을 때 아이가 표정, 말, 행동 등으로 표현하고 있는 감정을 알아보고 공감해주는 일입니다. 아이가 "화가 난다", "무섭다" 등과 같이 말로 자신의 감정을 표현할 때는 그 말을 되풀이하면서 "그래, 그러면 화가 날 수 있지", "엄마도 그럴 때 정말 무서웠어"와 같은 말로 공감해줍니다. 형이 가지고 놀던 장난감을 동생이 낚아채서 형이 동생을 때렸다면 바로 나무라기보다 "놀던 장난감을 갑자기 빼앗겨서 영진이가 화가 났구나"라고 먼저 아이의 감정에 공감해줍니다. 공감의 표현은 반드시 말로만 이루어지는 것은 아닙니다. 얼굴 표정, 또는 조용히 등을 쓰다듬거나 안아주는 행동 등으로도 아이가 자신의 감정을 공감받고 있다고 느낄 수 있습니다. 아이의 기분이 어떤지 알아주고 공감해주는 과정은 아이 스스로 자신의 감정이 어떤 것인지를 생각해볼 기회를 줄 뿐 아니라 자신의 감정이 존중받고 있다는 느낌을 줍니다. 이는 아이의 자존감과도 연결되지요.

아이의 감정에 공감의 표현을 했다면, 조금 전에 느꼈던 기분에 대해서 함께 이야기해보는 것이 좋습니다. 자신의 정서적 경험을 민감하게 들여다보고 왜 그런 감정을 느꼈는지 곰곰이 생각해보는 과정은 정서 지능을 개발하는 핵심적인 연습 과정입니다. 아직 어휘력이 풍부하지 못한 어린아이와 감정이나 기분에 대해서 이야기할 때는 다양한 얼굴 표정이 그려진 그림책이나 못난이 인형 세트, 이모티콘 등을 활용하면 효과적입니다.

"아까 영희 기분이 어땠는지 이 그림(인형)에서 골라볼 수 있겠니?"
"그 그림(인형)이 어떤 기분인지 설명해줄래?"
"왜 그런 기분이 들었을까?"

감정에 대한 대화를 나눌 때는 아이의 이야기를 끝까지 들어주고, 적당한 추임새로 아이의 말에 공감해주는 과정이 매우 중요합니다. 아이의 정서 지능을 키우고 싶다면 아이의 감정과 기분에 대해 자주 대화를 나눠보세요. 이러한 대화 시간은 아이의 감정에 대한 인지뿐 아니라 다른 사람의 감정에 대한 인지적, 정서적 조망 능력을 키워줍니다.

학원이 아이의 점수를 1점 올려줄 수는 있을 겁니다. 부모가 좀 더 열성적이라면 10점, 20점도 올릴 수 있겠지요. 하지만 부모가 무엇을 더 중요하게 생각해야 할지는 심각하게 고민해볼 문제입니다. 옆의 친구와 1점, 2점, 점수 싸움에 내몰려야 하는 현실은 우리 아이들에게 친구의 감정은커녕 자신의 감정을 들여다볼 여유조차 없게 만듭니다. OECD 청소년 행복지수 최하위, 청소년 다섯 명 중 한 명은 자살을 생각해봤다는 뉴스는 어쩌면 당연한 결과일지도 모르겠습니다. 당장 오늘부터 시작해봅시다. 내 아이의 기분을 들여다봐주는 일. 아니, 그보다 먼저 부모인 내 감정을 가만히 들여다보는 일부터 시작해보면 어떨까요?

우리 아이
첫 친구 사귀기

관계 맺기3. 친구

교육 현장에서 아이들을 관찰하다 보면 아이의 삶을 좌우할 정도로 막강한 영향력이 눈에 보입니다. 바로 아이에게 어른이란 얼마나 큰 권력을 가진 존재인가, 그 권력은 어떻게 아이의 삶을 바꾸는가에 대한 부분입니다. 또 하나는 '친구'라는 존재의 강력함이지요. 유아기 아이에게도 '친구'라는 단어는 큰 의미를 가집니다. "우리 친구잖아!" 혹은 "너는 이제 내 친구 아니야!"라는 말에서 풍기는 에너지는 옆에서 지켜보는 저에게도 어찌나 강하고 뜨겁던지요. 그 때문인지 어린이집이나 유치원에서 학부모들이 가장 궁금해하는 것은 '우리 아이의 친구는 누구일까?'입니다. 유치원에서 돌아온 아이에게 부모들이 가장 많이 하는 질문 중 하나도 "오늘 누구랑 놀았어?", "누구랑 제일 친해?" 같은 것이지요.

 요즘은 부모가 아이의 친구를 만들어줘야 한다고 생각하는 경우가 많습니다. 맹모삼천지교(孟母三遷之敎)라며 학군을 따라 이사 다니던 수준을 넘어 이제는 인맥 형성을 위해 좋은 산후조리원을 선택하고 조리원 동창회까지 만든다고 합니다. 물론 가능한 제일 좋은 환경을 주고 싶은 것이 부모의 마음일 겁니다. 그런데 그것이 지나쳐 '우리끼리'라는 울타리를 치면서 벌어지는 사회적 갈등이 오히려 반교육적인 상황을 만듭니다. 더구나 자녀의 관계에 부모가 지나치게 개입하면 여러 가지 부작용이 일어납니다. 관계란 스스로 풀어나갈 수밖에 없는 일이기 때문이지요. 누군가와 갈등을 겪었는데 그 사람 대신 다른 사람이 와서 사과한다면 만족스러울까요? 어차피 싸움을 하건 화해를 하건 자신이 당사자와 해결할 문제입니다. 더 중요하게는 관계의 폭과 관련됩니다. 영어에 'Streetwise'라는 단어가 있습니다. 번역하자면 '세상 물정에 밝은'이라고 할 수 있는데, 온실 속 화초가 아닌 튼튼한 풀꽃 같은 느낌입니다. 그리고 그 튼튼함은 다양한 사람들을 만나고 다양한 자극을 받음으로써 부지불식간에 생겨납니다. 관리하거나 인위적으로 학습한다고 되는 일이 아닙니다. 균일 집단보다 이질 집단 속에서 더 많은 면역력과 창의력이 생긴다는 연구 결과[17]도 있습니다. 끼리끼리 닫힌 문화를 공유하기보다 다양한 계층과 문화를 경험할 수 있도록 과감하게 울타리를 허무는 것이 필요합니다.

유치원이나 어린이집은 아이들이 가족의 울타리를 떠나 처음으로 '관계'를 확장하는 곳입니다. 아무래도 집보다 긴장할 수밖에 없는 장소에서 '친구'는 정서적인 안정감을 주는 매우 중요한 버팀목이 됩니다. 정서 발달에도 영향을 미칠 뿐만 아니라 놀이 파트너로서 인지 발달, 신체 발달, 창의성 발달 등에도 큰 영향을 미칩니다. 만 2세경에 시작되는 또래에 대한 관심은 유아기로 접어들면서 보다 상호적이 됩니다. 유치원이나 어린이집에서 돌아온 아이들은 친구에 대해 이야기하고 그 친구가 왜 좋은지 혹은 싫은지에 대해서도 설명합니다. 친구와의 다툼으로 스트레스를 받기도 하고, '관계'에 해를 미치는 행동이 무엇인지 깨닫기도 합니다. 우정을 유지하기 위해서 싸움이 나기 전에 양보하거나 협상을 하기도 합니다. 이러한 기술이나 능력은 세상을 살아가는 데 무척 중요한 재산이 됩니다. 영유아기에 경험한 관계 맺기 기술은 아동기, 청소년기까지 이어지며, 이후의 사회적 관계에도 의미 있는 영향을 미친다는 연구 결과도 있습니다.[18]

아이에게 좋은 친구를 만들어주기 위해 부모들은 부단히 노력합니다. 근사한 생일파티를 열어주거나, 맘에 드는 아이를 집에 초대해서 함께 놀게도 합니다. 하지만 진심으로 원하는, 서로 신뢰하고 존중하며 기꺼이 마음을 나눌 수 있는 친구는 부모가 만들어주는 몇 번의 이벤트로 생기는 것이 아니지요. 좋은 친구를 만들기 전에, 내 아이가 좋은 친구가 되어줄 준비도 해야 합니다.

친구를 만들기 위해서는 무엇보다 다른 사람과 세련된 방법으로 소통할 수 있는 능력(기술)이 필요합니다. 그러기 위해서는 1차 보호자와 진심이 담긴 소통의 경험을 충분히 해야 합니다. 부모는 아이의 눈높이에 맞춰 몸을 낮추고, 아이가 하는 말에 귀 기울이며, 아이가 충분히 생각할 수 있는 시간을 준 후 아이의 말을 끝까지 들어줍니다. 아이 또한 장황한 설교보다 부모의 경험에서 우러나오는 진심 어린 조언을 듣고 싶어 할 겁니다. 대화의 주도권은 부모나 아이 모두에게 공평해야 합니다.

좋은 친구를 갖기 위해 아이에게 필요한 또 하나의 능력은 다른 사람의 감정을 인식하고 자각하는 것입니다. 다른 사람의 감정과 입장을 사회적, 정서적으로 인식하고 그에 맞게 자신의 행동을 조절할 수 있는 능력은 친구를 만들고 우정을 유지하는 데 꼭 필요한 기술이지요. 또한 내가 하는 말과 행동이 상대방에게 어떤 영향을 미치는지와 사건의 인과관계를 이해하고 예측할 수 있어야 합니다. 이러한 능력을 키우기 위해 부모는 세 가지의 상호작용 전략을 사용할 수 있습니다.[19]

본보기 보여주기 (모델링)

아이가 다른 사람의 감정을 읽는 연습을 할 수 있도록 부모는 자신이 지금 느끼고 있는 감정을 말해줍니다. 아이가 다른 사람에게 닥친 상황과 어떤 자극에 의한 감정의 인과관계를 생각해볼 수 있도록 해주는 거지요. 예를 들면 "오늘은 어제만큼 덥지 않아서 정말 다행이야. 엄마가 저녁을 준비할 때 한결 덜 힘들 것 같아. 어제는 너무 더워서 막 짜증이 나기도 했거든", "엄마가 좋아하는 컵이 깨져서 슬퍼" 등입니다. 다른 사람의 감정에 대해서 생각해볼 수 있도록 아이에게 간접경험의 기회를 제공합니다. "성민(동생)이가 오늘 아침에는 기분이 좋은가 봐. 콧노래를 부르며 양치질을 하네"와 같은 말은 아이가 다른 사람의 감정을 인식하고 의식할 수 있게 해줍니다.

모델링은 감정 읽기뿐만 아니라 누군가를 배려하는 사회친화적인 행동의 본보기에도 해당됩니다. 예를 들면 "민정이네 엄마가 배탈이 심하게 났대. 그래서 엄마가 죽을 좀 쑤어다 드리려고", "엄마 설렁탕에 소금이 쏟아져서 너무 짜네. 아빠는 아직 소금을 넣지 않았으니 아빠 설렁탕을 섞어 나누어 먹어야겠다" 등입니다. 이러한 본보기를 통해 아이는 상대방을 배려하고 좋은 관계를 맺는 방법을 배울 수 있습니다.

지도하기 (코칭)

아이가 자신에게 닥친 상황을 파악하고 바람직한 방법으로 대처할 수 있도록 도와주는 방법입니다. 이 방법은 아이의 사고와 행동을 크게 세 단계로 나누어 지도할 수 있습니다. 첫 번째는 아이가 지금 일어난 상황을 파악할 수 있도록 돕는 일, 두 번째는 이 상황에서 아이의 요구와 필요를 확인하는 일, 그리고 세 번째는 이 상황에 어떤 식으로 접근할지 함께 논의(지도)하는 일입니다.

예를 들어 엄마가 형제를 위해 과자를 한 봉지씩 사두었습니다. 동생은 형이 귀가하기 전에 먼저 자신의 몫을 먹어버렸지요. 형이 돌아와 자기 몫을 먹으려고 하자 또 먹고 싶은 동생은 떼를 씁니다. 이럴 때는 "한 사람 앞에 한 봉지였는데 네 것은 먼저 먹어버렸네(상황 파악). 또 먹고 싶지만 저건 형 몫인데 어떻게 하면 좋을까(아이의 요구와 필요 확인)? 조금 나누어달라고 말해볼까? 네 사탕을 주고 과자랑 바꾸자고 해볼까(접근 방법 논의)?"와 같은 질문으로 아이와 함께 해결 방법을 찾아봅니다. 마찬가지로 형도 이 상황을 이해할 수 있도록 대화를 나눈 다음 동생에게 나누어주거나 나중에 동생이 없을 때 혼자 먹기 등 분쟁을 줄일 수 있는 방법을 고민해보고 적용하도록 돕습니다.

인정하고 알아주기

아이가 바람직한 행동을 하면 아이의 행동을 알아주고 격려해줍니다. 이때 "잘했다", "최고다" 같은 일방적인 칭찬보다는 아이의 바람직한 행동이 가져온 좋은 결과를 묘사해줍니다. 아이가 자신의 행동이 가져온 인과관계를 확인할 수 있도록 하는 것이지요. 예를 들면 "은성이가 은교에게 종이인형을 그려주었네. 은교가 종이인형을 가지고 재미있게 놀고 있구나!", "지영이가 얼음물을 가져다주어서 아빠가 다시 기운이 났어. 지하철역에서 집까지 걸어오는 동안 정말 더웠거든" 등입니다.

어른도 아이도 좋은 친구를 만나려면 먼저 좋은 친구가 될 준비를 해야 합니다. 한 아동 발달 연구에서 지적한 것처럼[20], 친구와의 좋은 관계 역시 부모와의 좋은 관계에서 시작되는지도 모르겠습니다. 아이에게 부모는 세상에서 가장 처음 경험하는 관계 맺기의 대상입니다. 그러므로 아이는 부모와의 관계를 통해 '관계의 기대치'를 구축하고 그 기대치만큼 타인을 대하게 되지요.

친구, 형제와 다투고 있는 아이에게 말 걸기

6단계 싸움 중재 방법

대학원 시절에 제 인생을 바꾼 동영상이 하나 있습니다. 유아교육의 다양한 프로그램들을 알아보는 수업이었는데 교사가 아이들의 싸움을 중재하는 내용의 비디오였습니다. 동영상 속 두 아이는 열쇠꾸러미를 서로 갖겠다고 싸우고 있었습니다. 그 자리에 있던 어른은 두 아이의 의견을 모두 들어주고, 공감해주고, 서로의 입장을 정리해준 뒤 어떻게 했으면 좋겠는지 아이들에게 물어보았습니다. 서너 살로 보이는 두 아이는 자기들 수준에서의 해결 방법을 스스로 찾아내더군요. 머리를 힌 대 맞은 느낌이었습니다. 제 어린 시절을 떠올려보았습니다. 언니나 동생과 다퉜을 때 어떤 방법으로 해결을 했는지 말이죠. 많이 혼났던 기억, 억지로 화해를 했던 기억도 있습니다. 그리고 사건의 해결(?)을 위해 한 명은 억울함을 덮은 채 양보를 해야 했지요.

동영상에서는 아이들 사이에 사회적 갈등이나 대립이 일어났을 때 적용할 수 있는 중재 방법을 여섯 단계로 설명했습니다. 훗날 이 동영상에 감동받아 찾아간 하이스코프에서 이 여섯 단계가 매우 중요한 교육 내용 중 하나라는 것을 알게 되었지요. 아이들 사이의 갈등을 중재하는 여섯 단계 전략을 지금부터 소개해보겠습니다.

1단계	문제의 현장에 조용히 접근한다. 위험 요소를 수반한 공격적 행동은 일단 멈추게 한다.
2단계	지금 아이가 느끼고 있는 감정을 공감하고 알아준다.
3단계	문제 상황에 대한 정보를 수집한다.
4단계	문제를 재정리한다.
5단계	아이들에게 여러 가지 해결 방법을 모색하게 하고 그 안에서 해결 방법을 결정한다.
6단계	추가 지원에 대비한다.

© HighScope Educational Research Foundation[21]

> 1단계

문제의 현장에 조용히 접근한 뒤 공격적인 행동은 일단 멈추게 한다

아이들이 싸우는 소리가 들리면 부모는 "이 녀석들 또 싸워?", "조용히 하지 못해?"라며 큰소리로 야단부터 칩니다. 더구나 서로 치고받거나 물건을 부수는 등의 폭력적인 상황이 벌어지면 목소리는 더 커지기 마련입니다. 하지만 대립이나 갈등의 상황을 목격했을 때 부모가 가장 먼저 할 일은 차분함을 찾는 일입니다. 부모의 목소리가 커지거나 행동이 거칠어지면 아이도 덩달아 흥분하거나 반대로 주눅이 들어 상황을 악화시키기 때문이지요. 그러므로 사건이 일어나면 일단 심호흡을 한 번 하고 마음을 차분하게 만들기 위해 노력합니다.

이 순간 부모가 기억하며 되뇌어야 할 것이 두 가지 있습니다. 첫 번째는 지금 이 상황은 말썽이나 위기의 상황이 아닌, 아이에게 살아 있는 교육을 할 수 있는 절호의 '기회'라는 것입니다. 일상에서 일어나는 대립과 갈등 상황을 평화적으로 해결하는 경험을 통해 아이는 학교나 학원에서 배우는 지식보다 훨씬 중요한 삶의 기술을 얻을 수 있습니다. 나와 다른 사람의 입장이 다르다는 것, 내 필요나 요구가 중요한 만큼 상대방의 요구 역시 존중받아야 한다는 사실을 깨달을 수 있는 소중한 기회를 얻는 것이지요. 따라서 부모는 중재자 역할을 잘

완수해서 아이가 평화적인 문제 해결 과정을 경험할 수 있도록 해야 합니다. 두 번째는 어떤 일이 있어도 한쪽의 편을 들지 말고 중립을 지켜야 한다는 것입니다. 열 손가락 깨물어 안 아픈 손가락 없다지만 우리는 많은 경우, '어리기 때문에', '나이가 더 많기 때문에', '여자 혹은 남자이기 때문에' 더 존중받아야 한다고 생각합니다. 평소 장난이 심하거나 활동적인 아이가 사건 파악의 과정 없이 책임을 덮어쓰는 일도 심심치 않게 일어나지요. 편견이나 선입견은 서로 다른 입장에 있는 아이들 모두에게 도움이 되지 않습니다. 중재자는 누가 더 잘못했는지 심증이 가더라도 양쪽의 입장과 요구, 감정을 똑같이 존중해야 합니다.

마음의 준비가 되었다면 사건의 현장에 '조용히' 다가갑니다. 가장 먼저 할 일은 위험하거나 폭력적인 상황을 저지하는 일입니다. 아무리 화가 나도, 혹은 자신이 옳다고 해도 폭력적인 언어나 행동은 절대 받아들일 수 없다는 것을 알려줍니다. 폭력적인 상황을 말리는 과정에서 부모는 단호하지만 부드러운 모습을 보여야 합니다. 이때 부모가 큰소리를 치거나 과격하게 행동하면 바람직하지 못한 말과 행동의 모델이 됨과 동시에 아이들에게 '중재자'라기보다 야단치는 사람이라는 인상을 심어줍니다. 또한 아이는 자신의 입장을 표현하지도, 상대방의 입장을 경청하지도 않을 겁니다. 마음의 문을 닫아버리는 거지요.

이때 부모가 보이는 신체 언어는 차분하고 중립적인 분위기를 조성하는 데 큰 도움이 됩니다. 먼저 몸을 낮춰 아이들과 눈높이를 맞추고 아이와 아이 사이에 몸을 둡니다. 부모는 양쪽 팔로 두 아이를 가볍게 안거나 양손을 두 아이의 한쪽 어깨에 각각 올려놓습니다. 두 아이의 손을 하나씩 잡아도 좋습니다. 이러한 행동은 보다 편안한 분위기를 만들어줍니다. 혹시 그 순간에도 아이들이 갈등의 소지가 되는 물건을 서로 차지하려고 다툰다면 문제가 해결될 때까지 부모가 물건을 가지고 있는 것도 방법입니다. 아이들 사이에 몸을 둘 수 없는 상황이라면 아이들 쪽으로 몸을 숙이고 눈을 맞추면 됩니다.

어쩌면 한 아이가 거칠게 감정을 표현하여 다른 아이보다 어른의 신체 접촉이 더 필요할 수도 있고, 어쩌면 아이 쪽에서 신체 접촉을 거부할 수도 있습니다. 어떤 경우이건 중재자는 아이들이 겪고 있는 지금의 감정을 존중해야 합니다. 이때 주의해야 할 것은 한 아이가 소외감을 느끼지 않도록 양쪽 모두에게 관심을 보여주는 것입니다. 두 아이에게 골고루 눈을 맞추어줍니다. 중요한 것은 얼굴 표정과 목소리 톤입니다. 표정과 목소리 톤으로 아이들이 지금 느끼고 있을 감정에 대한 공감을 표현하는 것만으로도 아이들의 마음을 한결 차분하게 만들어줄 수 있습니다.

험악한 표정과 화난 목소리로 장황한 훈계를 늘어놓는다면 아이는 이 상황을 통제할 수 있는 주체는 어른이며 주도권 역시 어른에게 있다고 암묵적으로 느끼게 됩니다. 무서운 표정과 화난 목소리 대신 다투고 있는 아이들 모두에게 애정 어린 공감을 표현한다면, 아이들은 한결 마음을 열고 이야기를 풀어낼 겁니다.

2단계
지금 아이가 느끼고 있는 감정을 공감하고 알아준다

아이들 간의 대립이나 갈등 현장에 조용히 다가가 위험하거나 폭력적인 상황을 저지시켰다면, 이제 아이들의 감정을 알아주고 공감해주어야 합니다. 아이의 불편한 감정이나 기분을 이해하고 있다고 표현하는 것이지요. 쉽게 가라앉지 않는 불쾌한 감정은 누군가가 알아주고 이해해주는 것만으로도 한결 가벼워집니다.

즐겨 보는 예능프로그램이 하나 있습니다. '여러분의 말 못할 고민을 응원한다'는 대국민 고민 자랑 토크쇼인데, 신청자가 자신의 고민을 이야기하면 청중들은 그 고민이 얼마나 큰 고민거리인가를 투표로 가늠합니다. 다양한 고민을 말하는 프로그램의 진행 과정을 보면서 자신의 불편한 감정을 다른 사람이 알아준다는 것이 얼마나 큰 치유

효과가 있는지 실감합니다. 격양된 말투로 사연을 털어놓던 주인공의 어두운 표정은 "속상하겠다", "힘들겠다"는 출연자들의 이해와 공감에 금세 환해지곤 합니다. 아이들도 마찬가지입니다. "왜 그랬니?", "누가 그랬니?", "'누가 먼저 했니?"라는 질책보다 "그래, 참 속상하겠구나"라는 공감이 아이에게 한결 편안한 마음을 갖게 합니다.

2단계에서 할 일은 아이가 느끼고 있는 불편한 감정을 알아주면서 아이가 보다 이성적으로 문제 해결 방법을 생각할 수 있도록 도와주고, 이 경험을 통해 자신의 감정을 들여다볼 수 있는 기회를 주는 것입니다. 살다 보면 화가 날 때도 있고, 짜증이 날 때도 있기 마련이지요. 지극히 자연스러운 감정입니다. 중요한 것은 그런 감정을 얼마나 바람직한 방법으로 조절하고 표현하면서 다른 사람들과 소통하느냐 하는 것이지요.

이 단계에서 부모가 할 수 있는 일은 아이들의 격양된 말과 행동을 (지금 아이가 느끼고 있는 감정을 알아주면서) 다시 재구성해서 표현해주는 것입니다. 이때도 부모는 최대한 차분하고 부드러운 태도를 유지해야 합니다. 유아기의 아이들은 매우 직관적이고 자기중심적으로 사고하기 때문에 감정의 표현 역시 그러합니다. 특히 흥분 상태에서의 감정 표현은 매우 거칩니다. 부모는 아이들의 거칠고 공격적인 말과 행동 자체보다 그 원인이 되는 감정을 차분한 태도로 읽어야 합니다.

아이의 불편한 감정을 알아주면서 바람직하지 못한 말과 행동을 보다 세련되고 수용 가능한 형태로 바꿀 수 있게 돕는 것이지요. 이를 위한 방법은 크게 세 가지로 나눌 수 있습니다.

첫 번째는 감정 상태를 나타내는 단어를 통해 단순하고 구체적인 공감을 표현하는 것입니다. 예를 들어 동생이 자기한테는 보여주지 않는다며 민정이가 가장 좋아하는 동화책을 찢어버렸습니다. 울고 있는 민정이에게 부모는 "속상하지. 그래 알아. 우리 민정이가 제일 좋아하는 동화책이 찢어져서 속이 많이 상했지"라고 말할 수 있겠지요. 이때 너를 이해한다는 진심 어린 표정으로 등을 쓰다듬거나 안아주는 등의 신체 표현을 병행한다면 아이는 훨씬 더 공감받고 있다고 느낄 겁니다.

두 번째는 아이의 공격적인 말을 재구성할 필요가 있을 때입니다. 예를 들어 유치원에 다녀온 후에 먹으려고 둔 과자 한 봉지를 동생이 먹어버려 마음이 상한 석재가 동생에게 "꺼져! 이 돼지야!"라고 말했습니다. 이런 경우 부모는 "석재가 과자가 없어져서 서운했구나. 하지만 석재야, 아무리 서운해도 동생에게 욕을 하면 안 되는 거야. 석재가 많이 서운했구나!"라고 말할 수 있습니다.

세 번째는 공격적인 행동을 재구성할 필요가 있을 때입니다. 예를 들어 오랜 시간 공들여 쌓은 성을 동생이 무너뜨리자 승재는 너무 화가 난 나머지 동생을 때렸습니다. 이때 부모는 "정성 들여 쌓은 성이 부서져서 승재가 화가 났구나. 그런데 승재야, 아무리 화가 나도 사람을 때리는 건 절대 안 된단다. 승재가 화가 많이 났구나"라고 말할 수 있습니다.

아이의 감정을 읽어줄 때는 아이의 필요나 요구에서 비롯된 '사건'과 '사람'을 분리해야 합니다. 첫 번째 경우를 예로 들어 설명하자면, 민정이를 속상하게 만든 원인을 '찢어진 동화책'이 아닌 '동화책을 찢은 동생'에 두면 문제 해결이 어려워집니다. 언니의 동화책을 함께 보고 싶은 동생의 감정 또한 존중받아야 하기 때문이지요. 문제의 초점을 '사람'이 아닌 '사건' 자체에 맞추면 문제를 해결하고 갈등을 완화시키는 데 큰 도움이 됩니다.

또한 성급하게 도덕적으로 아이를 재단하려는 태도는 오히려 역효과를 가져올 수 있습니다. 자기 과자를 먹어버린 동생에게 화가 나 "돼지야"라고 말한 석재에게 "어떻게 동생한테 돼지라는 말을 할 수가 있어? 어디서 배운 말버릇이야!"라고 다그친다면 아이는 부모가 잘못한 동생보다 자신을 비난한다고 생각해 더욱 상황을 받아들이기 어려울 겁니다. 오히려 문제를 악화시킬 수도 있지요. 물론 해도 될 말과 행동, 해서는 안 될 말과 행동을 구분하는 것은 중요합니다. 하지만 부모에게는 그 훈육이 먹힐만한 상황인지 잠깐 유보해야 할 상황인지를 구분하는 지혜도 필요합니다. 잠시 가르침을 미뤄두는 것이 자녀 교육에 있어 원칙이 없다거나 부모로서의 책임 회피를 의미하는 것은 아니기 때문입니다.

자신이 느끼고 있는 불편한 감정을 누군가가 진심으로 이해해준다면 격해진 감정을 가라앉히고 이성적으로 문제를 해결할 수 있도록 마음의 준비를 하는 데 큰 도움이 됩니다. 이러한 경험이 쌓이면 아이는 자신의 감정을 들여다보고, 인지하고, 존중하고, 조절할 수 있게 되지요. '화가 난다', '속상하다', '서운하다' 같은 단순한 감정에 대한 인지능력이 발전되면 여러 가지 감정이 뒤섞인 복잡하고 미묘한 기분까지도 읽어내고, 존중하고, 조절하고, 표현할 수 있게 됩니다.

6단계 과정에서 2단계가 제대로 이루어지지 않았다면 다음 단계로의 진행은 무의미합니다. 2단계의 완성 여부는 아이들이 보여주는 신체 언어로 확인할 수 있습니다. 아이들이 울음을 멈추고, 경직되었던 몸이 유연해지고, 목소리 톤이 차분해지고 표정이 한결 부드러워졌다면 3단계 작업을 시도해봅시다.

> 3단계

문제 상황에 대한 정보를 수집한다

    3단계 이후의 작업은 아이들이 스스로 문제를 해결할 수 있도록 지원하는 일입니다. 이 단계에서 부모는 아이들로 하여금 '어떤 일이 일어났고', '우리가 각자 원하는 것이 무엇인가'를 곰곰이 생각해보도록 돕습니다. 이 단계는 반드시 마음의 평정을 찾은 후에 진행해야 합니다. 뇌 연구학자들에 따르면 뇌가 매우 감정적인 상태일 때는 이성, 합리성, 책임감 등을 담당하는 부분이 상당히 둔화된다고 합니다. 거창하게 뇌 연구까지 말하지 않더라도 화가 나거나 짜증이 날 때는 어른도 실수를 저지르기 쉽다는 걸 떠올리면 당연한 이야기지요.

    그럼에도 불구하고 아이들이 친구나 형제자매와 다퉈 격앙되어 있는 상황에서 어른이 가진 권력과 권위로 사건을 해결하려는 경우가 있습니다. "뚝 그쳐!", "당장 그만두지 못해?", "서로 사과해!", "형, 미안해, 해!", "서로 안아줘.", "악수해." 이때 부모는 아이들의 생각이나 감정은 미처 생각하지 못합니다. 사건의 '해결'에만 집중하니 자기 마음대로 문제를 봉합하거나 무마해버리는 것이지요. 하지만 아이 입장에서 보면 갈등의 원인은 사라진 것이 아닙니다. 잠시 덮었을 뿐입니다. 이런 일이 반복되면 아이는 자신의 감정을 들여다보고 스스로 갈등을 해결하려 하기보다 덮어버리기에 급급해집니다.

부모는 아이가 문제를 해결할 수 있는 마음의 준비가 되었는지 감지해야 합니다. 아이의 표정과 목소리, 몸짓이 한결 부드러워졌다면 사건을 해결하기 위한 정보를 수집할 차례입니다. 아이에게 '무엇(what)'을 묻는 형태로 정보를 모으는 게 좋습니다. "무슨 일이 일어난 건지 설명해줄래?", "무엇이 문제였니?", "네가 원하는 게 무엇이니?" 등입니다. '왜(why)'를 묻는 형태는 어린아이들에게 추상적이고 논리적인 사고를 요구하기 때문에 구체적인 정보 수집이 어렵습니다. 또한 초점을 문제 자체에 맞추기보다 누군가를 비난하게 되기 때문에 문제 해결을 더욱 어렵게 만들지요.

'무엇'이 문제인지 물어본 후에는 잠시 호흡을 멈춥니다. 이 '잠시 멈춤'은 부모에게는 아이의 이야기를 들어줄 준비의 시간을 주고, 아이에게는 자기 이야기를 꺼내놓을 준비의 시간을 제공합니다. 아이들은 숨을 고르고 자신의 상황을 설명할 적합한 단어들을 생각하겠지요. 이때 부모는 아이의 이야기가 '말이 되지 않을' 수 있다는 가능성을 항상 열어두고 마음의 준비를 해야 합니다. 때로는 밑도 끝도 없이 단편적인 사실을 말할 것이고, 때로는 정신없이 장황하게 이야기할 것입니다. 부모는 인내심을 가지고 질문을 조금씩 구체화시키면서 상황을 파악해야 합니다. 아이의 이야기를 메모하면서 들어준다면 아이는 부모에게 존중받고 있다고 생각할 겁니다. 어떤 아이는 "이 로봇은 내가 먼저 맡았단 말이야!"라며 소리를 지르기도 할 겁니다. 그럴 때는 "그래, 성준이는 성준이가 로봇을 먼저 가지고 놀고 있었다고 이야기하는 거구나"라며 보다 예의 바르고 세련된 어조로 교정해줄 수도 있습니다. 항상 문제의 초점은 사람이 아닌 사건 자체에 두어야 하며, 섣부른 판단이나 판결은 절대 금물입니다.

4단계
문제를 재정리한다

사건의 전말이 어느 정도 파악되었다면 부모는 아이들이 각자 했던 이야기를 반복하면서 양쪽의 입장과 상황을 정리해줍니다. 복잡한 설명은 간략하게 재정리하고, 무례하거나 상대에게 상처가 될 만한 말은 순화된 언어로 바꾸어 설명합니다. 아이들과 함께 문제를 구체화하고 논리화하는 작업입니다. 이때 부모는 물리적인 사건에 초점을 두고 "문제는 …이다"라고 정리하는 것이 좋습니다. 예를 들면 "그러니까 문제는 너희 둘 모두 이 인형이 필요하다는 거지?" 같은 표현입니다. 누군가에게 책임을 전가하거나 비난하지 않으면서 상황을 객관

화할 수 있는 방법이지요. 상황이 너무 복잡하거나 아이들의 설명이 명확하지 않아 문제 상황을 정확하게 이해하기 어렵다면 "자, 너희들 이야기를 듣고 엄마(아빠)가 이해한 바에 따르면 말이지, 문제는 이거인 거 같구나. 한번 들어볼래?"처럼 중립적인 말투로 시작해봅니다. 이러한 태도는 주위를 환기시키고 아이들의 집중력을 높일 수 있습니다. 어른의 이야기가 기정사실이 아니며 당사자인 아이들로 인해 교정될 수 있다는 가능성을 전달하기도 하지요. 이처럼 부모가 사용하는 말투 하나로도 아이들의 주도성과 자발성이 달라질 수 있습니다.

> 5단계

**아이들에게 여러 가지 해결 방법을 생각해보게 하고
그중에서 해결 방법을 결정한다**

아이들과 함께 문제가 무엇인지 정리했다면 이제는 해결 방법을 고민할 차례입니다. 부모는 아이들에게 "우리 이 문제를 어떻게 해결하면 좋을까?"라며 단순하게 문제 해결의 방법을 물어봅니다. 아이들이 제시하는 해결책은 아주 원초적이며 엉뚱한 경우가 많지요. 때로는 무척 참신하기도 합니다. 이 단계에서 부모가 해야 할 일은 양쪽 아이

모두 그 해결 방안에 찬성하는지 확인하고, 조율하고, 그리고 아이들이 제안한 해결책을 스스로 실행할 수 있도록 돕는 일입니다. 아이들의 해결 방법이 다소 비합리적으로 보이더라도 직접 적용해볼 수 있도록 합니다. 아이들이 제시한 해결 방법에 부작용이 예상된다면 아이들이 재고해볼 수 있도록 질문을 던지는 것도 좋습니다. 합의한 내용을 종이에 그리거나 적어두면 차후 조율에 도움이 될 것입니다.

해결 방법을 제시하고 직접 실행해보는 과정을 통해 아이는 문제 해결과 시행착오의 경험을 동시에 쌓을 수 있습니다. 또한 이 과정에서 자신의 요구와 상대방의 요구를 대응하고 비교해서 생각해보는 경험도 할 수 있습니다. 물론 취학 전 나이의 아이가 상대방의 입장을 생각해보고 나의 입장과 비교해서 조율하는 일은 무척 어려운 일입니다. 하지만 친구나 형제자매와의 갈등 상황에서 부모와 함께 해결 방법을 찾고 실행해보는 경험은 아이의 생각을 부쩍 자라게 만듭니다.

6단계

추가 지원에 대비한다

6단계는 문제 상황에서 일상으로 복귀하는 단계입니다. 멀지 않은 곳에서 무심한 듯 아이들을 지켜보면서 해결 방법이 잘 실행되고 있는지 확인합니다. 약속대로 잘 이행되지 않는다면 다가가서 도움을 줄 수도 있습니다.

아이들 사이의 갈등 상황을 항상 '아름답게' 마무리해야 한다는 강박관념을 가진 부모들이 많습니다. 여기서 말하는 '아름다운 결말'이란 어른의 입장에서 만들어지는 경우가 많지요. 예를 들어볼까요? 한 아이가 블록으로 공들여 만들어놓은 경찰수비대를 다른 아이가 부숴버렸습니다. 부모는 서로의 입장을 평화롭게 이야기하고, 사과한 후에 셋이서 경찰수비대를 복원하고 싶었다고 합니다. 그런데 블록을 부순 가해자(?)나 공들인 작품을 훼손당한 피해자(?)나 서로의 입장을 설명한 후 아무렇지도 않게 다음 놀이에 열중하더라는 거죠. 중재하던 부모는 경찰수비대를 복원하며 아름답게 마무리하고자 했던 계획이 무산되어 황당했다고 하더군요.

싸움을 중재하는 6단계 방법은 모든 단계를 완벽하게 거쳐 아름답게 마무리해야만 하는 것이 아닙니다. 때로는 중간에 무산될 수도 있고, 때로는 6단계의 방법을 여러 번 거쳐야 해결의 조짐이 보이는 경우도 있습니다. 중요한 것은 아이들에게 갈등 문제를 평화롭게 해결할 수 있는 경험을 제공하는 것입니다. 문제 해결 경험을 통해 아이들에게 물리적, 언어적인 위협이나 폭력 없이 자신의 감정이나 입장을 표현할 수 있다는 사실과 이것이 더불어 살아가는 데 매우 효과적인 방법임을 알려주자는 것이지요. 각자의 필요와 요구가 다를 수 있다는 것을 경험하고 이것을 조율하면서 자라는 아이는 다른 이에 대한 존중과 다름의 미학을 배우게 됩니다.

평화교육이나 대화법을 연구하는 많은 전문가들은 자기감정을 표현하고 다른 사람의 감정에 귀 기울이는 일은 학습이 필요하다고 강조합니다. 말을 한다고 다 소통이 되는 것은 아니지요. 내가 지금 어떤 감정인지 들여다보고 그 감정을 다른 사람에게 정확하게 전달하는 것은 배우고 연습해야 합니다. 아이가 자신의 입장을 평화적으로 표현하려면 먼저 부모나 교사가 아이가 느끼고 있는 감정을 알아주고 존중하고 수용해주어야 합니다. 슬픔, 화, 고통, 짜증 같은 자신의 감정을 인정받고 존중받으면서 자란 아이는 아무 느낌 없이 남에게 상처를 주거나, 남에게 받은 상처를 묵묵히 참기보다는 자신의 입장을 표현하고, 다른 사람의 그것과 조율하고, 협상할 수 있는 아이로 성장할 것입니다.

매가
매를 부른다

체벌에 대한 고찰

글을 쓰거나 강의를 하고 나면 다양한 방법으로 피드백을 받습니다. SNS나 이메일뿐만 아니라 지인들과 차 한잔 혹은 술 한잔을 나누며 벌이는 토론까지, 방법은 다양합니다. 언젠가 체벌에 관한 토론이 벌어졌는데 저마다 생각이 사뭇 다르더군요. "매를 아끼면 후레자식이 된다"는 강경한 의견부터 "체벌이 어느 정도는 효과가 있다고 생각하지만 혼란스럽다", "세상에 사랑의 매라는 것은 없다" 등 다양했습니다.

제가 가입한 여성정신건강운동 단체에서 운영하는 어린이 주말학교에서는 "○○는 왜 할까요?"라는 수업을 진행합니다. 아이들이 해야 하는 사소한 일이나 공부 등에 "왜 할까?"라는 질문을 던지고 왜 그래야 하는지, 왜 그런지를 곰곰이 생각해보고 의견을 나누면서 좀 더 건강한 삶을 만들자는 취지지요. 수업을 준비하는 선생님은 이 수업이 왜 필요한지에 대한 근본적 이유를 설명하며 아돌프 아이히만Adolf Eichmann이라는 사람을 소개했습니다.

독일 나치스 친위대 장교 출신인 아돌프 아이히만은 나치 시절 유대인 학살의 실무 책임자였습니다. 독일 패망 후 아르헨티나에 숨어 살던 아이히만이 이스라엘 비밀경찰에게 발각되어 재판장에 섰을 때 전 세계의 언론은 이 '악마'를 세상에 알리기 위해 열띤 취재 경쟁을 벌였습니다. 하지만 몇 백만 명의 목숨을 앗아간, 피도 눈물도 없이 끔찍한 인간일 거라 예상했던 '악마'는 어이없게도 너무나 평범한 사람이었답니다. 아돌프 아이히만은 히틀러를 수뇌로 한 나치스 지도부에게 '유대인 절멸'을 명령받은 친위대의 중간관리자였습니다. 그러나 그는 당의 강령이 무엇인지도 알지 못했고, 히틀러의 《나의 투쟁》도 읽어본 일이 없답니다. 그는 피고석에서 "그때 명령받은 일을 하지 않았다면 양심의 가책을 느꼈을 것"이라고 말했습니다. 그저 자신에게 떨어진 상부의 명령을 충실히 이행할 뿐, 지도부의 명령을 행동으로 옮기면서도 자신이 범죄를 저지르고 있다는 사실을 깨닫지 못한 것입니다. 자신의 행동에 대한 생각의 부재, 성찰의 부재는 이같이 가

공할만한 결과를 가져옵니다. 이런 맥락에서 부모들도 "○○는 왜 할까요?"를 한번 해보았으면 합니다. 부모들은 왜 매를 드는 걸까요?

가장 큰 이유는 '부모'로서의 책임감 때문일 겁니다. '부모'는 자식들의 바람직하지 못한 말이나 행동, 단정치 못한 몸가짐 같은 것에 일차적인 책임이 있다는 사회심리적인 압력을 받기 마련이지요. 그래서 내 아이가 무언가 잘못된 말이나 행동을 할 때는 강한 충격을 주어 다시는 그러지 못하도록 해야 한다고 생각합니다. 그 '강한 충격'이 매가 되는 것은 아마도 부모 자신의 경험 때문일 것입니다. 부모가 어린 시절에 무언가 잘못했을 때 매가 아니라 평화적으로 문제를 해결한 경험이 있었다면, 문제를 해결하기 위해 꼭 체벌을 고려하지 않을 수도 있습니다. 어쨌거나 어른들이 매를 드는 일은 나쁜 것이나 미래의 범죄로부터 아이를 보호하려는 지극히 '아이를 위한' 마음에서 비롯된 '아이를 위한' 교육적 조치인 것이지요.

하지만 '아이를 위한' 것임을 믿어 의심치 않았던 우리의 행동이 오해나 착각일 수 있다는 생각을 해본 적이 있는지요. 많은 교육 전문가들이 말하는 체벌의 부작용은 "왜 매를 드는가?"라는 질문에서 시작됩니다. 체벌이 가져오는 '즉각적인 효과'에 대해서는 많은 사람들이 동의합니다. 하지만 아이에게 매를 드는 목적이 지금 문제가 되는 아이의 행동을 통제하려는 데 있는가, 아니면 아이가 독립된 하나의 인격체로서 자신의 행동을 바람직한 방향으로 이끌도록 만드는 데 있는가에 따라 그 '즉각적인 효과'의 의미는 크게 달라집니다. 체벌의 위협과 고통은 아이의 바람직하지 못한 행동을 당장은 멈출 수 있어도 아이의 행동 패턴을 바꾸지는 못합니다. 근본적인 원인이 해결되지 않으면 체벌은 더 자주, 더 강하게 반복될 수밖에 없습니다. "100명의 아이를 데려와도 모두 원하는 대로 만들어줄 수 있다"던 초기 행동주의 심리학자들의 오만도 이런 '자극(체벌)'과 '반응(행동 교정)'의 연계에 대한 지나친 자신감 때문이었습니다. 그런데 초기 행동주의 심리학자들이 간과했던 것은 자극이 떨어지면 반응 역시 떨어진다는 사실입니다. 지속적인 자극을 통해 습관을 만들었다 해도 자극이 무뎌지면 습관 역시 무뎌지는 것이죠. 다시 말해 체벌은 충격요법은 될 수 있을지언정 장기적인 처방은 될 수 없다는 것입니다.

체벌은 아이의 좋은 점이 아닌 나쁜 점에 초점을 맞추게 됩니다. 그리고 내적 동기가 아닌 외적 동기로 아이가 움직이게 만들지요. 결국 아이의 순종성을 강화시켜서 건설적인 방향으로 행동하려는 욕구를 키우기보다 '생각 없이' 복종하는 아이로 길들입니다. 부모의 통제력과 권력이 강해지면 아이의 시키는 대로 하려는 의존성도 강해집니다. 하지만 아이러니하게도 이 의존'성은 부모의 눈을 피하려는 욕망과 적대감을 함께 불러일으키지요. 이런 상황이 반복되면 부모와 자녀 사이의 좋은 관계는 기대할 수 없습니다. 또한 부모에 대한 두려움과 적의는 자신의 감정이나 욕구를 표현하고 소통하려는 욕망과 능력까지 꺾어버립니다. 또 하나, 우리가 기억해야 할 사실이 있습니다. 대부분의 아이들은 체벌이 어른들이 '화'를 표현하는 방법이라고 이해합니다. 따라서 반복되는 체벌을 통해 아이들은 화를 표현하는 방법이 폭력이라는 것을 무의식중에 배우게 됩니다. 그런 아이가 자라 부모가 되면 또다시 '아이를 위한' 매를 들겠지요. 지금 '아이를 위해' 사랑의 매를 든다고 말하는 우리 부모들처럼 말이죠. 미국의 심리치료 전문가 앨리스 밀러 Alice Miller 박사가 쓴 《사랑의 매는 없다》[22]라는 책에 따르면 체벌은 아동 학대와 가정 폭력으로 이어지기 쉽다는 연구 결과가 있습니다.

교육 전문가들의 이러한 견해를 보면 아이에게 필요한 것은 사랑의 매가 아닐지도 모릅니다. 그보다는 갈등, 대립, 문제 상황에서 자신의 생각과 느낌을 표현하고 다른 사람과 의견을 나누면서 보다 바람직한 해결 방법을 고민할 수 있는 기회가 필요한 거지요. 그럴 수 있도록 지지하고 지원하는 일이 '아이를 위한' 부모의 역할일 것입니다. 체벌이라는 '손쉬운' 교정법은 대화와 설득이라는 '수고스러운' 교육 방법을 배제하게 만듭니다. 예전 교사들이 체벌의 유혹을 떨치기 힘들었던 이유는 수많은 학생들을 가르치며 아이 한 명, 한 명과 소통하기가 어려웠기 때문입니다. 때리면 바로 말을 듣는 '효과성' 앞에서 아이의 욕구나 심리 상태를 이해하고 올바른 가치관과 행동 방식에 대해서 이야기를 나누는 '길고 힘든 과정'은 생략되기 쉽습니다.

아돌프 아이히만의 재판 과정을 취재하여 정치철학적으로 풀어낸 책 《예루살렘의 아이히만》[23]의 저자 한나 아렌트Hannah Arendt는 '무사유'야말로 우리가 경계해야 할 아이히만의 특성이라고 말합니다. 그는 사회가 만들어낸 이상과 허상의 경계에 대한 고민 없이 밀어붙이는 '생각 없는' 행동이 얼마나 무서운 결과를 가지고 오는지 경고합니다. 아이를 잘 키우는 일이나 좋은 부모가 되는 일도 마찬가지가 아닐까 합니다. 좋은 대학, 좋은 직장, 성공, 돈 같은 사회적 이상과 허상이 부모를 불안으로 몰아넣고 그 불안은 부모의 생각을 마비시킵니다. 그러한 '무사유'가 아이들을 어떤 상황에 몰아넣고 있는지 심각하게 고민해봐야 합니다. 아이히만의 이야기가 더욱 섬뜩한 이유는 그가 평범한 사람이었다는 데 있습니다. 그 두려움은 우리도 부지불식간에 그렇게 될 수 있다는, "우리 안에 아이히만이 있다"는 한나 아렌트의 경고 때문이겠지요.

"가르칠 것인가, 스스로 알게 할 것인가"

스스로 답을 찾으며 배우는 아이

3장

모든 아이에게 통하는 지침은 없다

영문 교육 자료를 한국에 소개하기 위해 번역을 하다 보면 어떤 단어나 표현을 써야 원문이 가진 의미를 가장 잘 살릴 수 있을지 고민하게 됩니다. 언어는 그 나라의 역사·사회·문화적 맥락을 담고 있기 때문에 한국어로 옮기면 구구절절한 설명 없이는 의미가 통하지 않는 경우가 많습니다. 한국어 단어와 영어 단어가 정확하게 1:1로 대응되는 것이 아니어서 영어사전에 나오는 것만으로는 정확하게 전달하기 어려울 때가 가장 난감합니다. 그럴 때는 국어사전도 찾아보고 비슷한 단어를 조합하느라 머리를 쥐어뜯기도 합니다. 게다가 한 단어지만 사전에는 여러 단어로 제시하는 경우가 많아서 어떤 단어가 문맥적으로 가장 적합할까를 고르다가 진을 빼기도 합니다. 힘든 작업이지만 가끔은 맥락을 따지고 단어를 고르는 고민의 과정에서 섬광처럼 중요한 깨달음을 얻기도 합니다. 최근에도 그런 일이 있었습니다.

우리나라에 취학 전 유아를 대상으로 한 공통 보육·교육과정인 '누리과정'이 있는 것처럼 하이스코프에는 'Key Developmental Indicators'라는 것이 있습니다. 우리나라의 국가 수준 유아교육과정인 누리과정이나 미국의 NAEYC[24] Early Childhood Program Standards, Head Start[25] Child Development and Early Learning Framework, 그리고 영국의 Early Learning Goals 등과 하이스코프의 Key Developmental Indicators를 찬찬히 비교하면 사실 내용에는 큰 차이가 없습니다. 유아기에 알아야 할 내용들을 발달 영역별로 정리해놓은 틀이니 개발할 때 다른 나라 사례를 참고하기도 했겠지요. 2007년 하이스코프에서 'Key Developmental Indicators'를 새롭게 발표한 이후 저는 이것을 우리나라의 유아교육과정과 비교·분석하면서 번역해야 했습니다. 그런데 제목에서부터 막혔습니다.

'Key Developmental Indicators'를 번역하자니 'Indicators'가 만만치 않았습니다. 영어사전을 찾아보니 여러 가지 의미가 있었습니다만 최종적으로는 '지표'와 '지침'으로 범위가 줄었습니다. 즉, 하이스코프

'주요 발달 지표'냐 '주요 발달 지침'이냐의 선택이었지요. 고민을 거듭한 끝에 일단 '지침'을 선택했습니다. '생활이나 행동 따위의 지도적 방법이나 방향을 인도하는 데 준거할 기준이 되는 규칙이나 법칙'이라는 뜻을 가진 '지침'이라는 단어가 더 적합하다고 생각했기 때문입니다. 특히 교육과정 안내 책자 등에 흔히 사용되는 '교사용 지침서'나 '학부모 지침'이라는 용어가 큰 영향을 미쳤습니다.

그런데 번역을 이어가면서 'indicator'를 '지침'으로 번역하는 것과 '지표'로 번역하는 것 사이에 엄청난 차이가 있다는 것을 알았습니다. 단순히 단어 하나를 선택하는 것 이상의 철학적인 차이가 있었습니다. '지침'이라고 하면 이미 정해진 기준에 아이들을 이끌어 맞춘다는 의미가 강하게 드러납니다. 반면 '지표'라고 하면 '방향이나 목적, 기준 따위를 나타내는 표지'를 의미하니 아이들의 발달과 표지를 비교하며 교육적으로 어떤 배려가 필요할까를 생각해보는 기준점을 제공한다는 뜻입니다. 즉, 어른이 정해놓은 기준이나 방향으로 아이를 이끌어야 한다는 수직적 개념보다는 아이가 보여주는 지금, 여기의 상황에 맞추어 어른과 아이가 함께 길을 찾아야 한다는 수평적 개념으로 교육을 이해해야 한다는 깨달음을 얻은 것이지요.

그리고 나서 다시 사전을 들여다보니 'indicator'가 가지고 있는 의미 중 하나인 '반응지시약'의 한 종류인 리트머스 시약은 산성 혹은 염

기성의 약품을 만들어내는 것이 아니라 약품의 특성을 읽어내는 데 사용하는 것이더군요. 그리고 'indicator'가 가지고 있는 또 다른 의미인 '생태지표'는 인간이 특정 지역에 특정 동식물을 가져다놓고 그 특징을 이야기하는 것이 아니라 자연이 지금, 여기서 우리에게 보여주는 것들을 유심히 관찰하고 읽어내는 작업이었습니다. 더불어 '방향이나 목적, 기준 따위를 나타내며 다른 대상과 구별하여 어떤 대상을 인식할 수 있게 해주는 표상적 특성'이라 기록된 '지표'의 사전적 의미는 교육에 대한 이해와 입장을 더욱 확고히 해주었습니다. 아이를 교육하려는 어른들에게 필요한 것은 '지침'을 통해 아이의 말과 행동을 바꾸는 것이 아니라, 아이의 말과 행동을 지표로 삼는 마음가짐이라는 믿음과 함께 말이죠.

똑같은 발달 양상을 보이는 아이들은 본 적이 없습니다. 아이마다 어떤 영역은 조금 빠르고 어떤 영역은 조금 더딘 모습을 보이지요. 따라서 성장과 발달은 지속적이며 점진적으로 축적된다고 이해해야 합니다. 발달 정도를 연령별로 구분하고 강요하는 것은 배움의 즐거움을 떨어뜨릴 수 있습니다. 부모와 교사가 놀이 안에서 아이들이 보여주는 말과 행동의 특성들을 성장과 발달의 증거로 읽어내고 축하할 수 있을 때, 더욱 즐겁고 의미 있는 배움이 일어날 수 있습니다. 이 장에서는 놀이의 중요성과 함께 아이들이 '지금, 여기'에서 보여주는 말과 행동의 의미를 이야기하고자 합니다. 물론 이 책 한 권으로 아이의 성장과 발달을 모두 이해하긴 어려울 겁니다. 하지만 이 책을 읽고 조금이라도 새로운 관점을 가질 수 있다면, 그래서 부모들이 막연한 불안에서 조금이나마 벗어날 수 있다면 그것만으로도 충분히 가치 있는 일이라 생각합니다.

(놀이에 대한 믿음)

놀이란 무엇인가

서울 종로구 부암동 일대에서 태어나고 자랐습니다. 결혼할 때까지 그 일대에서 살았으니 꽤 오래 살았지요. 서촌, 북촌 일대가 유명세를 타면서 지금은 사람들로 북적대는 동네가 됐지만 제가 자랄 때만 해도 무척 조용한 동네였습니다. 지금은 매립되어 큰길이 되었지만 집 앞에 천이 흘렀고 집 뒤에는 작은 동산이 있었습니다. 가끔 동네 친구들과 간식거리를 가지고 백사실 계곡까지 놀러 갈 때도 있었는데 당시에는 평화로운 소풍이었지만 어른이 되어 그 길을 다시 보니 위험천만하게 느껴지기도 하더군요. 그래서 엄마가 너희들끼리는 백사실까지 가지 말라고 하셨구나 싶었습니다.

그 시절에 돌멩이는 저희에게 무척 소중한 아이템이었는데, 크기나 생김새에 따라 땅따먹기, 비석 치기, 소꿉놀이 등에 사용되었고, 반들반들하고 반짝이는 차돌멩이는 '보석'으로 여겨 보물 상자에 따로 보관하곤 했었지요. 한번은 친구들과 돌가게를 열기로 하고 보자기를 깔아 그 위에 크기별, 모양별로 돌들을 골라 늘어놓고 손님을 기다렸습니다. 우리끼리 가격까지 정해서 추천 용도별로 정리해놓은 일종의 팝업 스토어Pop-up Store였던 셈인데, 물론 단 한 개도 팔지는 못했습니다. 그래도 한 여자 분이 보자기 앞에 쪼그리고 앉아 우리 물건을 유심히 봐주시더군요. 그분이 뭐라고 말할까 기다리며 기대와 긴장이 교차되었던 그 순간은 몇 십 년이 지난 지금까지도 생생히 기억하고 있습니다.

요즘 아이들에게 가장 미안하고 안타까운 건 자유롭게 놀 수 있는 기회를 충분히 주지 못한다는 점입니다. 산성비나 미세먼지 가득한 오염된 환경은 당장 바꿀 수 없지만, 생각을 조금만 바꾼다면 아이에게 자유로운 놀이의 즐거운 경험쯤은 충분히 제공할 수 있지 않을까? '놀이를 통한 교육', '놀이의 교육적 가치' 등의 개념이 확산되면서 '교육'이란 단어에 너무 탐닉한 나머지 놀이의 진정한 의미는 간과하고 있는 것은 아닐까 반성하게 됩니다. 교육적 목표와 교육적 효과를 계산한 어른 주도의 활동을 하면서 이것이 '놀이를 통한 교육'이라고 믿는 것이지요. 어른 주도의 놀이 활동에서는 아이가 지금 어떤 것에 관심을 갖고 있고, 아이가 완전히 몰입하여 즐거움을 느낄 수 있는 것이 무엇인지에 대한 고민이 부족한 경우가 많습니다.

전문가들에 따르면 놀이는 "내적 동기에 의해 발생되어 아이들에 의해 지배되고 아이들에 의해 통제되는 활동[26]"이며 "어른들의 지시에 의한 간섭이 없어야 하고, 제품화된 아이템에 의존하거나 아이들 스스로가 아닌 다른 사람들에 의해 규칙이 부여되지 않아야 하는 활동[27]"이라고 정의됩니다. 또한 어떠한 목적보다 "놀이 행위 자체에서 나오는 즐거움과 행복을 누리는 것[28]"을 중요하게 여겨야 합니다.

따라서 어른이 주도하고 아이가 참여하는 놀이 활동을 준비하고 계획하기보다는 아이들의 놀이 안에서 어떤 지원을 할 것인가를 고민하는 생각의 전환이 필요합니다. 아이가 놀이를 주도하고 부모는 지원하는 역할을 담당해야 한다는 뜻입니다. 즉, 교육 목표나 교육 효과를 노린 프로그램화된 놀이가 아닌, 아이들의 놀이에서 단서를 찾아 '지금, 여기'에 있는 아이를 지원하려는 마음가짐을 가져야 합니다. 예를 들면 지금 야쿠르트 병으로 로켓을 만들고 있는 지혁이를 어떻게 지원할지, 여름휴가 때 바닷가에서 주워 온 조개껍질을 아영이가 놀이에 어떻게 활용할지 궁금해하며 관찰하는 자세입니다.

"놀이는 최고의 연구 형태"라는 아인슈타인의 말은 놀이의 교육적 가치를 이야기한 명언으로 유명합니다. 뇌 기반 교육을 지향하는 연구가들은 놀이를 통해 얻을 수 있는 교육의 효과로 '실행 기능Executive Function[29]'을 이야기합니다. '실행 기능'이란 우리가 어떤 일을 행하는 데 있어 행동을 구성하고 조직하도록 도와주는 두뇌 활동 과정을 의미하는데, 자신의 행동과 감정을 조절하고 통제하여 스스로 정한 목표에 따라 움직이게 하는 인지 작동 능력으로 설명할 수 있습니다. 이 '실행 기능'을 구성하는 요소들은 학자들마다 조금씩 다르지만 일반적으로는 다음과 같습니다. ▶나의 목표(목적)를 기억해서 실행으로 옮길 뿐만 아니라 실행 후에도 지난 작업을 성찰하며 돌이켜 떠올릴 수 있는 작업 기억 능력 ▶어떤 일에 착수하면 끝까지 집중력을 발휘할 수 있는 능력 ▶실패에서 오는 부정적 감정을 누르고 자신의 정서를 조절할 수 있는 능력 ▶사고를 통제하고 조절하는 기능을 하는 내적언어 사용 능력 ▶문제가 되는 쟁점들을 분리하고 각 부분을 분석하여 재구성 및 재조직할 수 있는 문제 해결 능력 등입니다. 학자들은 이러한 인지 실행 기능들은 취학 시기 훨씬 이전부터 발달한다고 설명합니다. 유아기(특히 만 3~5세)에 인지 행동을 위한 동기 유발, 자발성, 자기 관리, 사회적 행동의 통제 능력 등에 영향을 미치는 전두엽이 가장 민감하게 발달하기 때문이지요. 인간의 감정은 인지에 우선하며, 인간의 정서 상태는 인지능력 발휘에 막대한 영향을 끼칩니다. 때문에 어린 시절에 놀이를 통해 경험하는 즐거움과 자발성, 자신감, 인내력, 집중력 등은 아이가 앞으로 자신의 삶을 꾸려나가는 데 든든한 밑거름이 될 수 있습니다.

그렇다면 놀이를 지원한다는 것은 무엇일까요? 하이스코프에서는 'T.R.U.S.T. in children's play(놀이에 대한 믿음)[30]'라는 글에서 이를 다섯 가지 요소로 설명하고 있습니다.

1 T-Time 시간

아이들이 자기 마음대로 놀 수 있는 충분한 시간은 물론, 부모도 아이의 놀이에 뛰어들어 충분한 시간을 함께 보내야 한다는 의미를 포함합니다. 여기서 중요한 것은 '놀이성, 놀이다움playfulness'에 대한 보장입니다. 부모의 관점에서 보면 조금 우스꽝스럽고 점잖지 못하게 여겨져도 그러한 말과 행동에서 오는 즐거움과 유쾌함을 마음껏 즐겨야 한다는 것입니다. 아이와 함께 말도 안 되는 노래를 개사해서 부른다거나 낄낄거리며 요상한 춤을 추는 행위는 아이의 놀이를 한층 더 유쾌하게 만들어줍니다.

2 R-Respect 존중

이 책에서 끊임없이 강조하고 있는 것이지요. 아이이 생각과 의도에 대한 존중입니다. 아이들은 놀이를 하면서 때로는 엉뚱하고 때로는 기발한 아이디어를 쏟아냅니다. 부모의 관점에서 보면 비합리적이거나 비논리적일지라도 아이의 건강과 안전을 위협하는 것이 아니라면 그대로 존중해주어야 합니다. 놀이를 하는 과정에서 발생하는 다양한 문제를 해결하는 경험 또한 놀이의 교육적 가치와 연결됨을 잊지 말아야 합니다.

3 U-Unfold 펼치기, 밝히기, 털어놓기

'Unfold'는 접히거나 닫힌 물건을 펼치기, 계획 따위를 털어놓기, 표명하기, 진상 따위를 밝히기, 드러내기 등의 의미를 담고 있는 단어입니다. 아이들이 놀이 안에서 어떤 장난감을 선택하여 어떻게 조작하고 어떻게 자신의 아이디어를 실행하는지를 면밀히 관찰함으로써 아이의 의도와 생각을 '펼쳐서' 알아보자는 뜻을 담고 있습니다. 이 과정을 통해 부모는 아이의 관심과 흥미에 대한 단서를 얻을 수 있을 뿐 아니라 부모의 의도가 아닌 아이의 관점에서 어떻게 아이의 놀이를 확장하고 지원할 수 있을까 생각해보고 아이디어를 얻을 수 있습니다.

4 S-Shield 보호하기, 막기

요즘 유행어 중에 '쉴드 치다'라는 말이 있더군요. 게임 중에 적의 미사일이나 타격을 막는 방패나 보호막을 친다는 의미와 함께 팬의 입장에서 스타의 잘잘못을 떠나 무조건적인 사랑으로 옹호하는 행위를 뜻한다고 합니다. 아이들의 놀이에도 어른들의 '쉴드'가 필요합니다. 교육 성취 및 성과, 교육 목표, 교육 지침 등으로부터 아이의 놀이를 보호하자는 뜻이지요. 놀이는 무조건적인 즐거움과 재미가 가장 기본적인 목적이자 목표입니다. 놀이를 가장한 주입식 교육, 교육 효과를 목적으로 프로그램화된 놀이로부터 아이들을 '쉴드 치고' 즐거움이 우선될 수 있도록 해야 합니다.

5 T-Translate 설명하기, 해석하기

자발적인 놀이에서 아이가 어떤 경험을 했는지 읽어내고 그 의미를 설명할 수 있는 능력을 의미합니다. 이것은 Part 3 전반에서 다양한 사례를 들어 설명할 아이들의 일상적인 말과 행동에 대한 아동발달학, 교육학적인 해석일 수도 있고, 놀이 안에서 발휘되는 목표 설정, 집중력, 정서 조절, 문제 해결 등과 같은 실행 기능의 요소를 발견해내는 작업일 수도 있습니다. 아이의 놀이 안에 깃든 수많은 배움의 순간을 읽어내려는 노력은 아이에게 놀이를 통한 배움의 기쁨을 돌려주고 놀이의 진정한 가치를 발견하는 방법입니다.

우울감이나 불안 장애에 시달리는 아이들이 늘고 있다고 합니다. 심리학자들은 우울과 불안은 통제력과 밀접한 상관관계가 있다고 귀띔하는데, 인간이 자신의 삶에 통제력을 가지지 못한다고 느끼고 어떤 구조나 권력에 휘둘린다는 느낌을 받을 때 이런 부정적 감정이 증가한다는 겁니다. 아이들은 자유로운 놀이 속에서 세상을 탐험하고 자신의 삶을 통제할 수 있는 방법을 배웁니다. 진정한 배움이란 부모가 교육이라 생각하는 것들을 강요하지 않는 것, 그리고 아이들이 가지고 있는 내면의 힘을 믿는 것에서 시작되는 게 아닐까요.

열린 질문, 열린 장난감으로 놀아주기

놀이가 배움이 되려면

저희 집 벽장에는 커다란 플라스틱 상자가 하나 있습니다. 그 안에는 '열린 장난감open-ended materials'이 한가득 들어 있죠. 꼬마 손님이 집에 오면 그 안에서 조개껍질, 콩주머니, 나뭇가지 등의 놀잇감을 이것저것 꺼내 대접하곤 합니다. 언젠가 한번은 손님 맞을 준비를 미처 하지 못해 벽장을 뒤질 시간이 없었습니다. 그래서 쓰고 남은 커다란 전지 한 장을 한구석에 깔고 크레용, 크레파스, 다양한 굵기의 색연필, 사인펜, 붓펜 등을 내주었습니다. 저는 요리를 하고, 아이 엄마는 식탁에 앉아서 차를 마시고, 아이는 커다란 종이에 신 나게 낙서를 하고 있었지요. 잠시 뒤 아이 엄마가 아이 옆에 가서 앉습니다. 작품 활동(?)에 매진하는 아이와 함께 놀아줄 모양입니다. 이목을 집중하고 모녀간의 대화를 엿들었습니다. 엄마가 몇 가지 색깔의 색연필을 골라 한 손에 움켜쥡니다. 그러더니 종이에 동그라미를 그리고는 아이에게 묻습니다. "소라야, 이게 무슨 색이야?" 아이가 힐끗 쳐다보며 대답합니다. "빨간색." 엄마는 만족한 표정으로 동그라미를 몇 번 더 그리며 또 묻습니다. "이건 무슨 모양이야?"

여기서 잠깐, 세 살배기 소라 입장에서 생각해봅시다. 오랜만에 엄마 친구네 집에 놀러갔습니다. 아줌마가 심심해할 소라를 위해 바닥에 커다란 종이를 깔아줬습니다. 매일 스케치북, A4용지에만 그림을 그리던 소라는 자기 몸집보다 더 큰 종이가 마냥 신기합니다. 그동안 써보지 못한 각종 그림 도구도 나옵니다. 색깔도 여러 가지고 굵기도 여러 가지입니다. 굵은 사인펜에서는 향기도 납니다. 평소 그림 그리기를 좋아하는 소라는 이 커다란 종이에 그릴 멋진 작품을 구상하고 지금 막 그리기를 시작했습니다. 그런데 엄마가 오더니 난데없는 색깔 맞추기를 합니다. 그러고는 엄마가 그린 모양을 맞춰보랍니다. 잠시 소라의 입장이 되어보니 짜증이 날 것도 같습니다.

흔히 "놀이가 곧 배움"이라는 말을 합니다. 저 역시 그 말에 동의합니다. 하지만 의외로 많은 부모들이 이 말을 곡해하고 있습니다. "놀이가 곧 배움"이라는 말은 아이들의 놀이를 '학습지화'하거나 '프로그램화'하라는 말이 절대 아닙니다. 놀이 안에서 발휘되는 자발성의 힘을 믿고 지켜보고 지원해야 한다는 뜻이지요. 그러기 위해서는 놀이 안에서 아이와 소통하는 방법을 알아야 합니다. 부모는 다음과 같은 실전 전략을 사용할 수 있습니다.

첫째, 아이와 눈높이를 맞춥니다. 아이의 수준에 맞춰 이야기해주는 것에 앞서 아이와 물리적인 눈높이를 맞추는 것입니다. 아이와 함께 놀거나 아이와 함께 대화하기 위해서 가장 먼저 할 일은 아이의 신체적 눈높이에 맞춰 몸을 낮추는 일입니다. 쪼그리거나, 무릎을 꿇거나, 주저앉거나, 필요하다면 바닥에 함께 눕거나 엎드리는 행위를 의미하는데 이렇게 하면 아이는 부모를 올려다볼 필요도 없고, 부모가 아이를 내려다볼 일도 없어집니다. 심리적 눈높이 못지않게 신체적 눈높이 역시 무척 중요합니다.

둘째, 아이가 하는 행위를 파악하는 일입니다. 하이스코프 교사들은 이 과정을 'SOUL'이라고 칭합니다. '아이를 조용히Silence 관찰하고Observation 이해하면서Understanding 아이의 말에 귀 기울이라는Listening' 의미를 갖고 있습니다. 소라 엄마처럼 빨간색 색연필로 동그라미를 그리며 '빨간색 동그라미'를 가르치는 것이 아니라 먼저 조용히 아이를 관찰하고 아이의 관점에서 아이의 행동을 이해하려는 노력이 필요하다는 뜻입니다. 아이가 지금 하려는 것이 무엇인지, 그 행동에서 어떤 교육적 경험이 일어나고 있는지 등을 이해하고 분석하는 과정입니다. 이때 아이가 하는 말은 아이의 생각을 이해하는 것뿐만 아니라 아이와 소통할 수 있는 기회를 주기도 합니다.

셋째, 아이의 놀이를 어느 정도 파악했다면 대화를 시도합니다. 아이와 놀이를 하면서 의미 있는 대화를 나누기 위한 가장 좋은 방법은 아이가 먼저 입을 열기를 기다리는 것입니다. 때로는 어른이 먼저 대화를 시도하는 것도 나쁘지 않습니다. 다짜고짜 질문을 던지기보다 아이가 지금 하고 있는 행위를 조용히 따라 하거나, 그것에 대한 간단한 설명을 하면서 소통을 시작합니다. 예를 들어 아이가 나무 밑에서 줄지어 기어가고 있는 개미떼를 관찰하고 있습니다. 일단 아이가 오감을 총동원하여 무언가를 충분히 '탐구'할 수 있도록 편안한 심리 상태를 제공하는 일이 가장 중요하겠지요. 이때 욕심이 앞서 "이게 개미야. 잘 봐. 개미는 다리가 여섯 개야. 개미들은 지금 집으로 먹을 것을 나르는 거야. 개미가 몇 마리인지 세어볼까? 하나, 둘, 셋…" 하고 가르치려는 대화는 바람직하지 않습니다. 그냥 아이가 하는 대로 따라 해보세요. 아이 옆에, 아이와 같은 눈높이가 되도록 비슷한 자세로 쪼그려 앉아 개미를 바라봅니다. 아이에게 먼저 대화를 시도할 때는 사진을 찍듯, 과하지 않게 그저 눈에 보이는 것을 묘사하는 정도가 좋습니다. "개미구나", "(빵 조각을 들고 가는 개미를 가리키며) 얘는 무언가를 들고 가네" 정도면 충분합니다. 아이의 반응을 기다리면서 아이에게 대화의 주도권을 부여합니다.

넷째, 아이와 함께 놀면서 주도권을 나누고 파트너십을 만들려면 대화를 '주고받는' 소통 방식이 좋습니다. 먼저 엄마나 아빠가 이야기를 했다면 (혹은 행동을 취했다면) 다음 순서에는 아이가 이야기를 (혹은 행동을) 하도록 기다리는 방법입니다. 이때 부모가 아이의 말을 인정하고 알아주는 반응을 보이면 아이와의 대화를 보다 풍성하게 할 수 있습니다. 이를 위한 기술적 전략이 있습니다. "아", "그래", "그렇구나" 같은 추임새나, 아이가 하는 말을 다시 반복하는 방법입니다. "아", "그래", "그렇구나" 같은 말은 옹알이를 하는 아기와 소통하는 데도 아주 유용합니다. 아이가 하는 말을 그대로 반복하는 방법은 아이의 말을 더 명확하게 해줄 뿐 아니라, 아이에게 '나는 지금 네 말에 굉장한 관심을 가지고 있고 네 이야기를 더 듣고 싶다'는 느낌을 전하기 때문에 아이와의 대화를 북돋는 역할까지 하니 일석이조라 할 수 있습니다.

다섯째, 아이와의 놀이가 무르익었다 싶으면 아이의 사고를 조금 높은 단계로 끌어올리는 시도를 해볼 수 있습니다. 개미 관찰을 예로 든다면 "왜 어떤 개미는 짐을 들고 가고 어떤 개미는 빈손으로 갈까?"

라고 묻거나 "개미들은 어디로 가는 걸까?" 같은 질문을 던져도 좋습니다. 병원 놀이 중이라면 "선생님, 약을 먹어야 하지 않을까요? 처방전을 좀 써주시겠어요?" 하면서 메모지와 연필을 줄 수도 있겠지요. 하지만 이러한 시도로 아이의 행동이나 집중도, 호감도 등이 떨어진다면 재빨리 아이의 본래 행위로 돌아가는 것이 좋습니다.

여섯째, 너무 많은 질문은 하지 말아야 합니다. 아이와 놀이를 할 때, 아이의 관심과 흥미를 자극할 수 있는 질문은 대화를 풍성하고 교육적으로 만듭니다. 하지만 질문을 너무 많이 하면 부모가 의도하는 대로 아이를 주도하려는 느낌을 주기 때문에 아이와의 소통을 방해할 수 있습니다. 아이와의 소통을 방해하는 대표적인 질문은 사실을 묻거나 이미 알고 있는 내용을 확인하려는 '시험형 질문'입니다. 예를 들면 "이게 무슨 색이지?", "어떤 것이 더 길까?", "이게 몇 개지?" 등이지요. 또한 아이가 하고 있는 놀이와 관계없는 질문도 아이와의 소통을 방해합니다. 예를 들어 블록으로 기다란 기차를 만들고 있는 아이에게 엄마가 말합니다. "그런데 너, 유치원 갔다 와서 손은 씻었니?" "학습지는 해놓고 노는 거야?" 잠깐 입장을 바꾸어 생각해봅시다. 우리라면 이런 엄마와 계속 놀고 싶을까요? 하지만 아이가 지금 하는 놀이와 관련된, 아이의 호기심을 자극하는 질문은 아이와의 대화를 깊고 넓게 만들어줍니다.

"왜 그렇게 생각해?"

"그걸 어떻게 알았니?"

"왜 그렇게 됐다고 생각하니?"

"어떻게 그렇게 했니?"

"이렇게 하면 어떻게 될까?"

아이에게 생각하는 힘을 길러주는 위와 같은 질문은 '열린 놀잇감'과 같은 맥락에서 '열린 질문open-ended questions'이라 부릅니다. '열린 질문'은 정답이 정해져 있는 '시험형 질문'보다 아이의 논리력과 창의력을 자극하는 질문들입니다.

사람들은 교육이란 무엇인가를 가르쳐야 하는 행위라고 오해합니다. 하지만 무언가를 가르쳐야 한다는 강박은 종종 반교육적인 결과로 이어지기 쉽습니다. 지식 발달보다 정서 발달이 더 중요한 유아기에는 더욱 그렇고요. 아이가 할 수 있는 것, 그리고 지금 하고 있는 것에서 출발하는 자세가 필요합니다. 아이가 유치원이나 어린이집에서 돌아오면 오늘은 무엇을 배웠냐고 물어보나요? 아이는 보이지 않는 수많은 것을 배우고 돌아왔습니다. 아이의 배움을 빼앗지 말아주세요. 다음에 소개하는 시처럼요.

오늘 유치원에서 뭐 했니?

"오늘 유치원에서 뭐 했니?"
음, 만들기 영역에 가서 점토를 가지고 놀았어요.
손으로 밀어서 길게 만들었어요.
은교는 자기 것이 뱀이라고 했는데 제 것은 뱀이 아니에요.
제 것은 지렁이였어요.
누구 것이 더 긴지 짧은지,
누구 것이 더 뚱뚱한지 날씬한지 이야기했어요.
엄마 있잖아요, 도연이는 점토를 책상 끝까지 길게 밀었어요.

"그래, 근데 넌 뭘 했니?"
정글짐을 타고 올라갔어요.
엄마 있잖아요, 나 거기 끝까지 올라갈 수 있어요.

"그래, 그래도 유치원에서 뭔가를 하지 않았니?"
종윤이랑 저랑 물감 놀이를 했어요. 아~ 정말 재미있었어요.
손으로 만지면 끈적끈적하고 미끌미끌해요.
종윤이는 노란색을 가졌고, 저는 빨간색이었어요.
우리는 손가락을 꾹꾹 찍으면서 무늬를 만들었어요.
노랑 빨강 노랑 빨강…
엄마, 주황색은 어떻게 만드는지 알아요?

"그래, 그거 말고 다른 건 안 했니?"

간식 시간에 제가 오늘의 도우미였어요.
제가 친구들 컵에 우유를 따라주고,
준우는 사과를 두 쪽씩 나누어줬어요.

"그건 그렇고, 뭔가를 했을 것 아니니?"
모래판에 기다란 길을 만들었어요.
혜준이랑 그 길에서 누가 차를 빨리 굴리는지 시합을 했어요.

"그래, 그거 말고 유치원에서 뭔가 하지 않았니?"
책 읽기 시간에 너무 피곤했어요.
그래서 선생님 무릎에 앉아서 이야기를 들었어요.
애벌레에 관한 책이었어요.
엄마 있잖아요, 애벌레가 나비로 변했어요.

"그래도 말이다, 유치원에서 뭔가 했을 게 아니니?"
윤슬이 생일이어서 우리가 축하 노래를 불러줬어요.
케이크에 초가 몇 개인지도 세어봤어요.

"아니, 그래서 뭘 했냐니까?"
그래서… 선생님이 정리 시간이라고 말씀하셨을 때,
얼른 수학 활동지 한 장을 했어요.
왜냐하면…
오늘도 엄마가 유치원에서 뭘 했냐고 물어보실 줄 알았거든요.

※ 이 시는 필자가 탐방했던 영국의 한 유치원 학부모 게시판에 붙어 있던 글을 한국 상황에 맞게 번역한 것입니다.

아이에게 안정감을 주는 장난감 정리법

저희 부부에게는 아들이 하나 있습니다. 아이는 양가에서 기다리고 기다리던 첫 손주였지요. 결혼하자마자 유학길에 오른 저희 부부는 영국에서 아이를 낳았습니다. 크리스천이라 유학 시절에도 교회를 다녔는데, 런던 시내에 있는 작은 교회이다 보니 교인들은 유학생, 어학연수생 등 학생이 대부분이었습니다. 30대 초반인 저희 부부가 맏형, 맏언니 노릇을 했고, 덕분에 아이는 수많은 이모, 삼촌들에게 둘러싸여 자랐습니다. 이러한 배경 덕분에 집에는 선물 받은 아이 장난감이 넘쳐났지요. 양가 할머니, 할아버지께서 사주신 제법 값나가는 물건부터 교회 이모, 삼촌들이 패스트푸드점에서 어린이 메뉴를 먹고 챙겨놓은 앙증맞은 장난감들까지, 그 종류도 다양했습니다. 당시 어린아이를 키우면서 고군분투 공부하는 저희 부부의 지원군이었던 아이 외할머니는 장난감을 여기저기 쌓아두고 사는 저희를 걱정했습니다. "이러면 아이가 산만해진다, 정서 불안이 생기면 어쩌느냐" 등등. 돌이켜 그 시절을 생각하면 지금 알았던 것을 그때도 알았다면 참 좋았을 텐데 싶기도 합니다. 그때는 "그러면 이 물건들을 버리느냐"며 오히려 짜증을 내곤 했거든요.

아이의 호기심, 관심, 흥미를 유도하고 지원하려면 다양한 종류의 놀잇감이 필요합니다. 저 또한 많은 유아교육 전문가들처럼 열매나 조개껍질, 단추, 재활용품 등과 같이 아이들의 상상력을 자극할 수 있는 '열린 놀잇감'을 선호합니다만, 기성 장난감의 활용을 거부하지는 않습니다. 좋은 물건이 넘쳐나는 세상이니까요. 유아교육 박람회에 가면 아이들을 위한 장난감의 종류와 기능에 혀를 내두를 정도입니다. '레고'가 대세였던 블록 장난감도 이제는 소재뿐만 아니라 모양과 크기, 기능도 각양각색이더군요. 내 아이에게 좋은 것만 주고 싶고, 게다가 풍요롭기까지 한 시대를 살고 있으니 가정마다 장난감이 넘쳐나는 것은 당연한 일인지도 모르겠습니다. 장난감이 많으니 무엇을 어디에 두어야 할지 정리도 어렵고, 정리가 제대로 안 되니 아이의 관심과 흥미도 순간에 머무르고 맙니다. 큰맘 먹고 장만한 장난감이 오히려 아이들의 산만함만 부추기는 꼴이 되지 않으려면 체계적이고 합리적인 정리 방법이 필요합니다.

동기 이론 연구자들은 어떠한 일을 할 때 느끼는 즐거움과 통제력, 유능감, 자신감은 내적 동기를 충만하게 하여 더 적극적이고 심도 있는 활동을 하게 만든다고 조언합니다. 아이의 장난감이 흥미와 즐거움을 유발하고 통제력과 유능감, 자신감을 가질 수 있는 방법으로 정리된다면 어지럽게 놓여 있는 장난감도 훌륭한 교구가 되겠지요.

아이의 물건을 정리할 때는 '찾고-쓰고-제자리' 사이클을 기억해야 합니다. 아이가 필요한 물건을 혼자 힘으로 찾고, 사용하고, 스스로 제자리에 가져다 놓을 수 있는 체계를 마련해야 한다는 뜻입니다. 이를 위해서는 먼저 아이들의 접근이 용이하도록 아이 키 높이에 맞춰 수납을 해야겠지요. 어린이용 가구를 사용하거나 아이 물건은 아래쪽에 있는 선반이나 서랍에 따로 정리하면 됩니다. 또한 놀잇감을 담아 정리하는 용기는 속이 들여다보이는 투명한 플라스틱 통이나 뚜껑 없는 바구니 등을 활용하여 아이들이 내용물을 쉽게 알아보고, 꺼낼 수 있도록 합니다. 어린아이도 스스로 물건을 '찾고, 사용하는' 체계가 가능해지는 것이지요.

그런데 문제는 정리의 단계입니다. 아이들은 꼭꼭 숨겨놓은 물건이라도 자기가 필요한 것은 귀신같이 찾아내 온 집을 어지르며 놀기 일쑤지요. 한바탕 놀고 난 다음 부모의 도움 없이 장난감을 정리하게 하려면 물건을 담아두는 용기마다 이름표를 붙이는 방법이 효과적입니다. 이름표는 글을 모르는 아이도 이해할 수 있는 방법을 사용하는 것이 좋은데요, 사진이나 그림, 혹은 물건 자체를 수납 용기에 붙여줍니다. 블록을 담아두는 플라스틱 통에는 글루건을 이용해 블록 하나를 붙여주는 것이지요. 통에 붙인 블록 옆에 '블록'이라고 글자로 적어 붙여준다면 글을 읽을 수 있는 큰아이에게는 확실한 이름표가 될 것이고, 아직 한글을 깨치지 못한 작은아이에게는 읽기 연습을 하는 데도 도움을 줄 겁니다.

좀 더 체계적인 '찾고-쓰고-제자리' 시스템을 원한다면 장난감 통이 놓일 자리에도 표시를 해둡니다. 블록이 담긴 플라스틱 통의 밑바닥 모양대로 시트지나 부직포 등을 잘라 붙이고, 그곳이 블록 통이 놓일 자리임을 사진이나 그림으로 표시해주는 것이지요. 이름표는 코팅을 하거나 넓은 투명테이프로 붙이면 견고성을 높일 수 있습니다.

아이가 좀 더 적극적으로 놀이 활동을 하길 바란다면 작은 노하우가 필요합니다. 동화책을 정리해둔 곳 주변에 아이가 편한 자세로 책을 읽을 수 있도록 쿠션, 방석 혹은 커다란 곰인형이나 소파 등을 놓아 아이의 관심과 호기심을 유도합니다. 책장 주변에 간단한 필기도구를 준비해주면 읽기와 쓰기 활동을 함께해 시너지 효과를 낼 수도 있습니다. 유리창용 크레용이나 마카는 유리 압착용 바구니에 담아 베란다로 나가는 커다란 창문에 붙여주면 훌륭한 아이용 그림판, 글자 연습판이 됩니다. 블록을 수납한 곳 가까이에는 소리를 흡수할 수 있도록 러그를 깔아주고 블록 놀이와 함께하면 좋은 작은 자동차나 플라스틱 동물 모형 등을 근처에 두면 좋습니다. 만들기를 좋아하는 아이라면 노끈, 나뭇가지, 반짝이 등의 재료를 투명 용기에 담아 정리해줍니다. 이때 고체풀과 액체풀, 스테이플러나 클립, 투명테이프나 양면테이프처럼 비슷한 기능을 가진 재료들을 함께 모아 정리해주면 각 기능의 미묘한 차이를 시험해보는 경험 또한 가질 수 있겠지요.

또한 집 한편에 아이의 작품을 전시할 수 있는 공간을 마련해주면 아이는 성취감과 자부심을 느끼게 됩니다. 완성된 작품의 전시뿐만 아니라 퍼즐, 그림, 블록 만들기 등 작업이 끝나지 않은 미완성 작품을 안전하게 보관할 수 있도록 책장 한 칸 정도를 비워두면 아이는 끈기를 가지고 작품을 완성하려고 할 것입니다. 다른 식구들이 작업 중인 작품을 만지지 않도록 '작업 중'이라는 그림 기호 표시판을 만들어 세워두면 아이는 존중받는다고 느낄 것입니다.

아이의 장난감으로 어지럽혀진 집 안을 감당하기 힘들 때, 집에 있는 수

많은 장난감이 제대로 활용되지 않는다고 생각될 때는 아이의 놀이 공간을 유심히 살펴보세요. 합리적인 공간 배치와 정리 체계만으로도 아이 방은 훌륭한 놀이터가 될 수 있습니다.

표정, 몸짓, 말, 모든 것이 언어 발달의 시작이다

0~7세 일상 속 언어능력 키우기

우리나라 서당에서는 '강독(講讀, 글을 읽고 뜻을 밝히는 것)', '제술(製述, 시나 글을 짓는 것)', '습자(習字, 붓글씨)', 이 세 가지를 가장 중요한 교육 내용으로 삼았다고 합니다. 아이들은 글자와 뜻을 깨우칠 때까지 읽고 외우기를 수없이 반복했지요. 서양 사회에서도 전통적으로 '교육'이라고 하면 '셈하기 arithmetic', '읽기 reading', '쓰기 writing'를 의미하는 'Three Rs'로 설명하는 경우가 많았습니다. 무릇 '교육 행위'라 여겨지는 세 가지 중에서 두 개(읽기, 쓰기)가 언어 영역에 해당되니 이것만 봐도 교육에서 언어의 역할이 무척 중요함을 알 수 있습니다. 오늘날 학교 공부도 대부분 문해 능력을 기반으로 하고 있기에 읽고 쓰는 능력은 취학 준비에서도 가장 중요한 것 중 하나로 간주되지요. 초등학교 입학 전 한글 교육에 대한 논란이 끊이질 않는 것도 바로 이런 이유 때문일 것입니다.

최근 교육 전문가들은 보다 확장된 범위에서의 언어능력을 강조하고 있습니다. '문해력'이란 단순히 글을 읽고 이해하는 능력만을 의미하는 것이 아니라, 혼자서 글을 읽고 이해하기까지의 과정을 모두 내포한다는 것이지요. 배움을 위한 읽고 쓰기가 가능해지기 전까지 충분한 경험이 필요한데 그 과정이 간과되고 있다고 강조합니다.

언어는 기억하고 외우는 것이 아니라 사회적인 관계 안에서 주변 사람들과 의미 있는 상호작용을 나누는 과정을 통해 발전합니다. 정보와 지식은 글자를 통해서만 전해지는 것이 아니라 표정이나 몸짓, 행위나 말로도 전달되기 때문에 많은 학자들은 영유아기의 다양한 소통 경험이 훗날 배움에 필요한 읽기와 쓰기 능력의 기초가 된다고 말합니다. 즉, 어린 시절의 충분한 소통 경험이 훗날 보다 높은 수준의 문해 능력으로 발전된다는 것이지요. 이러한 맥락에서 읽고 쓰는 능력을 포함한 언어 발달은 출생 직후 부모가 아기와 눈을 맞추고 반응해주는 행위부터 시작된다고 봅니다.

듣고 이해하기

구어(口語)의 이해는 문어(文語)를 이해하는 토대가 됩니다. 이해력이란 자료의 의미를 파악하고 적용하고 분석하여 관계 짓는 능력을 의미하는데, 아이들이 자라 주어진 자료를 읽고 이해하려면 먼저 대화나 이야기, 노래, 말놀이 등에서 자신이 들은 말을 잘 이해해야만 합니다. 누구나 알다시피 이해력은 들어온 정보와 지식을 들은 대로 기억한다고 발휘되는 능력이 아닙니다. 자기 안에서 해석하고 추리하고 체계화하여 자신의 언어로 다시 내놓을 수 있어야 진정한 이해라고 할 수 있지요. 이러한 능력은 어느 날 갑자기 생기는 것이 아닙니다. 이해력 역시 태어나면서 쌓이기 시작하며 단순한 것에서 복잡한 것으로 점진적으로 축적되며 발달합니다.

언어에 대한 이해는 아기가 양육자의 목소리를 듣고 눈을 맞추며 미소를 던지는 행위부터 시작됩니다. 그러다가 간단한 말이나 요구에 고개를 끄덕이거나 손가락으로 가리키는 등의 단순한 몸짓으로 반응하며 이해를 표시하지요. 말하기가 시작되면 "응", "아냐", "안 해!", "또!"처럼 짧은 말로 반응하게 됩니다. 조금 더 자라 이해력과 언어능력이 향상되면 주변의 대화 내용을 듣고 이해하여 자신의 생각을 더하거나 주제와 관련된 다른 내용을 연결하여 말하기도 합니다.

예를 들어볼까요. 마을 놀이터에서 부모들과 아이들이 함께 둘러 앉아 간식을 먹으며 이야기를 나누고 있었습니다. 어머니 칠순 기념으로 육십이 되신 막내 이모와 마흔일곱 살 언니, 저까지 네 여자가 여행을 떠나기로 했다는 이야기를 듣고 있던 하율이가 갑자기 "야~야야~ 내 나이가 어때서 사랑하기 딱 좋은 나인데~"라며 노래를 부르는 겁니다. 한바탕 웃음이 터졌습니다. 이 일화는 하율이의 듣고 이해하는 능력을 반영하는 이야기입니다. 제가 한 이야기 내용과 노래 가사의 내용을 모두 이해하고 '나이'라는 주제로 연결한 것이지요. 평소 이모할머니나 고모할머니까지 여러 할머니들과 상호작용이 많은 하율이는 자신의 경험을 접목시켜 새로운 정보를 이해하고 해석해냈습니다.

이해력이 더 발달하면 아이들은 자신이 들은 이야기나 책 내용을 자세하게 기억해서 말하기도 합니다. 또한 책 내용에 자신의 경험과 지식을 반영해 앞으로 어떻게 될 것인지를 예측하기도 하지요. 이야기를 듣다가 더 명확히 이해하기 위해 질문을 던지기도 하고요. 인물이나 사건의 특징을 비교·대조하여 연결하기도 합니다. "얘네들은 초식공룡이야 육식공룡이야?", "내가 보기에는 초식공룡은 모두 목이 길어. 높은 나무 잎사귀를 먹으려고 그런가 봐" 등이지요.

배움에서 언어 이해력은 무척 중요한 요소입니다. 아이들은 먼저 이해한 것에 새로 들어온 정보를 동화시키며 의미를 만들어갑니다. 즉, 기존 정보 저장고에 새로운 정보가 더해지면 기존에 가지고 있던 생각과 이해가 적절하게 개조되면서 새로운 인지구조가 형성됩니다. 아이들은 자신의 경험을 반영하여 이야기나 책 속에 등장하는 인물들이 어떻게 생각하고 느끼고 행동하는지 이해하고 예측하며, 나중에는 말하는 이(글쓴이)의 의도도 파악하게 됩니다.

이 과정에서 아이들은 다양한 소통 방법을 사용하는데, 소통능력은 인지 발달과 신체 발달이 복잡하게 연결되면서 아주 어린 시기부터 조금씩 만들어집니다. 또한 다른 사람을 이해하는 정도는 자신을 얼마나 이해하느냐에 따라 달라지기 때문에 이해력은 사회·정서적 발달과도 관계가 있습니다. 따라서 유아들의 언어 이해력과 사고력 향상을 위해서는 교구나 교재 같은 도구보다는 아이와 부모가 주고받는 대화 안에서 다양한 어휘를 사용하고, 언어가 가지는 여러 가지 상징적 의미를 친절하게 알려주며, 수용적인 자세로 반응해주는 것이 훨씬 의미 있는 영향력을 발휘할 수 있습니다.

하이스코프에서는 이해력 향상을 위한 네 가지 요소로 ▶어휘력 확장 ▶연결하기 ▶예측하기 ▶다시 말하기를 강조합니다. 아이와 이야기를 나눌 때나 책을 읽을 때 자연스럽게 이 네 가지 요소를 담아낸다면 의미 있는 효과를 기대할 수 있을 것입니다.

1   어휘력 확장

언어능력에서 가장 중요한 것은 어휘력 확장입니다. 새로운 단어를 배우는 것이지요. 부모가 일상생활에서 필요한 단어 이외에 추가적으로 해주는 말의 양은 아이가 이해하고 사용하는 어휘의 양이나 말하기 능력과 비례한다고 합니다. 부모가 아이에게 풍부한 어휘를 사용하며 말을 많이 들려줄수록 아이가 사용할 수 있는 어휘는 많아집니다. 물론 문자 언어를 이해하는 능력도 높아지지요. 따라서 아이와 생활하면서 새로운 단어를 발견한다면 일상적인 대화에서 그 단어를 의도적으로 사용하면 좋습니다. 이때 아이가 이미 알고 있는 동의어와 함께 사용하면 좀 더 쉽게 새로운 단어를 이해할 수 있겠죠. 예를 들면 그림책을 읽으며 '줄행랑치다'라는 단어를 발견했습니다. 아이에게 고양이가 할머니의 마당에 말려둔 생선을 훔쳐 '줄행랑친' 이야기를 들려주고, 애써 만든 요새를 부수고 '줄행랑친' 동생 때문에 속이 상한 아이 이야기를 해주며 새로운 단어에 대한 경험을 넓혀주면 좋습니다.

2   연결하기

다음은 이야기나 그림책 속 주제를 실제 경험과 연결해보는 겁니다. 앞서 언급한 것처럼 아이들은 자신의 경험에 의존해서 정보를 이해하는 경향이 강하기 때문에 새롭게 들어온 정보를 이미 가지고 있는 인지적 범주 안에서 정리해내면서 새로운 지식으로 흡수하지요. 예를 들면 《개구쟁이 아치 20: 주사는 무섭지 않아》[31]를 보면서 아이가 병원에 갔을 때나 주사를 맞았을 때의 경험과 연결합니다. 책을 볼 때 아이들은 인물이나 사물에 초점을 맞춥니다. 따라서 부모는 아이에게 책의 그림을 충분히 관찰할 수 있는 시간을 주고, 관찰한 뒤 아이가 자신의 생각을 말하면 아이의 말을 수용하고 알아주면 됩니다. 그리고 "수진이는 발가락에 피가 났었는데 아치는 귀에 피가 나는구나"처럼 아이가 이전에 겪었던 일과 유사한 점과 다른 점을 생각할 수 있도록 대화를 나눕니다. 더 나아가 "아치가 지금 뭐라고 말할 것 같아?"와 같은 질문으로 아이가 직접 이야기를 만들어낼 기회를 주는 것도 좋습니다. 이러한 질문은 책 안의 이야기를 자신의 경험으로 끌어들여 내용에 대한 이해를 높일 수 있습니다.

3 예측하기

세 번째는 예측하기로 다음에 어떤 일이 생길지 상상해보는 것입니다. 만 3~4세 정도가 되면 아이들은 지금 벌어지고 있는 상황을 넘어 앞으로 일이 어떻게 진행될 것인가에 대한 내적 이미지를 만들기 시작합니다. 예측을 하려면 이야기나 책에서 전개되고 있는 사건의 연속성을 이해해야 하지요. 따라서 아이들과 책을 읽을 때 가끔씩 읽기를 멈추고 반복되는 사건에 주목하면 이해력 향상에 도움이 됩니다. 또한 다음에는 어떤 일이 일어날 것 같은지, 왜 그렇게 생각하는지에 대한 질문도 아이들의 사고력을 확장시킵니다. 이야기 속에 등장한 문제를 어떻게 해결하면 좋을지 함께 실마리를 찾아보거나 이야기가 끝난 후에 어떻게 됐을지 상상해보는 일도 내용의 흐름을 이해하기 위한 좋은 방법 중 하나입니다.

4 ___ 다시 말하기

마지막은 이야기나 책의 내용을 회상하여 다시 말하는 것입니다. 한 번 들은 이야기를 다시 이야기하려면 전체적인 이야기의 전개를 이해하고 그것을 자기 언어로 재구성하는 복잡한 사고 능력이 요구됩니다. 내용의 전체, 혹은 부분을 자신의 언어로 다시 이야기할 수 있을 때 비로소 그 이야기가 온전히 아이의 것이 되었다고 말할 수 있지요. 다시 말하기의 과정에서 어떻게, 왜 그런 일이 일어났는지 회상해보는 경험은 이해력을 향상시키는 중요한 훈련 중 하나입니다. 책을 읽고 특별히 재미있었던 그림이나 사건을 이야기하는 것부터 시작해서 그림을 보지 않고 전체 이야기를 다른 사람에게 전하는 것까지 시도해봅니다. 인형을 활용해 인형극을 해보거나 역할 놀이에 적용해보는 것도 좋은 방법입니다. 자신의 경험과 상상력을 동원해서 부모와 함께 이야기를 만들어가면서 아이의 서술 능력은 점점 더 논리적이고 정교해집니다. 이러한 경험은 언어가 어떻게 이야기로 구성되는지 이해하는 데 도움이 될 뿐 아니라 나중에 읽기가 가능해지면 접하게 될 문어의 내용과 맥락 파악에도 영향을 미칩니다.

말하기

유아 언어교육에서 말하기란 ▶말로 구사할 수 있는 문장의 길이와 정확성 ▶다른 사람과 대화를 통해 의미 있는 소통을 이어갈 수 있는 능력이 모두 고려됩니다. 이 두 가지 능력은 유아기에 눈에 띄는 발전을 보이며, 만 2세 정도에는 몇 개의 단어로 의사를 표현하다가 만 3~4세 무렵부터 점차 확장되어 취학 전까지 대부분의 아이들은 몇 개의 문장으로 구성된 단락을 갖춘 말하기까지 가능해지지요.

말하기의 복잡성과 정확성은 아이들이 주변 어른들에게 듣는 말의 수준이나 빈도와 관련이 있습니다. 정확하고 명확한 구어를 자주, 많이 경험한 아이일수록 훨씬 높은 수준의 말하기 능력을 기대할 수 있기 때문에 주변 어른들의 말하기 본보기는 아주 중요한 요인으로 작용하지요. 또 하나, 자신의 생각이나 감정을 적절하고 세련되게 표현할 수 있는 말하기 기술은 다른 사람과 대화하고 소통하는 능력으로 발전됩니다. 따라서 말하기 능력과 기술은 사람들과의 관계 맺기에도 직접적인 영향력을 발휘합니다.

일반적인 육아 환경인 경우, 말하기 자체는 신체적인 성장과 발달에 따라 어느 정도는 저절로 이루어지지만, 말을 통해 다른 사람과 상호작용하고 소통하는 기술과 능력은 부모와 주변 어른들의 지원과 연습이 필요합니다. 즉, 어른들이 바람직한 방법으로 자신의 생각이나 감정을 표현하는 좋은 모델을 보여주는 것이 중요하지요. 뿐만 아니라 아이들은 자신의 말에 반응하는 어른들의 태도를 통해서도 소통하는 방법을 배웁니다.

이렇게 해보세요!

아이가 "물!"이라고 말하면 "물이 마시고 싶구나. 목이 마른가 보네. 그럴 때는 '엄마, 물 주세요' 이렇게 말하면 되지"라고 구체적으로 대답해주세요. 부모의 세련된 말하기는 아이의 소통 기술을 향상시킵니다.

또한 아이가 "엄마, 아까 나 어렸을 때도 병원에 입원했었지"처럼 어색한 어휘나 문법을 사용했을 때는 그 자리에서 바로 고쳐주기보다 적절한 표현을 첨가해서 아이의 말을 되풀이하며 반응해주는 것이 좋습니다. "그래, 예전에 선빈이 세 살 때 장염으로 병원에 이틀 동안 입원했었지. 아까 병원에 다녀와서 입원했을 때가 생각났구나"라고 말하는 것이지요. 지적은 아이의 말하기 욕구를 감소시킬 수 있기 때문에 현명한 전략이 필요합니다.

아이의 말하기 능력을 향상시키고 싶다고 수많은 질문으로 아이의 말을 유도하는 것은 좋은 방법이 아닙니다. 그보다는 아이가 하는 말에서 좀 더 내용을 확장하여 반응해주면 아이는 신이 나서 말을 더 이어가고 싶어 합니다. "언제?", "어디서?", "그래서 어떻게 했어?" 같은 직접적인 질문은 아이가 하는 말을 듣기보다 부모가 듣고 싶은 것에만 집중하는 인상을 줄 수 있습니다. 또한 아이의 말을 자르거나 중간에 끼어드는 행동은 좋지 않습니다. 부모의 말이 많아질수록 아이가 말할 기회는 줄어듭니다. 한창 말을 배우고 있는 아이들은 말하는 중간에 오랫동안 생각하는 시간을 갖기도 합니다. 아이가 생각하는 시간에는 온화하고 호기심 어린 표정으로 아이의 말을 기다려주는 모습을 보여주세요. 이러한 행동은 아이에게 사려 깊은 청자의 본보기를 보여주는 기회도 됩니다. 좋은 청자는 좋은 화자의 시작이니까요.

읽기

아이에게 탄산음료 같은 자극적인 음식을 주고 싶은 부모는 없을 겁니다. 어떻게 해서든지 그 맛을 모르게 키우고 싶지만 마음처럼 쉬운 일은 아니지요. 다른 사람이 먹는 것을 보다가 별안간 얻어먹기도 하고, 맛있게 먹는 모습이 예뻐서 할아버지, 할머니나 이모, 삼촌이 엄마 몰래 먹일 때도 있습니다. 만 네 살 윤찬이도 그랬습니다. 어쩌다 탄산음료의 맛을 알아버린 거지요. 대가족이 함께 모여 식사하는 자리에 탄산음료가 올라왔는데 엄마가 못 먹게 할 것을 뻔히 아는지라 병만 만지작거리며 눈치를 보던 윤찬이가 병에 쓰인 글자를 하나씩 짚어가며 이러더라는 겁니다.

"엄마, 여기 '먹. 으. 세. 요.'라고 쓰여 있는 거지?"

아이들은 관습적인 읽기 능력이 발휘되기 한참 전부터 읽기를 시작합니다. 포장지에 인쇄된 그림이나 사진, 글자 모양을 '읽어' 자신이 좋아하는 과자를 골라내고, 패스트푸드 가게의 간판을 알아봅니다. 스마트폰의 아이콘을 분별하고, 키보드에서 '엔터enter'키를 찾아내기도 합니다. 좋아하는 책을 다 외운 뒤 다른 사람에게 그림을 보여주면서 유창하게 '읽어'주기도 합니다. 탄산음료 병을 보며 "먹.으.세.요."라고 읽어낸 윤찬이도 이미 한 글자를 한 음절로 읽는다는 사실까지 알고 있네요.

30여 년 전만 해도 전문가들은 일정 수준의 인지적 성숙이 이루어지지 않으면 읽기가 불가능하다고 생각했습니다. 그래서 문맹에서 문해가 가능한 단계로 넘어가는 시기를 아주 중요하게 생각했지요. 최근 아이의 '읽기'는 다양한 인쇄물에 노출되는 영아기부터 이미 시작된다는 주장이 많은 동의를 얻고 있습니다. 유창하게 읽기 전부터 아이들이 보여주는 '읽기' 행동에는 문자에 대한 관심과 배움의 욕구가 담겨 있으며, 이때부터 읽기를 배우는 과정이 시작된다는 것이지요. 문자(그림, 기호)에 관심을 보이는 아이의 모습은 무척 중요한 사건입니다. 혼자서 글을 읽고 이해하려면 어느 정도의 인지적 성숙이 전제되어야 하지만, 읽고 싶어 하는 내적 동기 역시 그에 못지않은 영향을 미치기 때문이죠.

'읽기'는 주변에서 접하는 그림이나 사진, 다양한 상징 기호 등을 읽는 행위 모두를 포괄합니다. 쓰거나 그려서 표현하는 문자언어가 우리에게 어떤 의미를 의도적으로 전달하고 있다는 사실을 알아가는 것부터가 읽기의 시작이기 때문입니다. 어린아이들은 그림책, 상품 포장지, 스티커 등과 같이 관심 있는 물건에 인쇄된 그림들의 형태나 내용을 보면서 의미를 끌어냅니다. 이러한 능력은 전체와 부분을 구별해낼 수 있게 되면 보다 정교하게 발전하는데, 그림이나 사진을 부분적으로 들여다보며 그 안에서 정교한 의미를 발견하는 것이지요. 또한 다양한 상황에서 그림을 '읽어'내거나 부모가 그림책을 읽어주는 동안에 그림 이외의 글자들에 대해서도 조금씩 관심을 갖게 됩니다. 책뿐만 아니라 신문, 잡지, 광고지, 영수증, 메모, 안내판, 스마트폰, 컴퓨터 등 다양한 매체의 텍스트를 접하면서 읽는 방법에 대한 개념도 조금씩 넓혀가지요.

따라서 유아기의 읽기 교육은 문자에 대한 아이들의 관심을 북돋우고 지원하는 데 초점을 맞추어야 합니다. 특히 다양한 읽기 경험을 풍부하게 제공하는 것이 중요합니다. 풍부한 읽기 경험이란 아이와 함께 포스터나 안내지도, 교통 표지판을 보고 그 안에 담긴 내용을 파악하고, 카탈로그를 보며 물건을 고르고, 동요집을 보며 노래를 하고, 엄마에게 도착한 문자 메시지를 읽어주는 것 등의 다채로운 자극을 의미합니다. 이동 중일 때도 "이건 자전거 도로라는 표시야. 자전거만 다닐 수 있는 길이라는 뜻이지. 그래서 사람이 이 길로 걸으면 위험해. 뒤에서 자전거가 달려올 수 있거든"처럼 주변을 살펴보는 기회를 줍니다. 마트에서도 "포장지 뒤에는 이 상품이 어떤 재료로 만들어졌는지 적혀 있어. 지금 엄마는 건강에 좋지 않은 성분이 없는지 확인하는 거야"처럼 인쇄물을 어떻게 활용하는지에 대한 본보기를 보여줄 수 있습니다.

이렇게 해보세요!

부모가 그림책을 읽어줄 때마다 아이는 같은 어순으로 배열된 문어체 문장을 듣게 되고, 반복되는 경험을 통해 구어와는 다른 문어의 어조와 특성을 구별하기 시작합니다. 문자언어는 글자들이 모여 만들어진 낱말과 낱말들이 모여 이루어진 문장, 문단, 쪽(장, 페이지) 등으로 구성되지요. 부모는 아이가 이러한 원리를 자연스럽게 경험하도록 다양한 방법을 동원할 수 있습니다. 예를 들면 아이 앞에서 무언가를 쓰거나 아이가 써달라고 요청한 것을 적어줄 때 어떻게 글자가 모여서 낱말이 되고 문장이 되는지 한 글자, 한 글자, 그리고 낱말 단위로 끊어서 소리를 내며 쓰는 것입니다. 또한 지금 읽고 있는 부분을 손가락으로 짚어가면서 '문장'이나 '쪽(장)' 등의 단어를 은근슬쩍 끼워서 말합니다. "이 책을 보면 '색종이를 안으로 접어가며 자국을 낸다'라는 문장이 있거든", "호랑이가 제일 좋아하는 음식이 뭔지 적혀 있는 문장은 다음 쪽에 나올 것 같아"처럼 말이지요. 아이들은 해당 문장을 직접 찾아내지는 못하더라도 부모가 손가락으로 짚어가며 문장을 찾아내는 모습을 보면서 강한 호기심과 읽고 싶은 욕구를 갖게 될 겁니다.

표지나 제목, 작가 등과 같은 책의 구성 요소를 경험하게 하는 것도 읽기 교육의 부분입니다. 책의 앞표지를 보여주며 "자, 여기 표지 그림을 한번 보자. 표지 그림을 보면 이 책이 어떤 이야기일지 짐작할 수 있을 거야"라며 아이가 자기의 생각을 이야기하도록 유도하는 겁니다. 가끔은 "이 책 제목은 《아기 오리 열두 마리는 너무 많아!》[320]야. '채인선'이라는 사람이 글을 썼고, '유승하'라는 사람이 그림을 그렸대. 여기 '글 채인선, 그림 유승하'라고 쓰여 있어"라고 간단히 말해줄 수도 있습니다. 책 읽기가 끝난 후 마지막 페이지를 보여주며 이 책이 몇 페이지로 구성되어 있는지 이야기해주는 것도 좋습니다. 읽기를 통해 정보나 지식을 얻는 방법을 알려주는 전략 중 하나입니다. 하지만 이런 대화를 할 때는 책 읽기의 즐거움을 해치지 않도록 조심해야 합니다. 부모의 욕심 때문에 책 읽기의 즐거움이 사라지는 일은 없어야겠지요. 위에 제시된 많은 전략들 중 한 번에 한두 가지 정도만 생각나는 대로 시도해보세요.

문해력은 장래의 학업성취도와도 밀접한 관련이 있기 때문에 많은 부모들은 아이의 읽기 교육에 예민한 모습을 보이곤 합니다. 하지만 중요한 것은 '읽을 줄 아는 것'이 아닌 '읽는 즐거움을 아는 것'입니다. 읽는 즐거움은 어린 시절에 다양한 읽을거리를 매개로 주변 사람들과 어떻게 상호작용했느냐에 따라 달라집니다. 세상 사람들과 소통하는 데 있어 문어는 구어와는 다른 매력과 영향력이 있지요. 그 맛을 알고 세상 사람들이 글로 전하는 지식과 정보, 문화를 즐길 수 있게 만드는 일. 그것이 유아기 읽기 교육의 핵심입니다.

쓰기

아들이 만 4세쯤 되었을 무렵입니다. 하루는 꾸중을 듣고 자기 방에 들어가서 한참을 있다가 종이 한 장을 들고 나왔습니다. "나쁜 엄마한테 주는 편지야"라는 말과 함께 건네준 종이에는 도통 알 수 없는 암호가 적혀 있었습니다. 며칠 뒤 이번에는 아빠와 사소한 갈등이 있었는데 또 방에 들어갔다 나와서는 "나쁜 아빠한테 주는 편지야"라며 종이 한 장을 전해주더군요. 나중에 두 장의 편지를 나란히 놓고 비교하니 정확히는 알 수 없으나 무언가 공통점이 보였습니다. 이 두 장의 편지는 아이의 소소한 추억을 모아놓은 상자 속에 부모의 생생한 기억과 함께 소중히 담겨 있습니다.

유치원이나 어린이집에서 생활하다 보면 아이들의 손 글씨를 자주 보게 됩니다. 도움이 필요할 때 연락하라며 명함을 만들어주기도 하고, 새로운 주사위 게임을 개발했다며 게임 방법을 적어놓기도 합니다. 놀이 시간에 그린 꽃과 공주 그림 위에 자기가 만든 이야기를 적어 한 장짜리 동화를 만들기도 합니다. 대부분의 어른들은 아이들의 손 글씨를 그저 아이가 놀다가 끼적인 것쯤으로 가볍게 보고 넘기곤 하지요. 어떤 부모는 "이게 뭐야. 글은 다른 사람도 알아볼 수 있게 쓰는 거야"라며 훈계하기도 합니다.

많은 부모들은 아이의 언어 발달이 듣기, 말하기, 읽기, 쓰기의 순서로 이루어진다고 생각합니다. 아이가 글을 읽고, 자음과 모음의 체계를 어느 정도 이해하기 전에는 쓰기가 불가능하다고 보는 것이지요. 하지만 앞에서 말한 몇 가지 사례를 통해서도 짐작할 수 있듯이 아이들은 글을 깨치기 전에도 다양한 방법으로 자신의 생각이나 감정을 '쓰고' 있습니다.

아이들이 보여주는 휘갈겨 쓰기, 끼적거리기, 상형문자 같은 상징적인 그림은 쓰기 능력 발달과 주목할만한 연관관계를 가집니다. 소근육이 발달하여 필기구를 쥘 수 있는 힘이 생기면 아이들은 종이 위에다 무언가 끼적거리기 시작합니다. 휘갈김, 끼적거림, 다양한 선과 모양 등의 단계를 거쳐 글자와 비슷한 형태로 발전합니다. 때로는 막대기나 모루(철사에 털이 붙어 있어 구부리거나 엮어서 모양을 만들 수 있는 만들기 재료. 파이프 클리너라고도 부름) 등으로 어설픈 모양을 만들고는 "엄마, 이거 봐. 이응(ㅇ)이야!"라고 말하기도 하지요. 시간이 지나면 그동안의 경험에서 얻은 감(感)을 바탕으로 한두 글자를 제법 '글자처럼' 쓰기도 합니다. 이 단계가 조금 더 발전하면 앞뒤 연관관계를 알 수 없는 글자들을 길게 써놓고는 능청스럽게 읽어주기도 합니다. 이후에는 맞춤법이나 철자가 틀리더라도 다른 사람도 이해할 수 있는 단어나 문장을 쓰기 시작하고 글쓰기는 차츰 정교해집니다.

이 중 아이가 어느 발달 단계에 있든, 아이가 지금 보여주는 관심과 흥미, 능력을 알아주고 지지해준다면 아이의 쓰기 발달은 탄력을 받을 것입니다. 이때 정확한 철자와 맞춤법을 가르쳐주는 것이 바른 교육이라 생각하여 무조건 따라 쓰게 하고, 지적만 한다면 그로 인한 스트레스로 무언가 '써서' 표현하려는 아이의 욕구는 점차 떨어질지도 모릅니다. 철자와 맞춤법이 정확한 글도 중요하지만 유아기에 필요한 것은 내 생각과 느낌을 '써서' 표현한다는 자신감과 유능감, 그리고 즐거움을 아는 일이지요. 좋은 글은 바른 철자나 맞춤법이 아니라 글을 쓰는 즐거움에서 나오기 때문입니다.

이렇게 해보세요!

아이의 쓰기 경험을 촉진하기 위해 먼저 집 곳곳에 필기도구를 놓아보세요. 거실 테이블 위, 부엌 식탁 한구석, 냉장고 문, 아이들의 책장 위 등에 메모지나 수첩, 다양한 필기구를 둡니다. 그러고는 그 필기구를 이용해 무언가를 쓰는 모습을 아이에게 충분히 보여줍니다. 식단 짜기, 쇼핑 목록 작성, 달력에 스케줄 적기, 요리 프로그램 보며 조리법 받아 적기, 책을 읽다가 맘에 드는 구절 옮겨 적기, 일기 쓰기 등 부모가 무언가를 쓰는 행위를 아이가 자연스럽게 접할 수 있도록 하는 것이지요. 이러한 관찰을 통해 아이들은 쓰기의 기능과 가치를 이해하기 시작하며, 나도 쓰고 싶다는 동기를 갖게 됩니다. 쇼핑 목록을 작성하거나 식단을 적을 때 아이에게 지금 부모가 무엇을 쓰고 있는지 알려주고, 아이와 함께한다면 보다 높은 흥미와 관심을 유도할 수 있습니다.

현관이나 거실 한쪽, 화장실 앞, 냉장고 문 등 가족 모두가 지나다니는 곳에 가족 소식판을 만드는 것도 좋은 방법입니다. 가족 나들이 계획이나 오늘의 특별 메뉴, 가족에게 전하고 싶은 말 등 누구나 자유롭게 적을 수 있게 하고 글을 모르는 아이들도 즐겁게 적고 읽을 수 있도록 상징 기호나 그림을 활용하면 좋습니다. 예를 들어 주말에 동물원을 가기로 했다면, 아이가 가장 좋아하는 동물을 그리게 하고 부모가 그 옆에 '동물원'이라고 적어줍니다. 그리고 동물원 가는 날까지 남은 날짜만큼 동그라미를 그려두고 매일 하나씩 지워나가는 겁니다. 아이가 쉽게 이해할 수 없는 형태로 글을 써놓았다면 부모가 그 아래에 작은 글씨로 설명을 적어놓는 것도 좋습니다.

아이가 이해하기 힘든 자기만의 방법으로 글을 썼더라도 그

글에 가치를 두고 기쁘게 반응해줍니다. "정민이가 긴 목록을 만들었구나. 엄마가 마트 가기 전에 쓰는 쇼핑 목록과 비슷하네", "예원이 명함이구나. 예원이한테 하고 싶은 말이 있으면 이 번호로 전화할게" 등이지요. 아이가 쓴 글을 읽어달라고 부탁하는 것도 쓰기 발달을 지원하는 한 방법입니다. 아이만의 쓰기 방식을 인정하고 있다는 마음을 전달하는 것만으로도 아이에게는 동기부여가 되기 때문이지요. 이 상황에서 일반적인 문자가 아니라며 무시하거나 잘못된 철자를 고쳐주는 것은 좋은 태도가 아닙니다. 부모가 긍정적인 반응을 보여야 아이는 '쓰기'에 도전할만한 가치가 있다고 생각하고 자꾸 시도해보려고 합니다. 지금 아이가 보여주는 노력을 인정하고 알아주는 것만으로도 아이는 자신을 유능한 작가로 생각하게 될 것입니다.

"아빠, '과자'는 어떻게 써?"처럼 아이가 묻는 단어나 구절이 있다면 재활용 상자와 인덱스카드 등을 이용하여 아이만의 단어 상자를 만들어줍니다. 카드 한 장에 한 단어나 한 구절을 적고 나중에도 쉽게 알아볼 수 있도록 그림이나 상징 기호 등을 그려둡니다. 단어 카드는 가나다순으로 정리해두고 아이의 손이 쉽게 닿을 수 있는 곳에 둡니다. 아이가 새로 묻는 단어나 구절이 생기면 새로운 카드를 만들어 단어 상자에 더합니다.

아이가 쓴 글을 아이 눈높이에 맞춰 집에 전시하는 것도 아이의 노력을 인정하고 격려하는 좋은 방법입니다. 땅바닥이나 모래판, 습기가 찬 창문 등에 글씨를 썼다면 사진을 찍어두고 함께 보며 이야기합니다. 젓가락이나 이쑤시개, 성냥, 실, 모루, 비누 거품 등을 이용한 글자 만들기 놀이도 쓰기 발달에 도움이 됩니다.

나이에 맞는 학습지나 한글 교재를 사서 몇 살까지는 한글을 깨치게 하는 것이 유아기에 필요한 쓰기 교육이라 생각하는 부모들이 많습니다. 하지만 교재를 보지 않아도 아이들은 이미 스스로 '쓰고', '배우고' 있습니다. 학습지를 알아보기 전에 아이가 부모한테 보여주는 쓰기에 대한 흥미와 열정을 일상에서 알아봐주고 지원하는 것이 부모와 아이 모두를 위한 행복한 육아가 아닐까요? "교육은 '삶을 준비하는 것'이 아니라 '삶 그 자체'여야 한다"는 존 듀이John Dewey의 말을 다시 한 번 곰곰이 생각해봅니다.

이야기의 힘

만 세 살 도연이는 소아 변비로 고생하고 있습니다. 안쓰럽게 지켜보던 엄마는 간식으로 오이를 길쭉길쭉하게 썰어주며 도연이에게 이야기를 하나 들려주었습니다.

"옛날에 도연이라는 예쁜 아이가 살고 있었어. 도연이는 똥이 잘 안 나와서 응가하러 화장실에 갈 때마다 너무 힘들었지. 똥꼬가 아파서 울기도 많이 울었단다. 도연이는 빵을 참 좋아했어. 어느 날 엄마는 도연이 응가를 도와주기 위해서 오이를 길쭉길쭉한 막대기 모양으로 썰어주었지. 아삭아삭 촉촉한 오이는 도연이 입을 지나, 목을 지나, 가슴을 지나, 배 속으로 들어갔어. 오이가 도연이 배 속에 들어가서 봤더니 글쎄, 똥이 꽉꽉 뭉쳐 있는 거야. 오이는 그게 도연이가 좋아하는 빵 때문이란 걸 금방 알아차렸어. 빵은 손가락으로 꾹꾹 눌러도 잘 뭉쳐지잖아? 빵의 그런 성질 때문에 도연이 배 속의 똥도 꽉꽉 뭉쳐 있었던 거야. 오이는 도연이를 도와주기 위해 자기 몸에 있는 물을 꺼내 뭉쳐 있는 똥에 골고루 뿌려주었어. 그랬더니 도연이 똥에 오이처럼 촉촉하게 물기가 생기면서 부드럽게 풀어진 거야. 오이 덕분에 도연이는 힘들지 않게 응가를 할 수 있게 되었어."

이야기를 들은 도연이는 엄마가 준비한 오이를 열심히 먹었습니다. 그러고는 몇 시간 뒤에 화장실에 갔지요. 오이 몇 조각으로 변비가 금방 호전되지는 않겠지만 도연이는 힘을 주며 이렇게 소리쳤습니다. "오이야~도와줘!" 정말 오이 덕분이었는지 도연이는 변을 보는 데 성공했습니다. 기분이 상쾌해진 도연이는 물을 내리며 인사를 했지요.

"오이야~고마워! 똥아~잘 가!"

마치 동화책에 나오는 이야기 같지요? 이 이야기는 실제로 있었던 이야기입니다. 도연이는 초등학교 시절부터 단짝인 제 친구의 딸입니다. 도연이 엄마는 이야기를 재미있게 해서 같은 이야기라도 도연이 엄마가 하면 훨씬 더 재미있습니다. 아이들을 데리고 함께 여행을 가도 재미있는 이야기를 많이 해줍니다. 유적지에 가서도 설명서를 읽고 아이들을 위한 재미있는 이야기를 뚝딱 만들어내지요. 밤에는 아이들을 씻기고 함께 누워서는 돌아가며 자기가 재미있게 읽은 책 이야기해주기 놀이를 합니다. 이런 엄마 덕분에 도연이는 언어 발달이 무척 빠른 편이지요. 어휘력은 물론이고 이해력이나 구성력, 상상력도 풍부해서 그림 그리기나 글짓기도 또래보다 뛰어난 편입니다.

언어는 아이들이 앞으로 경험해야 할 다양한 활동에 중요한 수단이 됩니다. 물론 인지적 발달이 우수한 모든 아이들의 언어 발달이 뛰어난 것은 아니지만 언어 발달이 뛰어난 아이들 중 상당수가 인지적 발달이 우수하다는 연구 결과도 있지요. 언어는 인간 발달 전반에 있어 매우 중요한 역할을 하기 때문에 유아기의 충분한 언어 경험, 특히 모국어 경험은 앞으로의 삶에 긍정적인 영향을 미칩니다.

특히 '이야기'는 아이들의 언어 발달을 촉진시키는 촉매 역할을 톡톡히 합니다. 아이들은 이야기를 무척 좋아하기 때문에 이야기는 아이의 주의를 끌기 쉽지요. 따라서 아이에게 이야기를 해주면 언어에 더 관심을 가지게 되고 더 쉽고 즐겁게 언어에 노출됩니다. 책 읽기와 달리 이야기는 구어에만 의존해야 하기 때문에 아이들의 내적 이미지 형성을 자극할 수밖에 없습니다. 머릿속으로 이미지를 그려내는 일은 언어 발달뿐만 아니라 인지 발달 전반에 꼭 필요한 '개념 형성'의 시작이지요. 아이들이 이야기를 들을 때는 오로지 듣기에만 의존하여 머릿속으로 이미지를 그리고 세밀화하며 특징을 만들어 갑니다. 또한 아이는 '이야기'를 통해 누군가의 경험이나 생각이 언어로 표현되어 전달된다는 것을 알게 됩니다. 이런 경험을 통해 자신의 생각이나 느낌, 상상 등을 표현하려는 욕구를 갖게 되며, 초기에는 소리, 낙서, 몸짓 등으로 단순하게 표현하다가 차차 이야기(연설), 글쓰기(논술) 등으로 발전하게 되지요.

'이야기'는 아이의 듣기 능력을 향상시키고 상상력을 키우는 데 효과적입니다. 또한 아이의 사고력을 자극하지요. 대부분의 논리적 개념 또한 이야기로 표현할 수 있습니다. 우리나라 아이들이 즐겨 부르는 〈곰 세 마리〉라는 동요에도 크기 개념(뚱뚱해, 날씬해), 수 개념(한 마리, 두 마리, 세 마리) 등이 들어 있지요. 책보다 이야기로 더 많이 들었던 《토끼와 거북이》에는 빠르고 느린 속도의 개념이 들어 있습니다. 뿐만 아닙니다. 이 이야기는 등장인물의 선택과 결정에 따른 상반된 결과를 들려주기도 합니다. 아이들은 이야기를 들으면서 그다음에 어떻게 될지를 상상하고 예측하고, 머릿속으로 사건과 결과를 논리적으로 시뮬레이션합니다. 유적지에서 들려주는 전설 이야기나 인물, 사건 이야기, 엄마 아빠의 어린 시절 이야기는 아이가 해당 개념을 머릿속으로 구체화할 수 있게 만들기 때문에 역사나 사회, 문화를 이해하는 훌륭한 학습 방법이 됩니다. 서점에 역사, 사회, 문학, 수학, 과학 등의 학습 만화가 넘쳐나는 것도 이런 이유 때문이지요.

이렇게 해보세요!   책 읽기와 다르게 엄마와 아빠의 '이야기'를 들려주려면 나름의 준비가 필요합니다. 다음의 몇 가지 팁을 숙지한 후 몇 번의 시행착오를 거치면 누구나 훌륭한 이야기꾼이 될 수 있습니다.

① 이야기의 기본을 구성합니다

언제(시간), 어디서(배경), 누가(인물), 무엇을(사건) 했는지 생각합니다.

② 등장인물의 특징을 명확히 잡습니다

아이들 머릿속에 구체적인 이미지가 떠오르려면 등장인물(동물, 식물, 사물)의 특징이 중요합니다. 도연이의 변비를 고쳐준 물 많은 오이처럼 이야기 전개에 결정적인 역할을 하는 인물의 특징을 명확히 잡습니다.

③ 이야기는 도입 → 전개 → 마무리의 짧고 단순한 구성이 좋습니다

이야기가 짧고 단순해야 말하는 엄마, 아빠도 듣는 아이도 힘들지 않습니다.

④ 인물, 사건, 배경은 아이에게 친숙한 것으로 정합니다

이야기를 만들 때, 인물이나 사건, 배경 등이 아이에게 친숙한 것일수록 아이의 집중력과 흥미를 높일 수 있습니다.

⑤ **아이가 냄새, 촉감, 소리, 시각적 이미지를 상상할 수 있도록 이야기를 만듭니다**

오이가 자기 몸에 있던 물을 뿌려 빵 때문에 딱딱하게 뭉쳐진 도연이의 똥을 부드럽게 풀어준 것이 좋은 예가 되겠지요. 의성어나 의태어를 적절히 활용하면 이야기에 생동감을 불어넣을 수 있습니다.

⑥ **이야기가 완성되면 전체적으로 시뮬레이션해봅니다**

무엇보다 이야기를 들려줄 사람이 이야기에 친숙해져야 하지요. 유아 교사들은 따로 연습을 하기도 합니다. 하지만 이야기를 종이에 적어 외우는 방법은 추천하지 않습니다. 부자연스러워질 수 있기 때문이지요. 이야기를 할 때는 활기 있게, 그리고 정말로 그 이야기를 믿는 것처럼 진지하게 해야 합니다.

<출처> Ansbach, U. Telling it Tall: Effective Storytelling. Extension, Vol.15, No.6.
HighScope educational research foundation. 2011

생활 속에서
수학적 사고력 키우기

일상에서 수학하기

저는 소위 말하는 '수포자(수학포기자)'였습니다. 중학교에 들어가면서부터 수학이 어려웠고 고등학교에 들어가서는 자포자기했습니다. 어찌어찌 진학은 했고 대학교 이후에는 수학을 못해도 딱히 불편하지 않더군요. 학부모가 되기 전까지는 그랬습니다. 그런데 아이가 학교에 들어가자 또 수학이 문제였습니다. 초등학교 저학년까지는 아이가 힘들어하는 문제를 가르쳐줄 수 있었는데, 고학년이 되니 문제는 풀어도 설명은 하지 못하는 상황이 오더군요.

연구 결과[33]를 보면 상당수의 유아 교사들도 수학교육에 어려움을 느낀다고 합니다. 물론 유아교육 수준에서의 수학은 몰라서 가르치지 못하는 경우는 드뭅니다. '나는 수학을 못하는 사람'이라는 낮은 자존감에서 비롯된 막연한 두려움과 부담이 가장 큰 걸림돌이지요.

하이스코프에서 유아 수학교육에 대한 워크숍에 참가했을 때도 마찬가지였습니다. 강사는 수학에 대한 어른들의 부담감에 충분히 공감한다는 위로의 말로 강의를 시작했습니다. 하지만 우리가 일상에서 얼마나 많은 수학을 접하고 있는지 인지한다면 생각이 달라질 거라고 했습니다. 그러면서 일상에서 내가 어떻게 '수학을 하고' 있는지 찾아오라는 숙제를 내주더군요.

곰곰이 생각해보았습니다. 의외로 수포자인 저도 많은 수학적 사고를 하면서 살고 있더군요. 홈베이킹을 즐기는 저는 케이크를 구울 때마다 늘 설탕 양이 고민입니다. 너무 달지 않으면서 맛있는 황금 비율을 찾느라 설탕을 10그램, 20그램씩 줄였다가 늘렸다가를 반복합니다. 설탕의 가감에 따른 케이크의 질감 변화에도 신경을 씁니다. 반죽 양에 맞춰 적당한 크기의 케이크 틀을 찾는 일도 중요하지요. 최근에는 이 책 뒷부분에 첨부한 〈집에서 아이와 함께 만들어 노는 홈메이드 장난감 10〉에 들어가는 재료들의 단위 변환이 문제였습니다. 해외 자료를 참고하다 보니 서양에서 사용하는 파인트나 온스 등의 단위를 우리에게 익숙한 밀리리터나 컵, 밥숟가락, 찻숟가락 등으로 바꾸어야 했습니다.

어른들뿐 아니라 아이들도 무의식적으로 매일 수학을 사용합니다. 엘리베이터에 타면 우리 집 층수를 누르고, 주워온 솔방울이 몇 개나 되는지 세어 친구보다 내가 더 많은지 적은지를 비교하기도 하지요. 이 과정에서 아이들은 수가 무엇이고 일상생활에서 어떻게 사용하는지 이해합니다. 또한 그릇에 모래를 채우고 비우는 일을 반복하고, 탁자 밑에 들어가 숨고, 블록으로 탑을 쌓으면서 부피나 공간, 도형 같은 기하학 개념의 토대를 쌓습니다. 무늬의 규칙성, 동작이나 박자에서 반복적인 흐름을 찾는 것은 대수학에 등장하는 수치 관계를 이해하기 위한 바탕이 됩니다. 과일샐러드를 먹으며 누가 사과를 더 좋아하고 누가 바나나를 더 좋아하는지 이야기하는 것은 실질적인 자료 수집과도 같지요.

게다가 수학적 사고력과 추리력은 다른 발달 영역에서도 중요한 기반이 됩니다. 숫자를 읽고 쓰는 것은 문해력을 수반하며, 공간지각은 신체 협응력과 연결되지요. 자료를 모으고 분석하는 것은 과학의 기초이고, 무언가를 공유하기 위해 물건을 나누거나 시간을 배분하는 일은 사회문제 해결 능력입니다. 치수를 재고 결합(조립)하고 분리(분해)하는 것은 예술 활동에도 적용되는 기술이지요.[34] 이렇듯 수학은 어디에나 있으며, 따로 분리된 교과라기보다는 모든 발달 영역과 어울리며 활용되는 중요한 사고 능력입니다.

흔히 수학을 연산의 반복이나 규칙(공식)을 외워야 하는 것으로 생각하는 경우가 많은데, 이는 수학에 대한 개념적 지식이 부족한 데서 비롯된 것이 아닐까 싶습니다. 수학의 개념을 일상생활과 관련짓기 힘든 이유는 우리가 받았던 수학교육 방식 때문일 겁니다. 그러한 교육 방식이 저 같은 '수포자'를 낳은 것이지요. 경험에 비추어보면, 어린 시절의 기억은 훗날 그에 대한 태도를 결정짓습니다. 그러므로 아이가 수학에 재미를 느낄 수 있도록 분위기를 조성하는 것이 중요합니다. 이것이야말로 '수학을 하는' 것에 자신감을 가질 수 있는 필수 요소이기 때문이지요. 오히려 아이들은 생활 속에서 수학을 즐기고 어른들보다 훨씬 더 자신감 있고 도전적입니다. 부모의 편견이 아이를 수학에서 멀어지게 만드는지도 모르지요. 더 이상의 과오를 범하지 않으려면 부모도 공부가 필요합니다. 어떤 것들이 수학에 포함되는지, 아이들은 어떤 방식으로 수학 개념을 접하고 익히는지 등에 대해서 말이죠.

일상 속에서 아이가 수학적 사고를 할 수 있도록 지원하고 싶다면 우선 '수학하는' 아이들의 특성을 생각해야 합니다. 첫 번째, 어떤 아이도 '수학을 하겠다'고 작정하고 수학적 사고를 하지 않습니다. 개인적인 관심이나 흥미를 추구하는 과정에서 수학적 문제에 부딪치고 그것을 해결하려고 하지요. 예를 들면 생일 케이크에 초를 몇 개나 꽂아야 하는지, 누구 키가 더 큰지, 미니카가 전복되지 않고 빨리 내려오게 하려면 블록을 몇 개 올려 경사를 만들어야 하는지 등에 관한 것입니다. 여기서 주목해야 할 것이 하나 더 있습니다. 각각의 상황에서 아이들은 수와 연산(초의 개수), 측정(키 재기), 공간지각(경사 만들기) 등 각기 다른 수학적 추론을 적용하고 있지만, 모두 구체적인 사물의 조작에 의존하고 있다는 사실입니다. 다시 말해 추상적인 방법을 사용해 수학 문제를 해결하는 어른들과 달리 아이들은 직접 눈으로 보고 조작할 수 있는 실물이 필요하다는 뜻입니다. 여기서 말하는 실물은 수학 교구를 의미하는 것이 아닙니다. 아이들이 수를 세고, 측정하며, 비교해볼 수 있는 물건들을 제공하여 아이들 주변 어디에나 수학이 존재할 수 있도록 하자는 것이죠.

생활 속에서 아이가 자연스럽게 수학적 사고를 했더라도 부모가 지금 무엇을 하고 있는지, 어떤 생각을 했는지 이야기해주지 않으면 아이는 자신이 수학적 사고를 했다는 사실을 의식하지 못하고 넘어가 버립니다. 수학적 사고를 키워주는 대화라고 하면 무언가 특별한 방법이 있을 것 같지만 그렇지 않습니다. 평소 아이가 경험하는 상황과 연결하여 이야기해보세요. 예를 들면 "바나나를 반으로 잘랐더니 두 개가 됐어. 그런데 하진이가 이렇게 붙였더니 다시 하나가 되었네!" 같은 것입니다.

마지막으로 부모가 교육적 의도를 가지고 아이에게 지원한 물건이더라도 아이가 부모의 의도대로 사용하지 않을 수 있다는 것, 그리고 아이의 생각대로 사용해도 괜찮다는 점을 인지해야 합니다. 아이의 다양한 탐색은 또 다른 배움으로 연결되기 때문입니다. 저의 경험을 예로 들겠습니다. 아이들에게 나선형에 대한 탐색 기회를 제공하기 위해 빙글빙글 돌아가는 모양으로 만들어진 플라스틱 접시와 은행나무 열매, 메타세쿼이아 열매, 폼폼볼을 준비한 적이 있습니다. 물건을 접시에 쪼르륵 돌려 담으면 나선형을 경험할 수 있겠다고 생각했지요. 그런데 아이들은 열매와 폼폼볼을 접시에 수북이 담고는 바닥에 쏟으며 놀더군요. 제 의도와 다르지만 이러한 아이들의 놀이 활동을 쓸데없는 것이라고 볼 수는 없습니다. 아이들은 질감과 무게, 모양이 다른 물건들을 바닥에 쏟으며 조금씩 다른 소리와 움직임 등을 느꼈을지도 모르니까요. 몇 개 안 되는 물건을 쏟았을 때와 많은 양을 한꺼번에 쏟았을 때는 열매와 볼이 튕겨 나가는 모양도 다를 겁니다. "어머, 메타세쿼이아 열매랑 폼폼볼은 튕겨 나가는 모양이 다르구나!", "하나를 떨어뜨렸을 때와 한꺼번에 많이 떨어뜨렸을 때 들리는 소리가 달라!"처럼 생각 없이 한 행동에 수학적 (혹은 과학적) 개념을 적용해 말해준다면 아이들은 새로운 사고방식을 경험하게 됩니다. 그렇지 않으면 또 어떻습니까. 바닥에 쏟아버리는 쾌감과 즐거움만으로도 의미는 충분하지 않을까요. 바닥에 떨어뜨린 물건은 다시 주워야 한다는 책임감도 배울 수 있으니 말입니다.

미국 수학교사 연합회National Council of Teachers of Mathematics[35]는 전 연령에 해당되는 수학교육의 다섯 가지 하위 영역을 ▶수와 연산 ▶기하학 ▶측정 ▶대수학 ▶자료 분석으로 정리했는데, 누리과정 자연탐구 영역의 '수학적 탐구'에서도 이 다섯 가지 하위 영역을 기본 토대로 합니다. 이 중 유아기에는 처음 세 가지 영역을 중요하게 경험해야 한다고 봅니다. 이 책에서는 처음 세 가지 영역인 수와 연산, 기하학, 측정에 대해 집중적으로 다루어보겠습니다.

수학교육의 하위 영역

* 누리과정 〉 자연탐구 영역 〉 수학적 탐구도 이와 맥락을 같이 함

1 _____ 수와 연산 수와 연산의 기초 개념 형성하기

수 개념을 이해하고 각각의 수가 수량을 나타낸다는 것을 안다.
수 개념이란 숫자와 수를 나타내는 단어, 수 세기, 수의 순서, 수의 크기
비교, 수의 가르기와 모으기, 간단한 덧셈과 뺄셈 등을 포함한다.

2 _____ 기하학 도형과 공간의 기초 개념 형성하기

평면도형과 입체도형의 이름과 특성, 변형을 안다. 또한 위치와 방향,
거리를 나타내는 단어로 설명되는 공간 관계를 이해한다.

3 _____ 측정 기초적인 측정하기

측정할 수 있는 속성을 이해하여 물건이나 사람, 행동, 사건 등을 비교하는
데 사용한다. 유아기에는 순서나 차이를 비교하기 위한 간단한 측정 과정과
관련 용어를 배우는 것을 일컫는다.

4 _____ 대수학 규칙성 이해하기

규칙성과 관계성을 이해한다. 규칙성을 발견하여 그에 대한 설명, 모방과
함께 ABABAB, ABCABC, AABAABAAB와 같은 간단한 패턴을 가진
자기만의 규칙성 만들기 등을 포함한다. 또한 증가와 감소의 흐름을
알아내는데, 예를 들면 식물의 성장이나 사람이 나이를 먹는 것 같은
것이다.

5 _____ 자료 분석 기초적인 자료 수집과 결과 나타내기

정보를 수집하고 정리·분석하여 자신이 제기한 문제에 대한 답을 구한다.
유아기에는 속성이나 특성에 대한 묘사, 단순 자료에 대한 정리와 비교,
단순한 도표로 결과 표현하기, 배운 것을 해석하고 적용하기 등이
이에 포함된다.

〈출처〉 Epstein, A. S. The HighScope Preschool Curriculum: Mathematics p.6, HighScope Press, 2012

수와 연산

'수 개념'은 한 집단에 모여 있는 수량을 이해하는 것을 의미합니다. 사물, 사람, 행위, 사건 등이 수량으로 정리될 수 있음을 인지하는 것은 보통 만 2세 무렵부터라고 합니다. 검지를 들며 "딱 한 번만!"이라고 조르거나, 손가락 세 개를 어렵게 펼치며 "세 살"이라고 알려주는 것처럼 구체적인 상황에 수를 적용하는 것은 수 개념이 시작되는 아주 중요한 사건입니다. 하나나 둘 정도의 작은 수에서 시작해 점점 큰 숫자를 적용할 수 있게 되면 아이는 수와 숫자, 수량 간의 관계에 대해서도 이해하게 됩니다.

대부분의 유아들은 암기로 수를 배우며 보통 취학 전에는 20까지 수 세기를 할 수 있게 됩니다. 그러나 처음부터 수의 순서가 수량의 증가를 의미한다는 것은 알지 못합니다. 수 세기를 할 때 처음에는 곧잘 하다가 수가 올라가면 중간중간 숫자를 빼먹거나 마구잡이로 수를 말하거나 같은 숫자를 몇 번씩 반복하는 것은 이 때문이지요. 그러므로 맥락 없이 수를 낭송하기보다는 숫자 책을 보거나 숫자 노래를 부르고, "우리 오늘 솔방울을 몇 개나 주웠는지 세어볼까?"처럼 놀이 안에서 수를 셀 수 있는 기회를 가지면 아이들은 자연스럽게 수 세기가 수량의 증가를 의미한다는 걸 깨닫게 됩니다.

오래전 한 연구팀에서 수와 연산에 관한 기초 개념을 다섯 가지 원리로 정리하였는데[36], 발표 당시 아주 획기적이라는 평가를 받았다고 합니다. 수와 연산에 대한 기초 개념을 확립하려면 다음과 같은 사항을 이해해야 한다는 것입니다. ▶수를 정확한 순서로 안정감 있게 말하기 ▶수 세기는 사물 하나당 하나의 수만 할당된다는 것을 알기(일대일 대응) ▶수를 셀 때 마지막으로 말하는 수가 그 집단의 수량을 나타냄을 인지하기 ▶사물은 어떤 순서로 되어 있더라도 셀 수 있으며 순서에 상관없이 그 결과가 같음을 알기 ▶집단의 부분과 전체 이해하기(가르기와 모으기)입니다. 위의 다섯 가지 원리를 정리해놓고 보니 아이들이 물건을 셀 때 하나를 두 번 이상 세거나, 그냥 건너뛰거나, "하나, 둘, 셋, 넷"이라고 맞게 세어놓고는 "나 사탕 여섯 개 있다!"라고 했던 것이 이해됩니다. 마지막에 말하는 수가 갖고 있는 사탕의 수량이라는 것을 아직은 인지하지 못하는 것이지요. 이렇게 아이들은 시행착오를 거치며 수 개념을 배웁니다.

어느 정도 수의 순서를 익히고 나면 정확하게 수를 세는 기술이 필요하고, 그 이후에는 두 집단의 수량을 비교해서 어느 쪽이 더 많고 더 적은지 판단할 수 있는 능력을 키워야 합니다. 조금 더 발전하면 한쪽이 다른 한쪽보다 몇 개가 더 많은지, 혹은 적은지 이야기할 수 있습니다. 처음에는 두 집단을 한 줄로 세우고 일대일로 대응하면서 한쪽의 수량이 남는 것을 눈으로 확인해야 알 수 있지만, 차츰 손가락이나 바둑알 같은 실물을 사용하여 간단한 덧셈과 뺄셈을 할 수 있게 됩니다. 아주 간단한 계산은 암산으로도 해냅니다. 구체적인 사물의 조작을 통해서만 이루어지던 수학적 추론이 내적 이미지를 형성하면서 머릿속에서도 결과를 얻어내는 것이죠.

또한 유아기의 아이들은 십(10) 단위로 올라가는 수 개념도 쌓아갑니다. 이십, 삼십, 사십 등의 십 배수 뒤에 일에서 구까지의 연속된 한 자리 수를 붙여야 한다는 것을 알아갑니다. 물론 처음에는 많이 혼란스러워합니다. 삼십이 먼저인지 사십이 먼저인지도 헷갈리고 그 뒤에 붙여야 하는 한 자리 수들도 영 헷갈립니다. 그래서 '이십구-이십십-이십십일' 같은 창의적인 수가 탄생하기도 합니다. 하지만 십(10) 배수로 단위가 변한다는 것, 그 뒤에 한 자리 숫자가 순서대로 붙는 것을 알아챘다는 사실은 수학적 사고력이 쑥쑥 자라고 있음을 보여주는 증거입니다. 마을 놀이터에 놀러 오는 한 아이는 영어로 수 세기를 할 수 있다고 자랑하면서 "일레븐-이레븐-삼레븐-사레븐"이라고 해서 어른들을 웃게 만들었지요. 깔깔 웃으면서도 새로운 규칙을 찾아낸 아이의 기발함이 경이로웠습니다.

이렇게 해보세요!

아이들은 시행착오와 반복을 통해 매일매일 배우고 있지만 수의 패턴을 익히려면 부모가 모델링을 해주어야 합니다

아이들이 수 세기를 할 때 "삼십팔–삼십구–사십–사십일"처럼 십자리가 바뀔 때마다 손가락을 세 개에서 네 개로 바꾸며 힘 있는 목소리로 함께 세는 모델링이 필요합니다. 수 개념이 발전하면 특정 수량을 작업 활동에 연결할 수 있습니다. 예를 들면 테이블에 앉은 사람의 수만큼 포크를 가져오거나, 보드게임을 하면서 주사위가 가리킨 숫자만큼 말을 움직이는 것 등입니다. 수량을 파악하려면 마지막 사물(사람)에서 수 세기를 멈춰야 하는데 유아기 아이들에게는 쉬운 일이 아닙니다. 하지만 일정한 수량을 가르거나 모으고, 덧셈과 뺄셈을 하는 데 토대가 되는 필수적인 능력입니다.

아이가 틀리더라도 바로 고쳐주기보다는 있는 그대로 인정해주세요

실수를 지적하기보다 부모가 본보기를 많이 보여주고 아이가 직접 경험하게 만드는 게 수 개념을 효과적으로 습득할 수 있는 방법입니다. 부모나 교사의 지원은 수의 기초 개념을 쌓는 데 매우 중요한 역할을 합니다. 수학교육 전문가들에 따르면, 수 세기와 관련된 초기 경험은 취학 후 계산 능력에도 영향을 미친다고 합니다. 수 세기 초기 경험이 풍부한 아이일수록 더 높은 수준의 계산 능력을 보인다는 뜻이지요. 수 세기 경험은 일상 속에서 자연스럽게 이루어져야 하며 기계적인 반복과 암기는 절대 안 됩니다. 아이와 관련된 사물이나 행위, 사건들이 수와 연관될 때 수 세기의 경험에 의미가 부여되는 것이지요. 따라서 일상의 다양한 상황에서 수 세기의 경험을 만드는 것이 좋습니다. "아빠가 출장 가셨으니 오늘 저녁상에는 밥그릇을 몇 개 놓아야 하지?"라든가 "자두는 한 사람 앞에 세 개씩 돌아가게 준비했어" 등입니다. 블록 같은 장난감을 정리할 때도 "우리 한 사람이 일곱 개씩 집어넣기로 하자" 같은 재치를 발휘하면 좋겠지요.

아이가 주변에 있는 숫자나 수 개념을 살펴볼 수 있도록 유도하는 것이 좋습니다

건물 엘리베이터에 나타나는 숫자, 시계나 타이머에 적힌 숫자, 정기간행물에 표시된 숫자, 전단지에 적힌 가격, 계량컵에 적힌 숫자 등은 모두 일상에서 수 개념을 경험할 수 있는 기회입니다. 수량을 비교하는 단어를 의도적으로 사용하면서 아이도 그런 단어를 사용할 수 있도록 만드는 것도 좋은 방법입니다. 간식으로 떡을 나누어주며 "서연이도 언니하고 똑같은 수만큼 줄까?"라든가 "엄마 배고팠거든. 그래서 떡을 서진이보다 두 개나 더 먹었어"라고 말할 수 있겠지요. 놀이 중에 더하기나 빼기를 할 수도 있습니다. 예를 들면 "호영이 기차에는 차가 네 대나 실려 있구나. 이 기차에 몇 대까지 실릴까?" 혹은 "재혁이 바구니에 공이 너무 많아서 밖으로 떨어질 것 같다. 몇 개를 빼내면 공이 안 떨어지지 않을까?" 같은 말은 아이들의 수학적 사고를 자극합니다.

다양한 상황에서 수를 써보게 하는 것도 유익합니다

종이와 색연필, 사인펜 같은 필기도구뿐만 아니라 모래 위, 거품 위에 수를 쓰도록 하거나 모래, 놀이 찰흙 등으로 숫자를 만들어보면서 다양하게 수를 써보게 하는 것이 좋습니다. 혹시 아이가 숫자를 뒤집어서 쓰거나 만들어서 쓰더라도 그대로 수용합니다. 역할 놀이 중에 돈이나 티켓, 메뉴판을 함께 만들어보는 것도 수 세기를 경험하는 좋은 방법이 될 수 있습니다.

수와 연산의 기초 개념 형성에 도움이 되는 물건들

○ **수가 들어 있는 다양한 인쇄물**
광고전단지, 브로슈어나 카탈로그, 상징 기호, 간판, 표시판 등

★ **수가 들어 있는 물건**
계산기, 전자저울, 체온계, 게임카드, 주사위나 돌림판을 이용한 보드게임 등

▲ **가지고 놀고, 분류하고, 따라 쓸 수 있는 다양한 재질로 만든 숫자**
플라스틱, 나무, 두꺼운 종이로 만든 숫자 등

■ **가지고 놀고, 세어보고, 가르거나 모아볼 수 있는 개별 물건**
왕구슬, 폼폼볼, 블록, 조개껍질, 솔방울, 단추, 플라스틱 병뚜껑, 코르크 마개 등

◇ **일대일 대응을 해볼 수 있는 물건**
한 구멍에 물건 하나씩 꽂을 수 있는 장난감, 뚜껑이 있는 수성마카, 너트와 볼트, 컵과 컵받침 등

✚ **수와 연산의 기초 개념을 다루는 그림책**

〈출처〉 Epstein, A. S. The HighScope Preschool Curriculum: Mathematics, p.16 HighScope Press, 2012

도형과 공간지각

도형

모양과 형태를 의미하는 도형은 아이들이 무척 좋아하는 것 중 하나죠. 곳곳에서 "이거 봐, 동그라미야!", "세모야!", "네모야!" 하면서 찾아내는 것만 봐도 알 수 있습니다. 도형에 대한 지각은 초기 인지 발달 단계부터 직감적으로 나타나며 발달이 조금 더 이루어지면 세모를 그리거나 "세모는 평평한 데가 세 개 있어"라고 이야기합니다. 세모를 세모로 만드는 특징적 요소를 발견하는 것이지요. 그러다가 모양의 전체와 부분적 특징까지 이해하고 그것이 다른 도형과 어떻게 다른지 구별할 수 있게 됩니다. 이 정도 수준이 되면 방향이 달라져도 도형을 정확하게 구분할 수 있습니다.

예를 들면 둔각삼각형이나 예각삼각형이 어떤 방향으로 놓여 있더라도 '세모'라는 것을 알아챈다거나, '동그라미'는 면이 둥글기 때문에 가려져 있어도 이것이 세모나 네모일 수 없다는 것을 감지합니다. 어떤 아이는 유아기에 피라미드, 원통(원기둥), 육면체(주사위 모양, 상자 모양) 같은 입체도형의 이름까지도 익힙니다.

도형의 이름을 정확하게 알고, 설명하고, 비교할 수 있는 능력은 유아기에 이루어지는 아주 중요한 성과 중 하나지요. 여러 가지 도형을 탐색하는 것은 공간지각 경험과 함께 훗날 배우는 기하학의 기초가 됩니다.

도형의 이름을 아는 것만큼 중요한 것이 하나 더 있습니다. 바로 도형을 밀거나 돌리고 뒤집으면서 변형시키는 능력입니다. 삼각형을 이리저리 돌려보며 퍼즐 판에 끼워 넣거나, 색종이를 대각선으로 접어 세모 모양으로 만들고, 다리를 더 길게 확장하기 위해 양쪽에 블록을 하나씩 더 끼우는 것 등입니다. 원하는 결과를 얻기 위해 고민하고, 아이디어를 내고, 변형하는 과정은 아이의 사고력과 표현력이 자라고 있다는 증거지요.

도형의 속성을 파악하기 위해서는 도형을 눈으로 보고 손으로 만지며 조작하는 경험이 필요합니다. 관련된 어휘들을 충분히 들을 수 있는 기회도 주어져야 하지요. 따라서 나무, 헝겊, 종이, 플라스틱, 자석 등 다양한 재질로 된 여러 가지 평면도형과 입체도형을 만져보는 경험을 주는 것이 좋습니다. 잡지나 소책자에서 동그라미나 세모, 네모를 찾아 오려보는 방법도 좋겠네요. 아이는 여러 가지 도형을 몸으로 직접 경험하면서 자연스럽게 도형의 속성을 이해하고 개념화시킵니다.

이 과정에서 부모는 선이나 면, 꼭짓점처럼 도형과 관련된 용어를 다양한 상황에 적용하여 들려주면서 아이가 해당 어휘들을 경험할 수 있도록 합니다. 동그라미를 이루는 구부러진 선(곡선)과 네모를 만드는 똑바른 선(직선)은 어떻게 다른지, 세모와 네모의 꼭짓점과 면은 각각 몇 개인지 등이지요. 이때 경험을 제공하는 정도에서 만족해야지 무언가 가르치고 기억하도록 하는 주입식 설명은 금물입니다. 놀이의 흐름을 방해해서도 안 됩니다. 나무 블록을 쌓으며 "이거 봐! 이 공은 면이 둥글어서 평평한 기둥 위에 딱 붙어 있질 않아. 자꾸 굴러떨어지잖아"라든가, 세모 모양 평면 블록을 만지작거리며 "세모는 뾰족한 꼭짓점이 세 개라서 이름이 세모인가 봐"라고 넌지시 말하는 정도가 적당합니다. 부모의 말을 듣고 관찰하는 것만으로도 충분히 의미가 있습니다. 도형에 대한 이야기를 많이 접한 아이일수록 도형을 더 많이 이해할 수 있으니까요.

도형을 이해하는 데는 수평적이거나 수직적인 '대칭'의 개념을 아는 것도 중요합니다. 인형 옷이나 장난감 비행기, 시소 등은 유아들이 흔히 접할 수 있는 대칭되는 물건들이죠. 데칼코마니나 색종이 접기, 인형 옷 갈아입히기 놀이 등을 하면서 물건의 양쪽, 위아래가 똑같은지 다른지 이야기해보는 것도 도형의 기초 개념을 형성하는 데 도움이 됩니다.

모양을 다양하게 '변형'해보는 경험도 중요합니다. 변형은 주로 만들기나 쌓기 활동에서 일어납니다. 예를 들면 세모 두 개를 붙여 네모를 만들거나, 동그랗게 뭉친 찰흙을 두드려 평평한 동그라미로 만드는 것이지요. 변형에 대한 탐색은 놀이 과정에서 자연스럽게 이루어지므로 부모는 아이들이 변형을 관찰하고 한 번 더 생각해볼 수 있도록 지원해야 합니다. 의도적으로 그 과정을 설명해주지 않으면 아이는 변형의 과정을 인지하지 못하고 넘어가버립니다. 아이와 도형이 변형되는 과정과 결과를 이야기할 때는 변형 전 도형의 이름과 변형된 도형의 이름을 강조해줍니다. "공처럼 동그랗게 뭉친 찰흙을 두드렸더니 납작한 동그라미가 됐네!", "다이아몬드를 반으로 잘랐더니 두 개의 세모가 됐구나!"처럼요. 이 과정에서 사용하는 언어는 아이의 관찰력과 설명력을 향상시킵니다.

주위에서 도형을 찾아보는 도형 게임도 추천합니다. 동그라미(시계)나 네모(문)같이 도형 하나에서 시작해서 동그라미와 긴 네모(선풍기), 네모와 세모(인형의 집) 등 두 개 이상의 도형이 합쳐진 물건을 찾아보는 거죠. "오늘 저녁 식사 후에 먹을 과일은 동그란 공 모양인데 아주 커. 그리고 그 위에 구불구불한 선이 그려져 있어. 뭘까요?"처럼 도형 게임을 수수께끼 놀이로 바꿀 수도 있습니다. 장난감을 정리할 때도 "우리 동그라미가 들어 있는 물건부터 찾아서 정리해보자"라고 제안할 수도 있지요. 아이와 도형에 대해 이야기할 때는 "오늘은 산책하면서 네모 모양을 찾아보자"처럼 단순한 것에서 시작해서, 충분히 익숙해지면 "저기 보이는 표지판은 팔각형이네" 등의 어려운 용어도 시도해봅니다.

공간지각

아이들은 주변 환경을 관찰하고 그 안에서 행동하면서 공간을 탐색합니다. 자기가 원하는 장난감을 찾고, 물건을 끈으로 묶거나 보자기에 싸고, 대형 블록으로 집을 짓는 등 놀이 중에 부딪치는 문제를 해결하면서 공간개념을 키워가지요. 공간지각 능력이 발달함에 따라 아이는 자신이 본 것, 행동한 것을 설명하기 위해 위치와 방향, 거리를 나타내는 어휘들을 익히고 적용합니다.

공간지각은 자신에게 필요한 욕구를 충족시키기 위해 신체를 움직이는 신생아기부터 시작됩니다. 소리가 나는 곳으로 고개를 돌리고, 원하는 것을 향해 손을 뻗고, 몸을 뒤집고, 엄마 품속으로 파고들지요. 이러한 행위를 통해 공간에 대한 감각을 키워갑니다. 공간지각은 처음에는 자신의 위치와 움직임에 집중하다가 신체 발달과 함께 점점 주변 환경과 연결되며 확장됩니다.

아이들은 만 2세 전후로 방향이나 거리, 그리고 어느 지점에 가기 위해 기준이 되는 랜드마크에 대한 감각을 갖게 됩니다. 예를 들면 집 안에 화장실이 어디 있고, 소파가 어디 있다는 것을 알고 그 사이를 왔다 갔다 하는 것이지요. 아이가 자유롭게 움직이는 기회를 많이 가질수록 공간지각 능력은 더 순조롭게 발달됩니다. 또한 사물의 크기나 모양, 거리같이 공간에 대한 수학적 감각이 생기면 아이의 행동은 좀 더 정교해집니다. 예를 들면 유치원 가방에 들어갈 수 있게 그림을 반으로 접고, 울타리를 돌아가지 않고 밑으로 들어가거나 넘어서 동선을 짧게 만드는 것 등이지요. 또한 아이가 블록으로 주차장까지 있는 아파트를 만들거나, TV와 소파의 위치까지 포함된 가족의 모습을 그리는 것은 공간에 대한 이해가 향상되었다는 가시적인 증거입니다.

공간지각 능력을 향상시키기 위해서는 다양한 물리적 환경 속에서 아이가 직접 사물을 조작하고, 자신의 신체를 움직일 수 있는 경험이 쌓여야 합니다. 신체를 움직이기 전 공간 관계를 머릿속으로 미리 그려보는 내적 시각화가 가능하려면 직접적이고 구체적인 경험이 충분히 선행되어야 하기 때문입니다.

공간 경험은 직접 공간을 돌아다니고 사물의 위와 아래, 안과 밖을 넘나드는 이동성 활동과 그림을 그리거나 블록으로 집을 짓는 등의 비이동성 활동으로 나눌 수 있습니다. 보통 이동성 활동은 넓은 야외에서, 비이동성 활동은 실내에서 이루어진다고 생각하는데 반대의 경험도 필요합니다. 실내에서 대형 블록으로 큰 구조물을 짓거나 빈 상자를 이용해서 터널 놀이를 하고, 야외에서 나무 밑이나 덤불 사이의 아늑한 공간을 즐겨보는 것은 공간지각 능력과 상상력을 접목시키는 의미 있는 경험이지요.

놀이를 하다가 끈으로 붕붕카를 어떻게 묶어야 할지, 찰흙 위에 공룡 발자국을 골고루 찍으려면 공룡을 어떻게 눌러야 할지 고민하는 일도 공간지각적 사고를 요하는 일입니다. 봉투 크기에 맞게 종이를 접어 넣고, 선물 크기에 맞는 포장지를 고르는 일도 마찬가지입니다. 보통 공간지각이라고 하면 입체적인 이미지만을 생각하기 쉬운데, 그림을 그릴 때 위와 아래, 옆에 무엇을 그릴지 결정하는 일이나 큰 종이에 여러 명이 함께 그림을 그릴 때 자기의 그림과 다른 사람의 그림을 어떻게 조화시킬지 생각하는 것도 모두 공간지각과 연관이 있습니다. 직접적이고 구체적인 경험을 반복하면서 아이는 공간을 머릿속으로 시각화할 수 있는 능력을 키워갑니다.

또한 내가 움직일 때마다 공간 관계가 달라진다는 것을 직접 관찰하는 경험도 필요합니다. 유아기에는 대상을 어디에서 바라보느냐에 따라 공간 관계가 달라진다는 사실을 인지하기 어렵기 때문에 부모는 아이가 이러한 변화를 관찰할 수 있도록 도와주어야 합니다. 예를 들면 미끄럼틀이나 정글짐 꼭대기에 올라가 놀이터를 내려다보는 겁니다. 또한 나무 밑에 누워 하늘을 올려다보기도 합니다. 다른 시각에서 바라본 장면을 사진으로 찍어 보여주는 것도 좋은 방법입니다. 아이가 만든 쌓기 구조물을 위나 옆에서 사진을 찍어서 보여주거나, 정글짐 꼭대기에 올라간 아이 모습을 땅에서 촬영해 보여주는 것입니다. 그리고 나서 각각 다른 위치와 방향에서는 사물이나 장면이 어떻게 다르게 보이는지, 또한 이 사진은 어느 곳에서 찍은 것인지를 아이와 함께 이야기해봅니다.

의사소통 기술은 수학의 모든 하위 영역에서 중요하지만 '도형과 공간지각'에서 특히 강조됩니다. '앞', '뒤', '위', '아래'처럼 위치를 나타내는 말이나 '앞으로', '뒤로', '위로', '아래로'처럼 방향을 나타내는 말, 그리고 '멀리', '가까이' 등의 거리를 나타내는 말은 공간개념을 이해하고 표현하는 데 필수적인 요소이기 때문이지요. 따라서 아이들이 공간지각적 사고를 적용해서 무언가를 하고 있을 때는 이런 단어를 의도적으로 사용하면서 묘사해주면 좋습니다.

예를 들면 "이선이는 리본을 머리 위로 흔들고 있구나. 오, 이번에는 앞뒤로 움직이면서 흔들고 있네. (아이의 움직임에 따라) 앞-뒤, 앞-뒤", "아, 사람을 안에 넣으려면 집을 조금 더 크게 지어야 하는구나. 그래서 블록을 조금씩 밖으로 옮겨서 집을 넓혔구나!" 등입니다. 또한 "신발 상자로 어떻게 토끼집을 꾸며줄 거니?", "어디에다가 구슬을 붙이고 싶은지 말해주면 거기에 접착제를 발라줄게"처럼 아이가 공간개념을 직접 말할 수 있도록 유도하는 것도 좋습니다.

손 유희나 율동을 곁들인 노래 부르기도 공간개념을 습득하고 공간을 나타내는 단어를 익힐 수 있는 기회를 제공합니다. 〈옆에 옆에〉, 〈둥글게 둥글게〉, 〈호키포키〉, 〈거미가 줄을 타고 올라갑니다〉 등이 공간개념을 접할 수 있는 대표적인 노래입니다.

도형과 공간지각의
기초 개념 형성에
도움이 되는 물건들

- ○ **물이나 모래를 채우고 쏟아낼 수 있는 물건들**
  양동이, 바가지, 그릇, 꽃삽 등

- ★ **결합하고 분리할 수 있는 물건들**
  퍼즐, 뚜껑 있는 상자나 용기, 테이프나 풀, 클립, 집게, 보자기, 포장지 등

- ▲ **다양한 모양, 크기, 색깔, 두께의 블록**

- ■ **다양한 크기의 평면도형과 입체도형**
  원, 삼각형(직각·예각·둔각·정·이등변삼각형 등), 사각형(정사각형, 직사각형), 구, 육면체(정육면체, 직육면체), 고깔, 피라미드 등

- ◇ **칠교놀이**

- ○ **정형적이고 비정형적인 나무 블록이나 종이 블록**

- ★ **다양한 모양과 크기의 뚜껑 있는 용기**

- ▲ **평면도형을 만들 수 있는 끈, 모루, 털실 등**

- ■ 입체도형을 만들 수 있는 놀이 찰흙, 밀가루 반죽, 모래 등

- ◇ 움직이며 사용할 수 있는 조리 도구, 악기, 카메라 등

- ★ 집 안의 모습과 그 안에서 일어나는 행위를 여러 가지 시각적 관점에서 촬영한 사진

- ▲ 조작이나 시간의 흐름에 따라 형태가 변하는 것
  반죽, 놀이 찰흙, 물, 모래, 식물, 동물 등

- ✚ 위, 아래, 안, 밖, 건너, 둘레, 통과 등 공간개념을 탐색할 수 있는 물건들
  미끄럼틀, 플레이하우스, 정글짐, 터널, 대형상자, 이불 등

- ■ 수직적, 수평적 대칭이 되는 물건들
  인형 옷, 모래시계, 시소, 장난감 비행기 등

- ◇ 아파트, 공원, 학교, 마을, 집 등 친숙한 장소가 찍힌 사진, 지도, 약도, 평면도 등

- ○ 모양(도형), 사람이나 사물의 배열, 장소 및 공간을 여러 가지 관점에서 다룬 그림책

〈출처〉 Epstein, A. S. The HighScope Preschool Curriculum: Mathematics, p.16, HighScope Press, 2012

측정

"내 키가 더 커", "내가 밥 더 빨리 먹을 거다!", "이 로봇이 (저 로봇보다) 더 힘 세!"

측정하기의 이해는 무언가를 비교하고 싶어 하는 아이들의 강한 호기심에서 시작됩니다. 아이들은 자신을 다른 사람과 비교하거나 물건과 물건, 또는 사건을 비교하는 것을 무척 좋아하지요. 아이가 '측정'을 이해하는 과정은 사람이나 사물, 사건 등의 특징이 측정될 수 있음을 아는 것 이외에도 측정한 결과를 비교할 수 있음을 깨닫는 것입니다. 즉, 길이나 면적, 부피, 속도, 시간 같은 측정 범주 안에서 '더 길고 짧음', '더 크고 작음', '더 많고 적음' 등과 같은 용어들을 사용하여 자연스럽게 비교하고 어림해서 차이를 예측하고 확인하는 것이지요. 이 과정에서 아이들은 자나 타이머처럼 표준화되어 있거나, 막대기나 끈처럼 표준화되어 있지 않은 도구를 동원해서 다양한 '측정' 방법을 탐색하게 됩니다. 이러한 경험이 반복되면서 단위의 기능이나 정확한 측정의 기본 원리 등을 자연스럽게 알아가게 되지요.

측정에 대한 이해를 높이는 데는 아이의 성장 및 성숙의 정도보다 경험이 더 큰 영향을 발휘하지만, 그럼에도 불구하고 몇 가지 공통된 기준이 있기는 합니다. 그중 하나는 길이에 대한 측정이 먼저 시작된다는 것입니다. 전문가들에 따르면 길이에 대한 이해는 보통 만 3세 전후에 시작된다고 하는데, 처음에는 두 개의 사물을 직접 대보며 비교하는 방법을 사용합니다. 그러다가 끈이나 막대기 같은 표준화되지 않은 물건을 동원하고, 자 같은 표준화된 측정 도구를 사용하면서 단위에 대한 개념을 조금씩 키우는 것이지요. 측정에 대한 이해는 수 개념의 발달 정도와도 밀접한 관련을 가집니다. 아이가 눈금에 표시된 숫자를 읽을 수 있으면 더 정확하고 정교하게 차이를 비교할 수 있게 됩니다.

유아기에도 면적이나 부피에 대해서 비교하고 어림하고 예측하는 경우가 종종 있습니다. 간식 그릇에서 더 커 보이는 과자를 고르고, 컵에 담긴 주스의 양을 비교하면서 더 많이 담긴 컵을 선택하기도 하지요. 하지만 면적을 측정하려면 길이와 폭, 두 가지 요소를 생각해야 하고, 부피를 측정하려면 여기에 높이까지 고려한 한층 더 복잡한 사고가 요구되기 때문에 유아기에는 정확한 측정을 기대하기 어렵습니다. 그렇지만 다양한 퍼즐을 맞춰보고, 색종이를 잘게 잘라 꾸며보는 모자이크 미술 놀이 등은 면적을 가늠해보는 경험을 제공해줍니다. 큰 그릇에 물이나 모래를 채운 후 작은 그릇에 나눠 담거나, 장난감 트럭에 큰 블록과 작은 블록을 실어보면서 부피 측정의 개념도 조금씩 자라게 되지요.

측정의 기회는 이렇듯 일상생활 속에서 얼마든지 만들 수 있습니다. 아이들은 비교하려는 호기심이 강하기 때문에 이 호기심을 사람이나 사물, 사건을 측정할 수 있는 기회로 유도한다면 다양한 방식의 배움이 일어날 수 있습니다. 누구 키가 더 큰지, 누구 가방이 더 무거운지 등에 관한 아이들의 호기심을 측정의 기회로 바꾸는 겁니다. 바닥이나 벽에 각자의 키를 표시하고 직접 재보는데, 막대기나 블록 같은 비표준화된 측정 도구를 사용할 수도 있고, 줄자 같은 표준화된 측정 도구를 사용할 수도 있습니다.

비교에 대한 호기심이 아니더라도 일상에서 측정과 연결시킬 수 있는 경험은 많습니다. 동생이 얼마 동안 그네를 타고 있는지, 그래서 내 순서가 되려면 얼마나 더 기다려야 하는지도 측정이지요. 이런 상황에서는 모래시계를 이용하거나, 아이가 숫자에 대한 개념을 가지고 있다면 타이머를 사용해보는 것도 좋은 방법입니다. 또한 간식 시간이나 식사 시간에 먹는 음식들의 뜨거움과 차가움, 달고 짠 정도, 씹히는 소리, 색깔 등을 이야기하는 것도 온도, 염도, 당도, 소리의 세기, 채도 등과 같이 측정 가능한 특성의 차이를 경험하고 비교해볼 수 있는 기회가 됩니다.

측정과 관련된 용어를 들려주고 아이들이 해당 단어를 사용할 수 있도록 격려하는 것도 좋은 방법입니다. 새로운 단어를 이해하고 직접 사용하려면 다양한 상황에서 자주 들어보아야 하니까요. 특히 아이의 생활과 직접적인 연관이 있으면 효과는 더욱 큽니다. 측정과 관련된 용어는 ▶길이(높이), 시간, 부피, 무게 등과 같이 측정할 수 있는 특징을 나타내는 단어와 ▶길고 짧음, 빠르고 느림, 더 무거움, 제일 가벼움 등과 같이 특징을 묘사하고 비교하는 단어, 그리고 ▶센티미터, 킬로그램, 컵, 도(度) 등과 같이 측정 단위를 나타내는 단어, 마지막으로 ▶저울, 온도계, 자 등과 같이 측정 도구를 나타내는 단어로 나눌 수 있습니다. 아이들은 일상 속에서 측정에 관련된 용어를 반복해서 경험하면서 측정과 단위에 대한 개념을 조금씩 확장시킵니다. 물론 아이들이 용어의 의미를 모두 이해하기를 기대할 수는 없습니다. 다만 다음과 같은 이야기를 다양한 상황에서 반복해서 들려줌으로써 조금씩 익숙해지도록 하는 것이지요.

"지영이 이마가 따뜻한 것 같아. 몇 도나 되는지 온도를 한번 재볼까? (체온계로 재고 나서) 37.5도야. 약간 열이 있네. 얼음주머니를 이마 위에 올려서 열을 내려야겠다."

"비행기 화물칸에 실을 짐은 23킬로그램을 넘으면 안 된대. 짐을 저울 위에 올려보자. (저울에 나타난 숫자를 보며) 우리 짐은 21킬로그램이야. 21킬로그램은 23킬로그램보다 가벼우니까 비행기 화물칸에 실어달라고 할 수 있겠다."

측정의
기초 개념 형성에
도움이 되는 물건들

○ **다양한 특징을 측정해볼 수 있는 물건들**
다른 길이의 막대기, 다른 크기의 블록, 여러 가지 소리를 낼 수 있는 악기(소리의 세기, 혹은 소리의 거침과 부드러움), 다른 무게의 콩주머니, 소요 시간이 다른 모래시계나 물시계 등

★ **비교하여 순서를 매길 수 있는 세트로 된 물건들**
크기별로 겹쳐 담을 수 있는 계량컵이나 계량스푼, 크기별 블록, 그림 붓, 드럼, 대-중-소 크기의 용기 등

▲ **시작과 끝을 알리는 데 사용할 수 있는 물건들**
타이머, 모래시계, 악기, 녹음기 등

✚ **측정하는 데 사용할 수 있는 표준화되지 않은 도구들**
끈, 막대기, 리본, 블록, 큐브, 타이머, 여러 가지 모양과 크기의 용기 등

- ○ 측정하는 데 사용할 수 있는 표준화된 도구들
  자, 줄자, 저울, 시계, 방안지, 온도계, 계량컵, 계량스푼, 눈금이 새겨진 실린더나 비커 등

- ★ 사람, 사물, 사건의 다양한 크기, 무게, 부피, 소리, 온도, 속도, 기간 등이 묘사된 그림책

- ▲ 측정을 통해 문제를 해결하는 상황을 담은 그림책

〈출처〉 Epstein, A. S. The HighScope Preschool Curriculum: Mathematics, p.16 HighScope Press, 2012

아이의 과학적 사고를 발달시키는 대화법

일상에서 과학하기

'과학'이라는 단어가 들어가면 왠지 거창할 것 같은, 아니 거창해야만 한다는 느낌이 듭니다. 아이의 과학교육을 위해서 책 한 세트 정도는 사줘야 할 것 같고, 과학 키트를 동원해서 그럴싸한 활동도 함께해야 할 것 같습니다. 과학관, 박물관 등에서 정기적으로 운영하는 체험 교육 프로그램도 참여해야만 부모 노릇을 제대로 하는 것 같지요. 물론 책이나 과학 키트, 체험 교육 프로그램이 도움이 안 된다는 이야기는 아닙니다. 아이들에게 다양한 경험은 무척 중요하니까요. 하지만 부모들이 간과하고 있는 사실이 하나 있습니다. 유아기 아이들에게 과학은 독립적으로 분리된 교과 교육일 필요가 없다는 것입니다. 때문에 과학교육을 따로 프로그램화된 활동으로 계획하거나 기억하고 암기하는 방식으로 접근한다면, 부모나 아이 모두에게 부담이 될 수밖에 없습니다.

과학은 세상이 어떻게 움직이고 순환하고 작용하는지 알고 싶은 아이의 호기심에서 출발합니다. 이 궁금증을 해결하기 위해 아이들은 자신이 가진 감각을 동원하여 적극적인 방법으로 세상에 관여하지요. 과학적 사고는 스스로 관찰하고 경험한 것을 이해하는 과정이 쌓이면서 발달하고 인지 발달과도 상호적인 관련성을 가집니다.

아주 어린아이들은 세상 모든 것이 신기하기 때문에 보고 느끼는 것들을 그냥 받아들이는 경향이 강합니다. 처음 새로운 것을 경험할 때는 그저 흥미롭다고 생각하거나 놀라는 정도일 겁니다. 하지만 그 이후 반복되는 몇 번의 경험들은 아이들로 하여금 이전의 것과 비교하고 유사점과 차이점을 생각하게 만듭니다. 아이가 성장하면서 비슷한 경험이 수차례 반복되면, 아이들은 특정한 상황에서 세상이 어떻게 움직이고 작동하는지 이해하고 일반화시키게 되지요. 그다음에는 어떤 일이 일어날지 예측할 수 있게 됩니다. 자신의 예측(가설)이 옳다는 것을 확인하면 아이는 결론을 내리고 자신의 생각을 다른 사람에게 전달하고 공유합니다.

때로는 이 상항에서 일어날 것이라 기대한 일이 예상했던 대로 발생하지 않는다는 것을 알아차리게 됩니다. 이 순간이 바로 과학적 사고가 시작되는 지점이지요. 예상하지 않았던 일이 일어났을 때 무엇이 문제인지 궁금해하고 이유를 알아내려고 노력하는 바로 그 순간 말입니다. 예를 들면 자석 놀이를 좋아하는 현석이는 쇠로 만든 것은 자석에 붙는다는 사실을 발견하고 나름의 이론을 세웠습니다. 그런데 어느 날 자석에 붙을 것이라고 예상했던 알루미늄 캔이 자석에 붙지 않는다는 사실을 발견합니다. 이 순간 대부분의 아이들은 자신의 생각이 옳다는 것을 확인하기 위해 상황을 반복합니다. 알루미늄 캔을 바닥에 놓고 자석으로 들어 올리려고 시도하고 자석과 알루미늄을 들고 붙여보려고도 합니다. 그다음에는 약간의 변형을 시도해봅니다. 자석을 바꿔서 실험하거나 다른 음료수 캔을 자석에 붙여보기도 하지요. 관찰하고 실험한 것을 바탕으로 아이는 나름의 이유를 찾아내고 새로운 이론을 세웁니다. 아이의 새로운 이론은 엄격한 연구 과정이 아닌 즉흥적인 직관에 의한 것이기 때문에 정확하지 않을 수도 있습니다. 클립이나 옷핀처럼 작은 쇠붙이로만 자석 놀이를 하던 현석이는 "음료수 캔처럼 너무 큰 건 안 붙어"같이 자신의 경험 범위 안에서 성립되는 이론을 만들어버릴지도 모릅니다.

하지만 여기에 부모의 지원이 더해지면 아이는 더욱 체계적으로 연구·조사하고 보다 세련된 방법으로 설명할 수 있게 됩니다. 부모의 역할은 아이의 생각이 맞는지 틀린지를 알려주는 것이 아니라 사고를 확장할 수 있도록 적절한 교구를 추가로 제공하고 지원하면서 스스로 결과를 발견할 수 있도록 돕는 일입니다. 현석이를 위해서는 알루미늄으로 만든 다른 물건들이나 다양한 크기의 쇠붙이를 준비하면 되겠지요. 관찰하고 실험하는 아이 옆에서 "어때? 뭘 발견했니?", "왜 그렇다고 생각해?" 같은 열린 질문으로 아이가 자신의 생각을 정리하고 설명한 후 새로운 결론을 내릴 수 있도록 지원합니다. 함께 이야기를 나누면서 관찰한 것을 정확하게 설명할 수 있는 어휘들을 들려주고, 자신의 생각과 다른 생각을 갖고 있는 사람의 시각과 관점도 경험할 수 있게 도와줍니다.

세상을 탐색할 때 아이들은 과학자들이 사용하는 것과 비슷한 연구·조사 과정을 보이는데 하이스코프에서는 그 과정을 ▶관찰하기 ▶분류하기 ▶실험하기 ▶예측하기 ▶결론 내리기 ▶의견 나누기로 정리합니다. 물론 아이들은 과학자처럼 연구 단계를 엄격하게 진행하지는 못합니다. 상당히 무작위적이고 자연발생적이지요. 하지만 유아기의 과학이란 사고의 '과정'과 '습관'이므로 아이가 과학적 연구 과정의 각 단계에 익숙해지도록 돕는 것이 중요합니다. 누리과정 자연탐구 영역의 과학교육에서 탐구하는 태도와 과정을 강조하는 이유도 이 때문입니다.

과학교육 전문가들은 아이들이 일상에서 보여주는 왕성한 호기심만으로도 모든 아이들은 과학을 할 수 있는 충분한 기질을 가지고 있다고 말합니다. 그리고 아이의 생활과 무관하게 계획된 교육 프로그램보다는 자연발생적인 흥미나 관심이 과학적 사고를 더 효과적으로 발달시킨다고 강조합니다. 따라서 중요한 것은 과학 프로그램이나 과학 키트보다 생활 속에서 아이들이 '과학하는' 순간을 포착하고 지원하는 것이지요. 그러기 위해서는 지금, 여기에서 일어나고 있는 과학적 탐구 현장을 알아볼 수 있는 능력이 필요한데, 아래 열거하는 경험들이 아이의 일상에서 발견된다면 그것이 바로 과학적 배움으로 발전할 수 있는 순간입니다.

- 주변 사물이나 사건에 관하여 질문함.
- 모든 감각을 총동원하여 사물, 생물, 사건 등을 주의 깊게 관찰함.
- 관찰 가능한 특징이나 속성대로 설명하고 비교하고 정리하고 분류하고 순서를 매김.
- 어떤 행위나 현상이 가해지는 대상을 탐색하면서 그에 따른 변화를 알아차림.
- 관찰을 확장하기 위해 여러 가지 도구를 사용함.
- 예측하고, 자료를 수집하여 분석하고, 규칙성을 발견하고, 결론을 내리기 위해 간단한 연구·조사 과정에 참여함.
- 그림이나 단순한 그래프, 쓰기나 동작 같은 다양한 형태를 통해 자신

이 관찰한 것에 대한 의견, 설명 등을 표현하고 기록함.
- 다른 사람들과 협력해서 작업함.
- 의견을 나누고 토론하며 새로운 시각과 관점을 경험함.

<출처> Neill, P. Real science in preschool: here, there and everywhere, p.4, HighScope Press. 2008

우리 일상 곳곳에 숨어 있는 과학적 의미와 지원 방법을 ▶관찰하기 ▶분류하기 ▶실험하기 ▶예측하기 ▶결론 내리기 ▶의견 나누기의 여섯 가지 과정으로 나누어 소개하겠습니다.

관찰하기

'관찰'이란 목적이나 의도를 가지고 무언가를 더 알아보기 위해 주의를 집중하는 행위입니다. 슬쩍 한번 쳐다보는 것과는 분명히 다르지요. 이는 '과학을 하기' 위한 아주 중요한 행위로 세상을 알아가기 위한 첫 번째 단계이기도 합니다. 아이들은 세상에 대한 정보를 수집하기 위해 주로 감각에 의존합니다. 사물이 어떻게 보이고, 어떤 소리가 나는지, 냄새와 맛은 어떤지, 그리고 어떤 느낌이 드는지 자신의 신체를 동원하며 배워가지요. 이 과정에서 사물의 속성과 특성을 발견하고, 다른 것과 무엇이 같거나 다른지, 이것이 가지고 있는 것과 가지고 있지 않은 것은 무엇인지 비교하고 분류할 수 있게 됩니다.

관찰하는 능력은 경험이 쌓일수록 향상됩니다. 다른 발달 영역과 마찬가지로 관찰하는 능력 또한 단순한 것에서 복잡한 것으로, 독립적인 것에서 복잡하게 연결된 형태로 진화합니다. 신체감각을 통한 단순한 관찰에서 내가 한 행위가 물건의 속성에 어떤 영향을 미치는지에 대한 관찰로 발전하지요. 이렇게 아이의 관찰 범위가 세밀해지고 상호연관성에 대한 인식이 생기면 자신의 과학적 발견을 묘사하고 설명하는 능력도 향상됩니다. 즉, 신체적인 것에서 언어적인 것으로 발전하지요.

그래서 아이들의 오감을 자극할 수 있는 환경이 무척 중요합니다. 왜냐하면 개별 대상의 속성이나 대상들 간의 유사점과 차이점을 발견하는 인지능력은 충분한 직접경험 없이는 발휘되기 어렵기 때문이지요. 타고난 감각을 총동원하여 다양한 경험을 할 수 있는 실내외환경은 의미 있는 관찰의 기회를 제공합니다. 다양한 맛과 냄새를 느낄 수 있는 먹을거리나 소리를 경험할 수 있는 악기, 바람의 움직임을 볼 수 있는 바람개비나 풍향계, 다양한 향의 허브, 빛을 이용한 그림자놀이 등은 아이가 관찰을 통해 세상을 배울 수 있는 기회를 줍니다.

만지면 모양이 달라지는 과정을 적극적으로 관찰할 수 있는 오감놀이도 좋습니다. 김장 매트나 대야, 욕조에 밀가루, 모래, 물, 국수, 젤리 등을 담아놓고 아이들이 마음대로 만져볼 수 있도록 하는 거지요. 여기에 그릇이나 숟가락, 색소, 가위, 집게 등을 더해주면 사물의 속성을 직접 실험하며 관찰할 수 있습니다.

이때 물리적 환경만큼 중요한 것은 아이의 의사입니다. 아이는 자신의 감각을 총동원하여 탐색하고 관찰할 자유가 있지만 또 하지 않을 자유도 있습니다. 모든 아이들이 이런 경험을 좋아하는 것은 아니니까요. 부모가 생각하는 교육적 경험이 아이에게는 당황스러운 '테러'로 느껴질 수도 있습니다. 아이에게는 처음 보는 물건을 만지고 냄새 맡는 것을 거부할 권리도 있습니다.

마을 놀이터에서 진행되는 '엉망진창 놀이'라는 프로그램에서도 모든 아이들이 즐겁게 프로그램에 참여하지는 않습니다. 어떤 아이는 인상을 쓰며 몸을 돌려 앉고, 어떤 아이는 한 번 만져보고는 도망가기도 합니다. 아이가 하고 싶지 않거나 그만두고 싶을 때도 아이의 입장이 충분히 수용된다는 안정감을 주어야 합니다. 아이가 받아들일 준비가 되었을 때 언제든 다시 시도하면 되니까요. 또한 자신이 불편해하는 것을 억지로 강요하지 않는다는 믿음은 새로운 탐구를 시도해보려는 용기가 필요할 때 큰 힘이 됩니다.

아이의 관찰을 지원하는 또 다른 방법은 관찰하는 과정에서 아이가 사용하는 언어를 지지하고 확장해주는 것입니다. 사물의 이름(명사)과 움직임(동사)을 나타내는 단어, 그리고 그것을 묘사(형용사, 부사)하는 데 사용하는 단어는 아이들의 관찰력을 향상시킵니다. 대상의 속성을 파악하고 조작 행위에 따른 변화를 관찰하고 인지하는 능력은 해당 어휘력의 향상과 깊은 관련이 있습니다. 따라서 아이와 관찰을 할 때는 관련 있는 어휘를 많이 들려주면 좋습니다.

부모는 "와, 이 밀가루는 정말 부드럽다", "이 젤리는 물컹물컹하네"처럼 한 개의 속성에 집중하다가 대상의 속성을 조금씩 더해 설명합니다. "이 파란색 국수는 길다", "미역줄기는 미끈거리고 질겨"처럼 말이지요. 아이의 관찰 능력이 향상되면 대상의 속성이나 특성에 대한 설명 이외에 원인과 결과에 따른 변화에 대해서도 이야기를 나누어봅니다. 예를 들면 "국수를 가위로 잘랐더니 길이가 짧아졌네", "병 안에 모래를 채웠더니 무거워졌어!" 등입니다. 관련 어휘를 많이 들려주는 것과 동시에 아이가 관찰한 것을 직접 설명하는 것도 중요합니다. "느낌이 어때?", "어떻게 이렇게 만들었니? 엄마도 똑같이 만들고 싶은데", "이게 왜 이렇게 무거워졌지?" 등의 열린 질문은 아이가 지금 관찰한 것을 표현해보도록 유도할 수 있습니다.

분류하기

언어는 인지에 영향을 미치기 때문에 어휘력이 향상될수록 자신의 경험을 이해하고 정리하여 설명하는 기술 또한 높아집니다. 자신이 관찰하여 발견한 것을 언어를 통해 머릿속에 저장하기 때문이지요. 저장된 정보는 아이 안에서 자기만의 범주로 분류되어 다시 정리됩니다. 나름의 체계를 기준으로 저장된 정보는 필요할 때 보다 쉽게 꺼낼 수 있어서 여러 가지 상황에 적용하기도 쉬워집니다. 이 과정이 과학적 연구(조사) 과정의 하나인 '분류하기'입니다. 매일 일어나는 수많은 정보처리 과정에서 분류하기는 아이들이 쌓아가는 지식을 저장하고 찾아 쓰는 데 큰 도움이 됩니다. 지식이 많아질수록 더 다양한 범주로 분류하게 되지요.

아이들의 '분류하기'는 다음과 같이 발전합니다.[37] 아이들은 무언가를 합쳐놓은 무더기 안에서 사물을 하나씩 골라내며 분류하기를 시작하는데, 예를 들면 블록 상자 안에서 동그란 블록만 골라내는 겁니다. 초기 분류 방법은 직관적이며, 아이들은 분류의 기준을 설명할 수 있기도 하고 설명하지 못하기도 합니다. 좀 더 발전하면 '같다/다르다', '그렇다/아니다(않다)', '있다/없다'를 기준으로 속성들을 비교하고 대조하며 분류합니다. 예를 들면 "선생님이랑 나랑은 안경 쓴 게 똑같네",

"(소꿉놀이를 하며) 많이 배고픈 사람은 이거 먼저 먹고, 별로 배고프지 않은 사람은 밥 다 될 때까지 기다려", "애네(공룡)들은 둘 다 초록색인데 이건 뿔이 있고, 이건 뿔이 없어" 등이지요.

다음 단계에서는 "기찻길(블록) 중에서 휘어진 것만 골라야 해"처럼 하나의 속성을 가진 범주 안에서 다시 분류를 하여 하위 범주를 만들어냅니다. 가장 높은 수준의 분류하기는 "숲속에 사는 동물들만 모아놓았네", "집게가 있는 바다동물들이 여기 사네"처럼 다른 사람이 분류해놓은 것을 보고 그 기준을 알아차리고 설명할 수 있는 단계입니다. 이 단계의 아이들은 한 집단이 가지고 있거나 가지고 있지 않은 하나 이상의 공통된 속성을 발견하고, 그 집단에 들어갈 수 있는 사물과 들어갈 수 없는 사물을 설명해내기도 합니다.

'분류하기'의 교육 기회는 일상 곳곳에 있으며 이 책에 실린 '아이에게 안정감을 주는 장난감 정리법(142p 참고)'의 물건 수납과 정리 방법을 대표적인 예로 들 수 있습니다. 비슷한 속성이나 기능을 가진 물건들을 한군데 모아 정리하면서 그것들의 유사점과 차이점을 경험하고 이해할 수 있게 하는 것이지요. 예를 들면 그림을 그리거나 필기하는 데 필요한 물건을 한데 모아 정리하면서 질감, 색감 같은 특성과 기능의 차이를 경험하고 발견할 수 있는 기회를 주는 겁니다.

아이와 함께 산책을 갈 때도 '분류하기'의 교육 기회는 있습니다.

자연은 나뭇잎, 열매, 잔가지, 돌멩이 등 분류 가능한 수많은 재료를 제공합니다. 꽃은 꽃대로, 가지는 가지대로, 나뭇잎은 나뭇잎대로 분류해봅니다. 빨간색 단풍잎과 노란색 단풍잎, 휘어진 잔가지와 곧은 잔가지도 세분하여 나눠볼 수 있겠네요. 산책길에 아이들에게 작은 바구니를 하나씩 주고 사물을 모아보도록 해보세요. 수집해서 분류한 것들은 소꿉놀이, 콜라주, 찰흙 놀이 등에 다양하게 활용할 수 있습니다.

물건을 수집하고 분류하는 것뿐만 아니라 일상에서 같음과 다름을 생각할 수 있는 기회를 제공하는 것도 분류의 개념을 향상시키는 데 좋습니다. 과일을 먹으면서 귤과 오렌지는 어떤 점이 비슷한지, 어떤 점이 다른지 이야기해보는 겁니다. 우리 가족과 다른 가족을 비교하며 유사점과 차이점을 이야기해보는 것도 좋습니다. 형제자매는 몇 명인지, 할머니, 할아버지와 함께 살고 있는지, 반려동물이 있는지 등을 비교해보는 것이죠.

같음과 다름에 대한 사고를 확장시키고 개념을 직접 설명하는 기회를 주기 위해서는 아이에게 같도록 혹은 다르도록 만들려면 어떻게 해야 하는지 물어보는 것도 좋은 방법입니다. "성희가 빚은 송편이랑 엄마가 빚은 송편이 똑같아서 나중에 누가 만든 건지 구별이 안 되겠다. 어떻게 하면 좋을까?"처럼 말이죠.

또한 '분류하기'는 어떤 것이 특정 속성을 가지고 있지 않다는 것을 알아내는 능력도 수반하기 때문에 '없다'와 '아니다(않다)'의 개념을 충분히 경험하는 것도 중요합니다. 그런데 '없다'와 '아니다(않다)'를 이해하기 위해서는 '있다'와 '그렇다'의 개념적 경험이 충분해야 합니다. 일상에서 '없다/아니다', '있다/그렇다'를 구분할 수 있는 기회를 자주 가지면 아이의 분류하기 능력 발달에 큰 도움이 됩니다. 예를 들면 "엄마 코트에는 모자가 없는데 아빠와 미라 코트에는 모자가 달려 있네", "아빠가 오늘 저녁에 떡만둣국을 먹고 싶다고 하셔서 끓였는데, 엄마는 만두 빼고 떡만 담아서 떡국이 됐어"라고 말하면서 개념을 경험하게 해주는 것이지요.

실험하기

아이들은 다음과 같은 이유로 실험을 합니다. 첫 번째 이유는 관찰의 연장 차원에서 세상을 탐색하기 위한 것으로, 컵에 담긴 물을 국그릇에 쏟아본다거나 귤 조각을 손에 쥐고 짓이겨봅니다. 두 번째 이유는 생활 속에서 순간순간 부딪치는 문제를 해결하기 위해서인데, 입구가 좁은 병에 모래를 담고 싶은데 잘 안 될 때 같은 경우입니다. 꽃삽으로 모래를 퍼서 병 입구에 부어보지만 대부분 밖으로 떨어져버립니다. 주먹으로 모래를 한 움큼 쥐고 조금씩 모래를 병 속에 집어넣거나, 깔때기를 사용하는 등 한 가지 이상의 방법을 시도하며 해결책을 찾아봅니다. 세 번째 이유는 자기가 생각한 것이 맞는지 확인하기 위해서입니다. 물놀이 때 가지고 놀았던 물레방아에 모래를 부어도 돌아갈 것이라고 생각하고 이를 확인해봅니다. 마른 모래를 부었을 때는 잘 돌아가지만 축축한 모래는 자꾸 걸려서 잘 돌아가지 않습니다. 이렇게 아이들은 사물을 직접 조작하면서 행위에 대한 결과를 관찰하고 세상을 배워갑니다.

실험하기의 핵심은 '원인과 결과를 발견하는 과정'입니다. 처음에는 주변에서 벌어지는 일을 우연히 관찰하지만 차츰 발생한 일의 인과관계를 의식적으로 알아차립니다. 아기들은 별 생각 없이 이런저런 행동을 하고 발생하는 결과를 무작위로 관찰합니다. 하지만 성장하면서 어떤 특정한 행위가 그에 따른 결과를 만들어낸다는 것을 인지하게 되지요. 원인과 결과의 경험이 축적되어 전후 관계를 정리할 수 있는 능력이 생기면 아직 일어나지 않은 행위의 결과를 예측하기도 합니다. 자신만의 가설을 만들고, 그 가설이 맞는지 확인하기 위해 다시 실험을 하기도 합니다. 발달이 진행되면서 아이의 실험하기는 차츰 목적과 의도를 가지기도 하지만 대부분은 무작위적이고 시행착오적입니다. 하지만 경험의 축적은 다음의 사례들처럼 조금씩 체계적인 논리로 발전해나갑니다.

지난여름 마을 놀이터에서의 물놀이를 관찰하면서 다양한 발달 단계에 있는 아이들의 '실험하기'를 목격할 수 있었습니다. 만 2세 우진이는 빈 페트병을 풀장 물속으로 쑥 집어넣어 뽀글뽀글 거품을 내며 물이 병 속으로 들어가는 것을 관찰합니다. 병 속의 물을 풀장 밖으로 쏟아내기도 합니다. 특별한 의도가 있는 것은 아닙니다. 단순한 호기심으로 페트병에 물을 채우고 바닥에 쏟으면서 그 모습을 관찰하는 것이지요. 같은 연령의 예빈이는 어른이 빈 페트병에 깔때기를 꽂아주자 그 위로 물을 부어 병 속에 물을 채워봅니다. 입구가 좁은 병에도 깔때기를 꽂으면 흘리지 않고 물을 쉽게 채울 수 있다는 것을 실험을 통해 관찰하는 것이지요. 물론 예빈이는 깔때기의 원리나 기능까지는 이해하지 못할 겁니다. 하지만 실험을 통해 경험하는 것만으로도 아이들에게는 의미가 있습니다.

만 3세 시온이는 아스팔트 바닥에 분필로 그림을 그리며 놀다가 물을 섞어봅니다. 분필 가루에 물이 섞이니 물감을 풀어놓은 것 같습니다. 시온이는 한참 그 질감과 색감을 즐기며 놀다가 분홍색과 주황색이 섞인 부분에 새로운 색이 생기는 것을 발견합니다. 주황색과 분홍색을 번갈아가며 조금씩 더 섞어보면서 색의 변화를 관찰합니다.

만 4세 산이는 두 가지 색을 혼합하여 새로운 색을 만들어내는 경험은 충분히 가지고 있습니다. 물감 놀이를 할 때나 놀이 찰흙을 가지고 놀 때 이미 많이 해보았거든요. 축적된 경험을 바탕으로 나름의 이론도 가지고 있지요. 산이는 한쪽에는 빨간색, 다른 한쪽에는 파란색 물이 담긴 물놀이 통을 보며 "빨간색 물이랑 파란색 물이랑 섞으면 보라색이 될 거야"라고 예측합니다. 그리고 자신의 이론을 확인하기 위해 직접 실험해봅니다. 빨간색 물 한 컵, 파란색 물 한 컵을 섞어 예쁜 보라색이 된 것을 확인합니다.

거창한 과학실험실이 아니라 일상의 놀이 안에서도 아이들의 '실험하기'는 충분히 일어날 수 있습니다. 하지만 아이들이 관찰한 것을 되돌아보고 비판적으로 성찰하고 정리하도록 도와주지 않으면 피상적으로 끝나고 말지요. 부모의 세심한 관찰과 지원은 무작위적이고 우연한 발견을 논리적인 과학적 사고로 변화시킬 수 있습니다. 먼저 부모는 "이것 봐! 병을 물속에 푹 담그니까 거품이 뽀글뽀글 올라오네!", "우와, 분필 가루에 물을 섞으니까 물감처럼 변했어!"처럼 아이들의 발견을 반가워하고 신기해하며 호기심을 자극할 수 있습니다. 부모의 반응을 보면서 아이들은 자신의 발견에 다시 한 번 주목하고 '왜', '어떻게' 이런 일이 생겼는지 스스로 질문하게 되거든요. 여기에 더하여 "어떻게 분필이 물감처럼 변했는지 궁금하네", "왜 병에서 뽀글뽀글 거품이 올라올까?", "어떻게 이렇게 예쁜 보라색 물을 만들었니?" 등의 열린 질문으로 아이들의 사고를 자극할 수 있습니다. 하지만 부모의 질문에 아이가 대답을 하지 않거나 하지 못해도 전혀 문제 될 것은 없습니다. 반대로 아이의 질문에 부모가 정답을 말해주지 못해도 괜찮습니다. 함께 알아보면 되니까요. 유아기 부모의 역할은 과학적 지식을 전달하는 것이 아니라 '왜', '어떻게' 이런 결과가 나왔는지 궁금해하고 고민해보는 사고 습관을 길러주는 것입니다. 부모와 아이가 행위와 결과에 대해 한 번 더 생각해보고 함께 이야기하는 과정을 통해 아이의 과학적 사고는 점점 자라날 것입니다.

예측하기

어른과 마찬가지로 아이도 어떤 행위나 현상에 대한 결과를 예측할 때는 축적된 경험에 의존합니다. 경험이 많을수록 더 쉽게 예측할 수 있지요. 과학교육에서 '예측하기'는 '관찰하기'와 '실험하기'에 기반을 두지만, 과학적 예측을 가능하게 만드는 인지능력은 언어 영역에서 이야기를 이해하고 결말을 예측하는 과정과 같은 맥락을 가집니다. 즉, 이전에 획득한 정보를 기억해내고, 그 의미를 지금의 상황에 반영하고, 앞으로 어떤 일이 일어날지에 대한 내적 이미지를 만들어 내야 하지요. 따라서 '예측하기' 능력을 키우기 위해서는 다양한 방법으로 사물을 조작하고 변형해보고 결과를 실험하고 관찰하는 경험이 이루어져야 합니다. 임의로 여러 가지 가능성을 예측하는 것만으로는 예측하기 능력이 개발되지 않습니다.

예측하기 능력을 발휘하기 위해서는 과학적 연구(조사) 과정인 '관찰하기', '분류하기', '실험하기'의 요소들을 모두 동원해야 합니다. 과거의 '관찰'과 '실험'의 경험을 반영하고 비슷한 물건을 사용했을 때 관찰했던 것을 상기하면서 '분류'된 범주 안에서 비슷한 현상이 다시 일어날 것인지를 생각해야 하지요. 예를 들면 마을 놀이터에서 놀던 한 아이가 흙으로 만든 케이크를 집으로 가져 가겠다고 했습니다.

부모: 가지고 가서 어떻게 할 건데?

아이: 창가에 두고 말릴 거야.

부모: 창가에 두면 케이크는 어떻게 될까?

아이: 딱딱하게 마를 것 같아.

부모: 왜 딱딱하게 마를 거라고 생각해?

아이: 옛날에 찰흙으로 만들기 했을 때 창가에 두었더니 딱딱해졌잖아.

가설을 세우고 그것이 맞는지 확인하는 작업은 과학적 연구(조사) 과정에서 특히 중요한 요소입니다. 예측하기는 과거의 경험과 그 경험을 통해 얻은 정보를 토대로 앞으로 어떤 일이 일어날지 생각해보는 작업이기 때문에 아이들은 '예측'을 통해 자신의 사고를 더 확장시킬 수 있습니다. 아이들에게 어떻게 될지, 왜 그렇게 생각하는지 말하게 하는 것 또한 사고의 배경이 되는 경험과의 관련성을 다시 한 번 생각하는 기회를 제공합니다. 이 과정에서 아이도 부모도 정확한 정답을 알고 있을 필요는 없습니다. 경험을 바탕으로 결과를 예측해보는 것, 그 예측을 뒷받침하는 논리를 생각해보는 것만으로도 훌륭한 과학적 탐구 과정이 되기 때문이지요.

결론 내리기

과학교육에서 '결론 내리기'는 관찰과 실험을 통해 만들어진 이해 체계를 설명하는 과정이라고 볼 수 있습니다. 새로운 상황에서 얻은 결과가 가지고 있던 지식과 일치하면 아이들은 그 개념을 더 확장시키고 일반화하게 됩니다. 아이들은 결론을 내릴 때 앞에서 설명한 과학적 연구(조사) 과정을 총동원합니다. 지금까지 관찰과 실험을 통해 분류되어 형성된 이해 체계가 새로운 정보와 일치하는지 아닌지를 가늠하고, 기존의 논리를 바탕으로 결과를 예측할 수 있는지 아니면 사고 논리를 변경할 필요가 있는지 판단하는 것이지요. 이러한 연구(조사) 과정이 모두 동원되어야 과학적인 결론을 내릴 수 있습니다.

단지 개인적인 경험만으로 결론을 내리기는 힘듭니다. 광범위한 데이터베이스를 가지고 있어야 하지요. 전문 연구자들이 자신의 연구에 신뢰성과 타당성을 부여하기 위해 큰 샘플을 확보하는 것과 마찬가지입니다. 하지만 아이들은 한 번의 경험만으로 관찰하고 내리는 결론보다 많은 경험을 관찰한 뒤 내리는 결론이 더 정확하다는 것을 인식하지 못합니다. 그러므로 부모가 다양한 경험의 기회를 준 후에 결론을 이끌어낼 수 있도록 지원해야 하지요.

다양한 사물이나 사건을 경험하는 것이 중요하며, 특히 비슷하지만 같지는 않은 것들을 접하게 하여 편협한 사고가 생기지 않도록 돕습니다. 예를 들면 쇠붙이라고 모두 자석에 붙는 것은 아니라는 것, 모든 나무가 물에 뜨지는 않는다는 것 등이죠. 일반 가위와 모양 가위, 수채화 물감과 가루 물감, 크레용과 크레파스, 스테이플러와 클립처럼 비슷하지만 조금씩 다른 기능을 가진 물건들을 경험하고 그 차이를 확인하는 것도 좋은 방법입니다. 또한 다양한 성역할이나 인종적, 문화적, 종교적 다양성을 두루 접하는 것도 유연한 사고를 갖는 데 도움이 됩니다.

부모가 아이의 결론이 맞는지 틀린지에만 집중한다면 아이는 결론이 맞았는지 틀렸는지 불안해하거나 자신의 논리를 고집하게 될 수 있습니다. 과학교육에서 결론을 내린다는 것은 인지와 인식, 정서가 모두 수반되는 복잡한 과정이기 때문에 부모의 지원과 격려가 큰 영향력을 발휘합니다.

의견 나누기

"이것 좀 봐!"

어린아이를 키우는 부모라면 하루에도 수십 번씩 듣는 말이지요. 아이들은 자신의 발견을 다른 사람과 나누고 싶어 합니다. 이런 말과 행동은 아이에게 과학적 사고가 일어나고 있음을 알려주는 의미 있는 신호지요. 이때 부모가 적극적으로 아이와 의견을 나누어준다면 아이는 더 세밀하게 관찰하고, 실험하고, 예측하고, 확인하고, 분석하며, 자신의 이론을 만들게 됩니다.

언어는 사고와 추론을 자극하기 때문에 아이와 과학적으로 이야기 할수록 더욱 과학적인 사고를 하게 됩니다. 예를 들면 아이들이 "만약에", "그러면" 같은 언어를 많이 듣고 사용한다면 사건의 인과관계나 연속성에 더 집중하여 관찰하고 추론할 것이라는 거죠. 그리고 듣는 사람이 자신의 이야기에 귀 기울여준다고 느끼면, 정보를 전달하는 데 필요한 여러 가지 요소에 더욱 정성을 쏟게 됩니다.

부모가 들려주는 다양한 단어는 아이들이 무언가를 설명하고 표현하는 능력을 키우는 데 무척 효과적입니다. 다른 영역과 마찬가지로 아이들은 다양한 과학적 어휘를 충분히 반복해서 들은 후에 그 단어를 이해하고 직접 사용할 수 있게 되거든요. 이때 일방적으로 과학적 언어를 들려주기보다는 아이가 자기만의 언어로 편하게 설명하도록 한 후에 아이의 말에 더해서 반응해주는 방법이 좋습니다. 예를 들면 "그래. 나뭇잎 위에 얼음이 얼었지. 엄마도 봤어. 그걸 나뭇잎 위에 서리가 내렸다고 해", "그래. 어항에 물이 줄어들었지. 어항 속의 물이 공기 중으로 증발된 거야" 등입니다.

또한 일상적인 대화에서도 "그러면", "그랬더니", "만약에", "왜냐하면", "때문이야" 등을 자주 사용해봅시다. 이러한 단어는 아이에게 원인과 결과, 사물과 사건이 어떠한 관련성을 가지고 있는지 생각해보게 만듭니다. 예를 들면 "노란색과 파란색을 섞으면 어떻게 될까 궁금했거든. 그래서 섞어봤더니 초록색이 된 거야", "마당에 있는 수도에서 물이 나오지 않는 거야. 왜 그런지 살펴봤더니 날씨가 너무 추워서 얼어버렸기 때문이야" 등입니다.

이때 중요한 것은 편안하게 자신의 생각을 나눌 수 있는 환경과 심리적 분위기입니다. 아이들은 자신의 생각이 틀려도 비판받거나 바보 취급당하지 않을 것이라고 생각해야 합니다. 그러기 위해서는 아이의 생각을 그대로 수용해주는 어른들의 태도가 중요하지요. 거듭 강조하지만 부모의 역할은 맞고 틀리고를 판단하거나 과학적 지식을 정확하게 알려주는 것이 아닙니다. 아이의 발견을 알아주고 함께 기뻐하면서 열린 질문을 던지고, 지난 경험과 연결시켜 아이의 논리를 설명할 수 있도록 지원하는 것이죠.

과학적 사고는 언어 이외에도 그림이나 만들기, 역할 놀이로도 표현할 수 있습니다. 이 과정에서 아이는 자신이 관찰한 것을 더 자세히 돌아보게 됩니다. 예를 들면 그림이나 만들기로 자신이 관찰한 특성들을 적절하게 표현하기 위해 크기나 색깔, 질감 등을 더욱 세밀하게 떠올려보겠지요. 그림 속에 표현된 곤충의 다리, 몸통, 더듬이 등에는 아이의 관찰과 이해가 반영될 겁니다. 부모는 아이가 경험한 일을 표현할 수 있도록 다양한 기회를 제공해야 합니다.

역할 놀이에도 아이가 세상을 어떻게 이해하고 있는지가 반영됩니다. 다현이는 핸들과 계기판으로 운전 놀이를 하면서 안전벨트를 매야 한다고 말합니다. 그러고는 핸들의 오른편 아랫부분에 열쇠를 꽂고 돌리는 시늉을 하며 "어? 왜 시동이 안 걸리지?"라고 말합니다. 자동차에 대한 자신의 관찰과 이해를 놀이 속에서 표현하고 전달하는 것이지요. 따라서 부모가 아이의 놀이에 파트너로 참여하여 필요한 물품을 조달하거나 함께 만들면서 아이가 전달하는 과학적 사고를 읽고 다음 단계로 나아갈 수 있도록 지원할 수 있습니다.

이처럼 과학은 일상에 녹아 있습니다. 과학은 체험 프로그램이나 학습활동에서 배우는 것이 아니라 아이가 스스로 조사하고 연구하며 세상을 발견하는 태도를 배우는 일입니다. 시시때때로 일어나는 아이의 발견에 놀라워하는 모습과 왜 그런지 궁금해하는 모습을 보여주세요. 궁금증은 전염되기 때문에 더 큰 호기심을 불러옵니다. 여기에 함께 생각하고 추론하고 의견을 나누면서 답을 찾아가는 태도를 보여준다면 아이는 분명 과학적 탐구의 과정을 큰 즐거움으로 생각할 겁니다.

세상과 잘 어울리는 아이로 키워주는 대화법

일상에서 사회성 키우기

2016년 늦가을부터 시작된 촛불집회, 헌정 사상 최초로 대통령을 탄핵시킨 국민의 힘이었습니다. 촛불집회 현장에서 우리는 많이 아파했고 많이 분노했지만 동시에 그곳은 뿌듯한 역사의 현장이었습니다. 저희 부부가 지역 부모들과 함께 꾸려가고 있는 마을 놀이터에 놀러 오는 어린 꼬마들도 유모차에 타거나 엄마 아빠 손을 잡고 역사의 순간을 함께했습니다. 훗날 아이들이 자라서 그때 왜 엄마 아빠가 추운 겨울 칼바람 부는 광장에 나갔는지 알게 된다면 그 현장에 있었던 자신과 부모를 무척 자랑스러워할 겁니다.

촛불집회에 다녀온 뒤 아이들의 놀이판은 촛불집회 현장으로 변하기도 했습니다. 블록으로 긴 막대기를 만들고 끝에 노란색 블록을 꽂아 촛불이라며 높이 치켜들고는 "하야하라!", "탄핵하라!"를 외치더 군요. 한 엄마는 사람들이 모인 곳에만 가면 아이가 "○○○를 탄핵하라!"라고 하는 통에 당황해서 손으로 아이의 입을 막았다고 했습니다. 저 역시도 아이들 입에서 나오는 그 소리가 편하지는 않았습니다. 아이들에게 이 상황을 어떻게 설명해야 할까, 그리고 이런 일이 다시는 일어나지 않도록 하려면 아이들을 어떻게 키워야 할까 고민하지 않을 수 없었으니까요.

사회교육 전문가들은 이 영역의 주요 교육목표를 '민주 시민으로서의 역량을 키우는 일'이라고 정의합니다. 민주 시민의 역량이란 ▶역사, 지리, 정치, 경제, 종교, 문화, 환경 등에 관한 기본적인 지식과 ▶필요한 순간에 최선의 판단을 내릴 수 있는 지적 사고능력 ▶공공 생활에 적극적으로 관여하고 참여하려는 민주적 기질을 갖추는 일을 의미합니다.[38] 교육목표는 이렇듯 추상적이고 어렵지만 건강한 시민으로서의 역량을 키우는 일은 결국 일상에서의 작은 노력과 실천에서 비롯된다고 생각합니다. 탄핵을 이끌어낸 촛불혁명이 아무 힘도 없는 시민 한 사람, 한 사람의 작은 움직임에서 시작되었듯 말이지요.

인간은 태어나는 그 순간부터 사회관계에 노출됩니다. 태어나면서부터 아이는 주변에 있는 사람, 사물, 사건과 상호작용하며 세상을 배워가지요. 다른 발달 영역과 마찬가지로 사회(관계) 영역도 필요한 지식이나 기술, 태도가 단순한 것에서 복잡한 것으로 점진적으로 축적되고 서로 관련성을 가지고 진화합니다. 지극히 자기중심적인 것에서 시작하여 시야를 밖으로 확장하고 발전해나가는 것이지요. 그래서 이 시기 아이들의 사회교육은 '나 자신에 대한 이해, 내가 속한 공동체에 대한 이해, 세상에 대한 이해'로 설명됩니다. 누리과정의 생활주제가 '나와 가족', '우리 동네', '우리나라', '세계 여러 나라'로 확장되는 것도 이 때문입니다.

아이들은 가족구성원으로 가족의 일상에 참여하는 것을 시작으로 조금씩 외부로 시야를 넓히게 됩니다. 이 과정에서 내 가족을 넘어 이웃, 지역, 나라, 세계로의 이해가 조금씩 확장되고 사회 정의, 민주적 태도에 대한 기본 개념도 함께 배우지요. 이때 주변 어른들의 도움으로 다양성에 대한 인정과 허용, 협력해서 내리는 의사 결정의 과정을 일상 속에서 경험한다면 앞에서 언급한 '민주 시민으로서의 역량'을 갖춘 사람으로 성장할 수 있을 겁니다.

사회교육 분야는 다른 발달 영역에 비해 새로운 영역으로 분류되기 때문에 아직 진화 중이며 개발 과정에 있는 내용이 많습니다. 하이스코프에서도 2007년 '주요 발달 지표 Key Developmental Indicators'가 발표되면서 교육 과정에 '다양성', '공동체 역할', '의사 결정', '생태학' 같은 항

목이 새롭게 추가되었습니다. 하지만 분명한 것은 사회 발달 영역도 단순한 것에서 복잡한 것으로, 나를 중심으로 한 관점에서 다른 사람의 입장을 생각하는 태도로 발전한다는 겁니다. 따라서 유아기에는 아이들의 실생활과 직접적으로 연관 있는 구체적인 경험을 충분히 제공하는 것이 사회인지적 개념을 이해하고 능력을 확장하는 데 도움이 됩니다. 생활 속 사회교육 방법은 다음에 이어지는 세 가지 범주에서 설명될 수 있겠습니다.

사회에 대한 기본적 지식

우선 아이가 사회와 관련된 다양한 개념을 얻을 수 있도록 구체적인 경험을 제공합니다. 유아는 의미 있는 경험이나 소통, 성찰을 바탕으로 구체적이고 특정적인 것에서 일반적이고 추상적인 것으로 서서히 사고를 전환합니다. 따라서 가족, 친구, 이웃, 선생님 등 개개인의 생활 방식에 대한 이야기를 나누면서 집집마다 종교, 언어, 저녁 시간이나 주말을 보내는 방식, 먹는 음식, 듣는 음악이 다르다는 것을 알 수 있지요. 구체적인 사례를 통해 사회구조의 복잡성과 다양성에 대해 차츰 이해하는 것입니다. 물론 아이가 복잡한 사회구조를 지식으로 이해할 필요는 없습니다. 부모가 들려주는 이야기를 통해, 주변 사람들의 다양한 사례를 통해 사회 구성원의 여러 모습을 탐색할 수 있는 기회를 가지면 됩니다.

> "도현이네 아빠는 무대에 영상을 설치하시고, 하율이네 아빠는 페인트로 집을 칠하시는구나. 세상 사람들은 각각 다른 직업을 가지고 있지."
> "석진이는 할머니 집에 걸어가는데, 이안이는 할머니 집에 가려면 네 팔까지 비행기를 타고 가야 하지."
> "민지는 할머니, 할아버지, 엄마, 아빠랑 같이 사는데, 선생님은 엄마

랑 둘이서 살아."

"주희 엄마는 일하러 가시고 주희 아빠는 집에서 동생을 돌보시는구나."

이때 중요한 것은 사회를 구성하는 사람들의 다양한 모습을 예외적인 것이 아닌 보통의 생활 방식으로 대하는 태도를 취하는 것입니다. 그러기 위해서는 부모 먼저 '다름'을 판단과 비교 없이 받아들이고 존중하는 본보기를 보여야 합니다. 나와 다른 것과의 만남을 일상적으로 받아들일 수 있게 도와준다면, 아이들은 어떤 '다름'이라도 선입견 없이 전체의 일부로 받아들일 수 있습니다.

또 한 가지 기억해야 할 것은 어떤 사람을 다른 사람과 구별 짓는 '다름'뿐만 아니라 '닮음(유사함)'도 다양성과 연관되어 있다는 사실입니다. 분홍색을 좋아하고, 생선을 좋아하고, 언니가 있고 오빠가 있는 것처럼 어떤 것은 비슷하고 어떤 것은 다르다는 사실을 아무렇지 않게 받아들일 수 있는 분위기를 만드는 일은 사회를 구성하는 다양한 모습을 존중하는 출발점입니다.

판단하는 사고능력 키우기

다음 단계는 아이가 사회적 행동과 관련된 개념을 배울 수 있는 구체적인 경험을 제공하는 것입니다. 사회적 행동에 대한 개념이란 어떤 행동에 대한 '사회적 기준'과 어떤 행동이 '다른 사람에게 미치는 영향력'에 대한 이해를 의미합니다. 일상에서 경험할 수 있는 상황이나 사건에 초점을 맞추어 행동의 사회적 기준이나 영향력을 생각하도록 유도하면 사회적 배려나 협력의 중요성, 공공의 이익 등에 대한 개념을 심어줄 수 있습니다. 다음에 이어지는 부모의 말은 아이가 자기중심적 관점에서 주변 사람들의 입장으로 생각의 폭을 넓힐 수 있는 기회를 제공합니다.

"왜 사람들은 산책할 때 강아지를 끈으로 묶어서 데리고 다닐까? 그냥 강아지 맘대로 뛰어다니면 어떻게 될까?"

"여기 쏟아진 물은 빨리 닦아놓는 게 좋겠다. 사람들이 지나가다가 미끄러질 수 있으니까."

"엄마가 성진이 장난감 정리하는 거 하나도 안 도와주고 휴대전화만 보고 있으면 성진이는 기분이 어떨까?"

내가 한 행동이 다른 사람에게 어떤 영향을 미치는지 생각해보는 기회는 이야기나 책을 통해서도 만들 수 있습니다. 아이들은 직접 경험한 일이 아니더라도 이야기 속의 상황을 이해하거나 자신의 상황을 이야기와 연결시키며 인지적·사회적 사고 능력을 발휘합니다.

앤서니 브라운Anthony Browne의 《돼지책》[39]을 보면, '아주 중요한' 회사에 다니는 피곳 씨와 '아주 중요한' 학교에 다니는 두 아들은 집에서 아무것도 하지 않지요. 집안일은 모두 엄마의 몫입니다. 결국 엄마는 집을 나가버리고 남은 가족들은 집안일의 어려움과 중요성을 깨닫게 됩니다. 그리고 모두가 함께 집안일을 하게 되지요. 피에르 들리에의 《빵을 어떻게 나누지?》[40]도 공정함에 대해 이야기해볼 수 있는 좋은 책입니다. 부지런한 암탉이 밀알을 키우고 수확하고 빻아서 빵을 만드는 과정에서 계속 친구들에게 도움을 청하지만 친구들은 본체만체하지요. 결국 부지런한 암탉 혼자 모든 일을 해야 했고 나중에 맛있는 빵이 만들어지자 친구들이 나누어달라고 합니다. 암탉은 어떻게 했을까요? 아니, 어떻게 해야 할까요? 이런 이야기를 아이와 함께 나누어보는 겁니다. 이를 통해 아이들은 인간 행동의 사회적 기준과 내 행동의 영향력뿐만 아니라 공동체 내에서 구성원의 역할까지 생각해볼 수 있겠지요.

민주적 기질 키우기

마지막 방법은 아이가 공동체의 의사 결정에 참여하고 공동체 안에서 제기되는 문제를 함께 해결할 수 있는 구체적인 기회를 제공하는 것입니다. 어른들은 가끔 공동체 내의 '결정'과 '규칙'을 뒤섞어서 사용합니다. 흔히 '규칙'은 식탁 위에 올라가지 않기, 물은 먹을 만큼만 따라서 마시고 남기지 않기와 같이 부모가 만들고 아이의 행동을 제한하려는 목적이 강하지요. 그런데 '규칙'이 반드시 시민으로서의 역량을 강화하는 것은 아닙니다. 오히려 어떤 규칙은 부모의 편의를 위해 만들어지기도 하지요.

반면에 '결정'은 공동체 구성원의 합의에 의해 만들어지며 개인의 삶과 구체적인 관련이 있습니다.[41] "욕실에서 물기를 완전히 닦고 나오지 않으면 바닥이 젖어서 다른 식구들이 미끄러질 수 있다"처럼 그 결정이 문제 상황과 관련되어 있으면 아이들은 자신이 공동체 구성원의 건강과 안전 문제를 해결하고 있다고 이해하게 됩니다. 또한 "햄스터 집을 어디에 놓을 것인가?", "어떤 비누를 살 것인가?" 등과 같이 결정할 사안이 문제 상황과 관련된 것이 아니라도 아이들은 자신이 공동체의 환경을 관리하는 데 기여하고 있다고 생각하게 됩니다. 자신이 속해 있는 공동체의 문제에 해결 방법을 제안하고 합의하여 결정된 사항을 실행하고 그 방법이 효과가 있는지 평가하는 과정을 통해 아이는 살아 있는 민주주의를 경험합니다. 이런 경험을 거치며 아이는 자신을 '나'에서 '공동체 구성원의 한 사람'으로 전환하여 생각합니다.

물론 유아기에는 자기가 원하는 것만 고집하기 마련입니다. 처음 의사 결정에 참여하는 아이들은 의견을 낸다는 것이 무엇인지도 모를 겁니다. 안건도 제대로 이해하지 못하고, 다른 사람들이 하는 말을 의미도 모른 체 그대로 따라 하기도 합니다. 하지만 좀 더 발전하면 다른 사람의 의견에 자신의 의견을 보충하거나 그것을 보다 구체화시키면서 의사 결정에 참여할 수 있게 됩니다. 그러다가 아이가 해당 주제에 대해 깊이 생각할 수 있는 사고력과 자신의 제안이 어떻게 실행될지 그릴 수 있는 능력을 갖추게 되면 새로운 아이디어를 제안하기도 합니다. 인지적·사회적 능력이 발달되어 자기중심적인 생각에서 벗어나 무언가를 결정하는 데 다른 사람의 생각을 고려할 줄 알게 되는 것이지요. •Part 2의 <친구, 형제와 다투고 있는 아이에게 말 걸기>를 참고해주세요.

건강한 시민 의식은 자신의 행동이 세상에 긍정적인 영향을 미칠 수 있다는 믿음에서 출발합니다. 이러한 믿음은 자신의 행동에 책임 의식을 갖게 만들지요. 따라서 아이가 자신의 선택과 결정이 다른 사람에게 어떤 영향을 미쳤는지, 그것이 구성원 간의 협력과 상호 호혜적인 관계를 만드는 데 어떠한 영향을 미쳤는지 생각해보는 경험은 무척 중요합니다. 흔히 부모들이 행동의 인과관계를 이야기할 때는 아이의 비사회적인 행동이 가져온 부정적 결과에 초점을 맞추는 경우가 많습니다. 하지만 스스로의 능력을 믿을 수 있는 아이로 키우고 싶다면 아이의 행동이 가져온 긍정적인 변화를 자주 경험하게 해주어야 합니다. 아이의 행동이나 함께 진행한 의사 결정이 공동체의 즐거움이나 효율성, 연대감 등을 높여주었다면 그것을 인정하고 알아주는 작업이 필요하지요.

"미영이가 유리 재활용 상자에 넣은 주스 병은 다시 깨끗한 주스 병으로 만들어질 거야. 미영이 덕분에 지구가 깨끗해지겠네!"
"구역을 나누어 집을 정리했더니 정리가 빨리 끝났네. 덕분에 산책을 더 빨리 갈 수 있게 됐어."
"할머니의 60번째 생신에 우리 가족 모두가 힘을 합쳐 만들어드린 카드를 할머니가 정말 좋아하셨지!"

다시 촛불집회 이야기로 돌아가볼까요? "하야하라"와 "탄핵하라"가 무슨 뜻인지도 모르면서 신 나게 외치고 다니는 아이들 때문에 난감한 상황에 놓였다고 합시다. 그저 당황하며 아이의 입을 막거나, 다시는 아이들을 데리고 집회에 가지 않겠다고 다짐하는 것은 아이의 배움과 성장에 도움이 되지 않습니다. 특정 인물에 대한 비난이나 촛불에 대한 폄훼로 흑백논리를 펼치는 것 역시도 아이의 사고를 가로막습니다. 오히려 이를 계기로 왜 수많은 사람들이 그 자리에 모였는지, 다른 사람의 아픔에 공감한다는 것이 무엇인지, 대표자를 뽑는다는 건 어떤 의미인지를 아이의 눈높이에서 이야기해주는 게 좋습니다. 여기에 더해 "하야하라"를 외칠 때와 장소를 알려주는 것도요.

몸으로 하는 세계화

재미있는 이야기를 하나 해드릴까요? 결혼 전, 직장 생활을 할 때의 이야기입니다. 저와 같은 파트에서 일하던 직속 선배 한 분이 있었습니다. 어린 시절 외교관이었던 아버지를 따라 독일에서 자랐기 때문에 독일어와 영어는 기본으로 구사하고 전공이 불문학이라 프랑스어까지 구사하는 세계화 인재였습니다. 본인은 프랑스어를 공부하느라 독일어를 많이 잊어버렸는데, 동생들은 독일어를 유창하게 구사한다고 했습니다. 선배의 어머님은 자식들을 앉혀놓고 "내 자식 교육의 모토는 세계화"라고 강조하셨답니다. 그때가 1996년, 김영삼 정권이 한창 '세계화'를 강조하던 시절이었으니 시대감각이 무척 뛰어난 어머니셨지요. 어느 날 선배의 여동생이 결혼을 하겠다며 독일 남자를 데리고 왔답니다. 그런데 어머니의 태도가 갑자기 달라지셨답니다. 외국인은 절대 안 된다며 완강히 반대하셨던 거죠. 그 독일 청년이 맘에 들었던 선배와 남동생은 지원 사격에 나섰답니다. "만나보니 참 좋은 사람이더라." "그동안 '세계화'가 자식 교육의 모토 하시지 않았느냐." 이런 요지였답니다. 하지만 어머니는 뜻을 굽히지 않고 자식들의 말을 한마디로 일축해버리셨습니다.

"아직 세계화는 말로만 할 때지 몸으로 할 때가 아니다."

선배 어머님의 이 명언은 동료들의 식사 시간, 간식 시간에 두고두고 회자되었습니다. 지금 돌이켜 생각해보니 어쩌면 선배 어머님은 시대의 흐름을 제대로 읽고 계셨는지도 모르겠다 싶습니다.

그로부터 20여 년이 지났습니다. 우리 사회는 더욱더 세계화가 되었습니다. 굳이 통계 자료를 들이대지 않더라도 길거리에서 외국인을 보는 것이 전혀 낯설지 않은 시대지요. 선배 어머님의 표현을 빌리자면 바야흐로 세계화를 '몸으로 해야 하는' 시대가 온 것 같습니다. 요즘은 '세계화' 대신 '글로벌 리더'라는 말을 사용합니다. 주위에서 영어 유치원을 어렵지 않게 볼 수 있고, 미국 내 외국인 유학생 여덟 명 중 한 명은 한국인이라고 하더군요. 필리핀에 있는 국제학교에서는 한국인 비율을 제한할 만큼 우리나라 유학생이 많다고 합니다. 영어 유치원을 시작으로, 초등 3~5학년 즈음 조기 유학 몇 년, 대학 때 어학연수 몇 년은 선택이 아닌 필수라는 말까지 나옵니다. 그런데 여기서 잠깐. 정말 영어만 잘하면 글로벌 리더가 되는 걸까요? 외국에서 공부를 하면 글로벌 리더가 될 수 있을까요?

저희 부부가 정기적으로 참여하는 국제 컨퍼런스가 하나 있습니다. 컨퍼런스는 국제사립학교처럼 부유한 공동체 모임이 아니기 때문에 '경매'를 통해 기금을 마련합니다. 컨퍼런스 참가 신청을 마치면 강요는 아니지만 기금 마련 경매 행사에 관한 이메일이 날아옵니다. 이메일에는 경매를 통해 마련된 기금을 어떻게 사용할 것인가를 안내하는 내용과 함께 "혹시 네가 물건을 내놓는다면 네가 속해 있는 문화가 담뿍 담겨 있는 것이면 참 좋겠다"라는 부탁의 말이 적혀 있습니다. 세계 각국에서 모인 참가자들이 내놓는 물건들은 그 자체만으로도 훌륭한 볼거리입니다. 몇 년 전에 저는 장구를 신명 나게 연주하는 사진 몇 장과 함께 유아용 장구를 내놓은 적이 있습니다. 치열한 입찰 경쟁이 있었고 좋은 가격에 팔렸습니다. 덕분에 참가자와 주최 측에 눈도장을 찍고 감사의 인사도 받았지요.

그런 행사를 경험할 때마다 느끼는 것이 있습니다. 저들은 '나'를 보여달라고 하는데, 왜 우리는 아이들에게 '남'을 먼저 가르치려고 할까? 영어 책을 읽고 영어 동요를 배우느라 우리 이야기를 듣고 전래 동요를 부르고 전래 놀이를 할 시간이 없습니다. 할로윈에 "Trick or treat(장난칠까요, 아님 맛있는 거 줄래요)?"는 신 나게 외치면서, 동지팥죽이나 정월대보름 부럼은 모릅니다. 결국 영어는 유창하게 구사하지만, 그 유창한 영어로 설명할 '나'는 없어지는 게 아닐까요?

세계화는 '나'로부터 시작합니다. 자존감이 없는 아이가 큰 인물이 될 수 없듯이, 내 문화와 그 가치를 모르는 아이는 글로벌 리더가 될 수 없습니다. 여기서 말하는 '내 문화'란 대한민국의 문화보다 더 작은 단위인 '가족'부터 시작합니다. 가족의 고향, 직업, 종교, 음식, 의복, 놀이 문화 등이 해당되겠지요. 이를 알기 위해서는 부모가 가장 좋은 선생님, 집 안이 가장 좋은 교실이 될 수밖에 없습니다. 유아기에는 일상의 소소하고 구체적인 경험을 통해 가족의 문화를 알려주는 것이 가장 바람직합니다.

문화를 가르치고 배우는 데는 간단한 세 가지만 이해하면 됩니다. '무엇을?', '어떻게?', '왜?' 그렇게 하는가에 대한 이해입니다.[42] 예를 들면 강원도 정선 토박이 친구네 집에 놀러 가면 어머니께서 감자로(무엇을) 옹심이를 만들어 뜨끈하게 수제비를 끓여주십니다(어떻게). 먹을 것이 부족했던 시절에는 척박한 땅에서도 잘 자라는 감자가 주요한 식량이었던 것이죠(왜). 그래서 강원도에서는 감자로 만든 요리가 다양하게 발달되었는데 감자옹심이는 퍽퍽한 감자가 쫄깃한 식감으로 변형된 아주 지혜로운 음식입니다. 이렇게 '무엇을?', '어떻게?', '왜?'를 이용하여 짧고 간단하게 설명해주면 됩니다. 아이들이 경험하는 나의 가족 문화에 대한 관심과 이해는 친구나 선생님, 이웃 사람들의 가족 문화에 대한 관심과 이해로 확장됩니다. 이런 경험을 통해 아이는 다른 사람들의 가족 문화와 그 차이를 알고 인정하는 기회를 얻습니다. 이는 곧 우리나라 문화에 대한 관심과 이해로 발전합니다.

그런데 '몸으로 하는' 세계화 시대는 그 주변 사람들의 문화라는 것이 단위가 커졌습니다. 나와 내 친구의 고향이 서울-정선에서 한국-베트남 단위가 되어버린 것이지요. 하지만 단위만 커졌을 뿐 그들의 문화를 이해하는 방법은 우리 문화를 이해하는 방법과 다르지 않습니다. 베트남도 우리와 마찬가지로 쌀 요리(무엇을)가 많습니다. 밥이나 떡처럼 베트남 사람들은 쌀국수나 쌀 종이로 음식을 만들어 먹습니다(어떻게). 베트남은 토지의 영양이 풍부해서 세계 3대 쌀 수출국 가운데 하나일 정도로 쌀농사가 잘된다고 합니다(왜). 특히 북부의 홍강과 남부의 메콩강 삼각주에서 나는 쌀은 무척 유명합니다.

이렇게 '무엇을', '어떻게', '왜' 세 가지로 다른 문화를 이해하고 받아들입니다. 이 과정을 통해 아이들은 다른 사람의 문화와 내 문화가 무엇이 다르고 무엇이 비슷한지를 배웁니다. 내 문화에 대한 이해에서 시작된 세계화는 자기 주변의 문화를 거쳐 점점 더 넓은 세계로 뻗어나갑니다. 이것이 세계화 교육이며 글로벌 리더를 키워내는 방법입니다. 요즘은 해외여행도 자유롭고 인터넷, 박물관, 그림책 등 주변 문화를 간접 체험할 수 있는 방법도 다양해졌습니다. 하지만 민감하게 살펴야 할 부분이 있습니다. 다른 문화의 이해는 생활 속에서 자연스럽게 이루어져야 하며, 어떠한 편견도 있어서는 안 된다는 겁니다. 다문화 가정의 친구를 통해 아이들은 다른 문화를 자연스럽게 접할 수 있습니다. 하지만 다문화 가정의 아이는 어렵고 힘들 거라는 생각을 가지거나 그렇기 때문에 도와주어야 한다는 메시지를 전하는 건 아이의 사고를 편협하게 만들 수 있습니다.

종교에 관해서도 열린 마음을 가져야 합니다. 내가 믿는 종교만이 정당하고 그 외의 종교는 인정하지 않는 태도는 아이를 글로벌 리더로 키우는 데 걸림돌이 됩니다. 20세기에 지구촌에서 일어난 분쟁의 원인이 동서 간의 이념 갈등인데 반해, 21세기 분쟁은 종교와 민족 간의 갈등이 주가 되고 있다는 사실을 주지한다면 더욱 그렇습니다. 아이와 함께 유명한 사찰이나 광화문성공회 대성당, 이태원 이슬람 사원, 익산 원불교 중앙총부, 명동성당, 여의도 순복음교회 등을 다녀보세요. 혹시 눈에 띄는 것이 있다면 아이와 함께 '무엇을', '어떻게', '왜' 세 가지 사항으로 간단하게 알아보세요. 저는 교회 바자회에서 삼소회 수녀님들이 내놓으신 잼, 스님들이 내놓으신 고추장, 정녀님들이 내놓으신 죽염 등을 구입하며 아이와 이야기합니다. 이분들이 무엇을, 어떻게, 왜 그렇게 하는가에 대해서 말이죠.

글로벌 리더 교육은 나와 남을 제대로 이해하는 것, 그리고 서로의 '다름'을 인정하는 것에서 시작합니다. 우리는 모두 다르고, 다른 것은 괜찮은 일입니다. 이 글을 읽고 있는 당신과 제가 다르듯이 말이죠.

아이가 살아갈 새로운 시대, 새로운 교육

4장

훈육, 어떻게 해야 할까요?

'맘충'과 아동학대 사이에서 길 찾기

저희 부부 모두 교육을 공부하다 보니 사람들이 종종 이런 질문을 합니다. "이럴 때는 어떻게 해야 할까요?" '정답'이 있으면 얼마나 좋을까요. 세상에는 마음대로 되는 일이 없다지만, 그중에서도 특히 교육은 정말 쉽지 않습니다. 그래서 자식 '농사'라는 말이 있나 봅니다. 농부는 온 마음을 다해 농사를 짓지만 그 결실은 농부의 정성과 땀만으로 결정되지 않습니다. 그럼에도 불구하고 하늘의 뜻이라고만 생각하기보다 뭔가 지켜야 할 것들이 있을 것 같습니다. 부모님들이 소위 '전문가'에게 가장 많이 묻는 질문이기도 합니다. 그 뭔가를 이제부터 고민해보겠습니다.

어느 식당을 갔더니 '노 키즈 존No Kids Zone'이라는 표지판이 붙어 있었습니다. 이게 말로만 듣던 노 키즈 존이구나 싶어 입맛이 썼습니다. 아이도 우리와 함께 살아가는 사회의 일원인데 너무한 것이 아닌가 싶었습니다. 물론 노 키즈 존이 이해가 가지 않는 것은 아닙니다. 부모가 통제하기 어렵거나 심지어는 통제할 생각조차 않는 막무가내 아이들을 내가 왜 감당하고 있어야 하나 싶은 생각에 이르면 방해받고 싶지 않은 것도 당연합니다.

여기서 하고 싶은 이야기는 아이를 어디까지 훈육해야 하는가에 대한 문제입니다. 아이를 너무 다그치자니 기가 죽어 눈치만 보는 천덕꾸러기가 될 것 같고, 아이가 하겠다는 대로 놔주자니 다른 사람에게 민폐가 될 것 같습니다. 공공장소에서 제멋대로 행동하는 아이들을 보며 눈살을 찌푸린 경험이 있다 보니 나 또한 어딘가에서 눈총을 받고 있는데도 몰랐던 건 아닐까 싶어 가슴이 철렁하기도 합니다. 결국 고민은 내가 내 아이를 제대로 키우고 있는가에 있습니다.

어디서는 아이들을 "꽃으로도 때리지 말라"고 하고 어디서는 "매를 아끼면 아이를 망친다"고 합니다. 어른들의 지혜가 담긴 말이니 모두 맞는 말일 겁니다. 다만 맥락과 상황을 무시한 채 문구 그대로만 받아들이면 문제가 생깁니다. 교육을 종합예술이라고 합니다. 순간순간 알맞은 영감과 기술이 맞닿을 때 비로소 예술적 조화가 일어나기 때문입니다. 이럴 때는 무조건 이렇게 해야 한다는 기계적 적용은 예술이라는 분야와 어울리지 않습니다.

이미 앞에서 매는 매를 부른다고 지적한 바 있습니다. 매를 들어야 하느냐고 묻는 부모님들께 저는 그러시라고 답변합니다. 다만 매는 매를 부르는 법이니 계속 때려야 할 것이고 점점 더 세게 때려야 할 것이라는 말과 함께요. 매가 일으키는 정서적이고 장기적인 부작용보다 단기적인 효과가 중요하다고 생각한다면 얼마든지 때려도 좋다고 합니다. 역설적으로 말했지만 결국 때리는 것이 능사는 아니라는 말입니다. 전통적으로 우리 문화에서는 교사의 위치를 군사부일체(君師父一體)처럼 강한 수직 관계로 파악해왔습니다. 따라서 체벌도 앞에 '교육적'이라는 전제가 붙으면 쉽게 용인되었지요. 한자로 '가르칠 교(敎)'는 '아이 자(子)'와 '칠 복(攵)', '본받을 효(爻)'의 합자이니 교육이란 원래 체벌을 전제로 한다거나, '교편(鞭: 채찍 편)을 잡는다'는 말로 교직을 표현하는 것 역시 이러한 문화의 반영일 것입니다. 얼마 전 아동복지시설 운영자가 공동체 생활의 질서를 지키기 위해 아이의 뺨을 때린 것이 아동복지법의 아동 학대에 해당되지 않는다고 판결한 사례 또한 이런 전통적 분위기를 반영한 것이겠지요. 즉, 한국 사회는 너무 심하지만 않다면 집에서는 교육적 행위로서의 체벌이 오히려 권장되는 가치관을 형성해왔습니다.

교사의 체벌도 마찬가지입니다. 부모들이 선생님께 회초리를 바치는 퍼포먼스도 한다더군요. 어찌 보면 아름다운 모습일 수 있겠지만 자칫 교사나 부모에게 아이를 때릴 권리가 있는 것처럼, 그리고 때릴 권리만 가지면 훈육의 문제가 해결되는 것처럼 오해할 여지도 있습니다. 권위는 존경에서 자연스럽게 우러나는 것입니다. 단순히 회초리로 세워지는 것이 아닙니다. 체벌이 일상적이었던 저의 학창 시절에 '몸으로 때우지' 하는 분위기가 널리 퍼졌던 것, 어느 나이가 지나자 부모의 매를 두려워하지 않게 된 것을 기억해보면 더욱 그렇습니다.

국제사회는 체벌 문제를 단호하게 대처해왔습니다. 1979년 스웨덴이 〈부모 및 보호자법〉에 "체벌이나 여타 모멸적인 대우를 받아서는 안 된다"는 조항을 삽입한 이래 이미 전 세계 43개국은 가정과 교육기관 상관없이 모든 체벌을 금지하고 있습니다. 또한 유엔아동권리위원회는 "아무리 가볍다고 하더라도" "물리적 힘이 사용"되거나 "무시, 조롱, 창피, 비난" 등의 비신체적 처벌을 포함한 "모든 형태의 체벌"은 "예외 없이 모멸적"이기 때문에 "아동권리협약과 양립할 수 없"으므로 금지되어야 한다고 봅니다.

매를 들지 말라니 그럼 훈육을 포기하라는 것이냐고 묻는 분들도 있습니다. 전혀 그렇지 않습니다. 훈육은 중요합니다. 아이들이 스스로 판단할 수 있는 기준을 세우고 그 원칙에 따라 행동하도록 도와주는 것은 매우 중요한 일입니다. 그러기 위해서는 우선 부모가 원칙을 가져야 합니다. 부모부터 흔들리는 원칙은 원칙이 아닙니다. 더구나 아이들은 부모가 어떨 때 흔들리는지 본능적으로 파악합니다. 그러니 원칙을 벗어난 일에는 단호할 필요가 있습니다.

다만 그 원칙을 세우고 지키는 일이 체벌이라는 손쉬운 방식을 통해서 이루어질 수 있다는 환상을 버려야 합니다. 권위란 폭력적인 행위를 동반한 겁박에서 비롯되는 것이 아니기 때문입니다. 권위라는 뜻의 영어 단어 'Authority'는 작가라는 뜻의 'Author'와 같은 어원을 가지고 있습니다. 즉, 세계를 자신의 눈으로 새롭게 해석해낼 수 있을 때 권위가 생긴다는 의미지요. 그러니 부모와 교사의 역할은 아이가 세계를 해석할 수 있는 눈을 기르도록 도와주는 것입니다. 그 과정에는 끊임없는 대화와 소통이 필요합니다.

대화와 소통으로 권위를 세우는 일은 왜 이토록 어려울까요? 우리가 가르치고 배우는 일을 여전히 수직적인 구조로 판단하기 때문입니다. 지식을 가진 사람과 그렇지 않은 사람, 가르치는 사람과 배우는 사람, 보호하는 사람과 보호받는 사람 사이의 상하관계 속에서 교사와 부모는 아이나 학생을 부족한 존재, 하등한 존재, 따라서 나에게 종속된 존재로 바라봅니다. 여전히 우리 사회에 존재하는 '군사부

일체'의 신화는 부모와 교사를 제왕적인 권력자로 군림하게 만들지요. 그래서 내 영역(가정이나 교실) 안에서는 내 마음대로 할 수 있다는 부의식적인 행동이 표출되기 쉽습니다. 여기에 '교육적'이라는 수사가 붙으면 어떤 행위든 용인될 수 있고요.

문제는 이러한 수직 관계를 더 이상 당연하게 받아들이지 않는다는 점입니다. 지금 우리는 수직적인 권위는 붕괴되었는데 수평적인 소통 능력은 전혀 길러지지 않은 과도기적 상황을 살아가고 있습니다. 부모도 교사도 어떻게 아이들과 수평적 관계를 맺어야 하는지 알지 못합니다. 민주적인 의사소통을 배운 적이 없기 때문입니다. 다만 아이들을 물리적으로, 심리적으로, 물질적으로 겁박하면서 원하는 행동을 빨리하기만 원했을 뿐이지요. 다른 방법을 배운 적도, 본 적도 없으니 모르는 것이 당연합니다. 따라서 가정에서부터 체벌의 고리를 끊는 것이 매우 중요합니다.

다시 훈육의 이야기로 돌아오겠습니다. 훈육에는 원칙 있고 엄격한 교육적 태도가 중요합니다. 우리가 흔히 엄격함과 허용적인 태도를 단순화해서 단지 두 가지 양육 태도만을 생각하는 것과 달리 바움린드Baumrind[43]나 쉐퍼Schaefer[44]처럼 부모의 양육 태도를 연구한 학자들은 권위와 사랑을 보다 입체적으로 파악해야 한다고 지적합니다. 권위와 사랑을 두 축으로 두고 부모의 양육 태도를 권위와 사랑이 모두 있는 것, 권위는 없이 사랑만 있는 것, 사랑 없이 권위만 있는 것, 사랑도 권위도 없는 것의 네 가지로 구분하는 것입니다. 사랑도 권위도 없는 것은 무책임한 방치, 사랑 없이 권위만 있는 것은 폭력적 학대이고, 권위 없이 사랑만 주는 것은 무조건적 허용입니다. 좋은 양육 태도는 아이를 충분히 사랑하면서 대화를 통해 함께 원칙을 세우고 그 원칙 안에서 스스로 삶을 꾸려나가도록 도와주는 것입니다.

스스로에게 질문해봅시다. 나는 원칙이 있는 부모인가? 그 원칙은 나 혼자만의 원칙이 아니라 아이와 충분히 대화하고 합의한 원칙인가? 그 원칙은 일방적으로 아이에게만 강요되는 것은 아닌가? 그 원칙을 잘 지키기 위해서 서로 노력하고 있는가? 이 질문들은 아이를 키우는 부모가 스스로에게 끊임없이 해야 할 질문입니다.

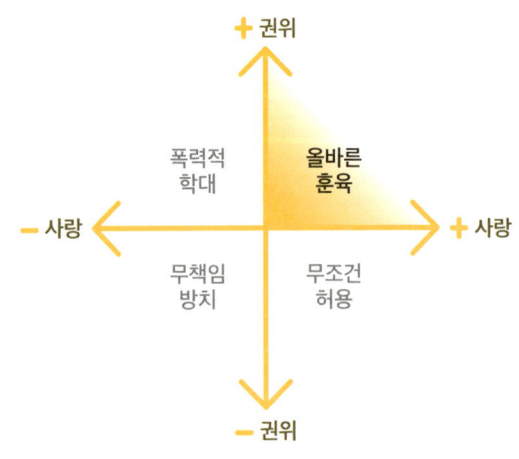

잔소리 좀
안 하고 살 수 없나요?

잔소리의 도(道)

　제가 어릴 적 이야기입니다. 어머니를 따라 저희 가족과 가깝게 지내는 집에 놀러 갔는데 그 집에는 저보다 어린 남자아이가 둘 있었습니다. 큰아이는 제 말을 잘 따르는 반면 작은아이는 사사건건 말을 듣지 않았습니다. 결국 인내심에 한계를 느끼고 녀석의 머리를 한 대 꽉 쥐어박았습니다. 그랬더니 녀석이 큰소리로 "으앙" 하고 우는 겁니다. 거실에 있던 엄마들이 놀라 방으로 들어오셨고, 저는 당황해서 녀석이 얼마나 말을 안 들었으며 제가 뭐라고 야단을 쳤는지 항변했습니다. 그런데 뒤쪽에서 사태를 관망하던 저희 어머니께서 갑자기 큰소리로 웃기 시작하셨습니다. 제가 말 안 듣는 녀석에게 한 말은 모두 어머니께서 제게 늘 하시던 잔소리였거든요. 심지어 억양이나 톤, 강조점까지 똑같이 이야기하는 게 어찌나 신기하고 웃기더라나요.

아이를 키우면서 잔소리 좀 하지 않고 살 수는 없을까 매일 생각합니다. 아기 때는 뭐라고 이야기하면 무서워하면서도 잘 듣다가 어느 나이가 되면 슬슬 말을 듣지 않고, 더 크면 아예 잔소리 자체에 대한 저항이 심해지면서 감정싸움으로 번집니다. 그래서 미운 네 살, 죽이고 싶은 일곱 살이라는 우스갯소리도 있는 거겠지요. 중2병까지 오면 오히려 부모가 눈치를 보는, 전세 역전에 이릅니다. 내가 저 조그만 녀석과 싸워야 하는 건가 싶어 어처구니가 없다가도 알아서 잘하면 잔소리할 일이 있겠나 싶어 더 분해집니다. 시키지 않아도 척척 하는 자식 좀 가져봤으면 소원이 없겠다고 생각하지만 그런 얘기를 입 밖으로 꺼내는 순간 드디어 '엄친아(엄마 친구 아들)'의 신화가 시작되는 거지요. 아이는 아이대로, 부모는 부모대로 감정이 상할 때까지 상합니다. 그래도 잔소리할 일은 또 생기지요. 지난 감정에 이번 일까지 더해져 잔소리는 더 세지고, 아이의 반항은 더 거세지면서 도대체 내가 자식을 키우고 있는 건지, 상전을 모시고 있는 건지 모르겠는 수준까지 옵니다. 그렇다고 잔소리를 하지 않으면 아이를 망칠까 봐 걱정이 되고 일단 눈에 보이는 걸 말하지 않을 인내력이 없기도 합니다. 도대체 어떻게 하면 좋을까요?

결론부터 말하자면 잔소리는 필요하고 또 중요합니다. 앞서 훈육의 필요성을 이야기했지만 부모가 가치관을 세우고 그 원칙을 자식에게 잘 전달하는 것은 (가정)교육의 중요한 기능이기도 합니다. 저의 어릴 적 이야기처럼 저 역시 부지불식간에 어머니께서 했던 이야기들을 내면화하고 저보다 어린아이들에게 똑같은 메시지를 전달한 것입니다. '지속적이고 반복적으로 메시지에 노출되도록 하는 것'은 매우 중요합니다. 다만 그것을 어떻게 잘 전달하고, 의미를 남길 것인가는 고민해야겠지요.

잔소리는 결국 '소리'를 듣는 것입니다. 우리 속담에 "좋은 말도 세 번 하면 듣기 싫다"거나 "듣기 좋은 꽃노래도 한두 번이지"라는 말이 있습니다. 특히 나의 잘못을 지적하는 이야기는 어른들도 직면하고 받아들이기보다는 반발심부터 들지요. 심리학적으로 보면 매우 자연스러운 감정입니다. 인간 심리는 자신을 보호하는 쪽으로 향하기 때문에 외부 자극을 수용하기보다 반발이나 합리화하기 쉽습니다. 오히려 모든 것을 수용하는 태도를 보인다면 자아가 없거나 지나치게 억압당해 복종 기제만 남은, 건강하지 않은 상태일 수도 있습니다. 그러니 우리는 "왜 우리 아이는 자기 잘되라고 하는 소리에 짜증을 낼까?"를 고민해서는 안 됩니다. 그건 당연한 거니까요.

일단 잔소리에 반응하는 아이의 태도가 짜증일 가능성이 높다는 사실을 인정하면, 부모의 고민은 어떻게 아이의 짜증을 최소화할 수 있을 것인가가 되겠지요. 가장 쉬운 방법은 잔소리를 아예 하지 않는 겁니다. 갈등이 생길 일 자체를 만들지 않는 것이죠. 물론 버릇없는 아이, 제멋대로인 아이로 자랄지도 모른다는 각오는 해야 합니다. 잔소리를 하지 않을 수는 없다는 얘기입니다. 그럼, 어떻게 해야 부작용은 줄이고 잔소리는 효과적으로 할 수 있을까요?

첫 번째는 잔소리를 즐기라는 겁니다. 잔소리를 즐기라니, 그게 말이 되느냐고 반문하겠지만 피할 수 없다면 즐기라는 이야기도 있지 않습니까? 자녀를 올바르게 키우기 위해서는 잔소리가 필요함을 인식하고, 내가 어떻게 잔소리를 하느냐에 따라 아이가 다르게 자랄 수 있다는 사명감도 가지고, 이를 통해 아이의 성장에 또 하나의 역할을 했다는 뿌듯함도 느껴야 합니다. 쉽지 않습니다. 그러니까 노력해야 합니다. 머릿속에서라도 그렇게 생각할 수 있도록, 내 잔소리가 아이와의 감정싸움으로 빠지지 않도록 끊임없이 스스로를 자각시켜야 합니다.

두 번째는 감정을 빼야 합니다. 갈수록 태산이지요. 감정을 빼고 잔소리를 하려면 득도의 수준이 되어야 가능하다는 것도 인정합니다. 그럼에도 불구하고 감정을 자제하려는 노력은 잔소리뿐만 아니라 모든 교육에서 중요한 요소입니다. 성질대로 매를 든다면 쉽게 효과를 볼 수 있지만 교육적이지는 않습니다. 만약 유치원이나 학교에서 선생님이 우리 아이를 감정적으로 대한다면 어떻습니까? 교육자는 그러면 안 된다고 하지 않을까요? 그러니 부모도 자녀 교육을 위해서는 감정을 배제해야 합니다. 물론 무조건 감정을 억누르기만 하라는 말은 아닙니다. 건강하게 감정을 표현하고 또 아이의 감정을 인정해주는 것 역시 중요합니다.

세 번째, 감정을 배제하기 위해 사실 위주로 언급하는 연습을 해야 합니다. 도덕적인 판단이나 감정적인 비난은 빼고 사실과 결과 중심으로 이야기합니다. 아이가 온통 장난감을 어질러놓았습니다. "도대체 이게 다 뭐야? 눈뜨고 봐줄 수가 없네. 짜증 나!"라거나 "너는 앞으로 뭐가 되려고 이렇게 정리를 못하니?" 같은 표현은 '어질러진 장난감과 정리 정돈'이라는 주제에 집중하기보다 부모의 화(짜증)나 감정적 공격에 초점을 맞추게 합니다.

세계적으로 유명한 대안학교인 영국의 서머힐 학교의 설립자이자 교육자인 A. S. 닐은 아이에게 도덕적 비난을 하면 심리적으로 움츠러들 뿐 삶을 바꿀 수는 없다고 했습니다. 그래서 교장실의 창문을 깬 학생에게 "어찌 감히 교장실 창문을!"이라거나 "도대체 조심스러운 면이라곤 찾아볼 수도 없는"이라고 권위나 도덕을 앞세우기보다 "네가 창문을 깼기 때문에 나는 창문을 갈아야 하는 비용적 손해와 함께 수

리될 때까지 바람을 견뎌야 하는 문제가 생겼다"고 담담히 이야기했다고 합니다. 그리고 그 두 가지 문제를 어떻게 해결하면 좋을지 함께 논의하고 그 해결책을 직접 선택하여 책임지도록 도와줬다지요. 자유롭기로 유명한 서머힐 학교의 표어는 "방종이 아닌, 책임이 뒤따르는 자유Freedom, not licenced"입니다. 과연 가능할까 싶기도 하지만 어려서부터 스스로 문제를 깨닫고, 문제의 해결 방법을 생각해내고, 그것이 다른 사람들에게 받아들여지는 훈련이 된 아이들은 자신의 행동에 책임지는 성인으로 자라난다는 것입니다. 서머힐 학교는 지난 100여 년 동안 그 가능성을 실천적으로 보여주었습니다. 그러니 방 안을 온통 어질러놓은 아이에게 소리를 지르기보다 담담하게 이야기하는 훈련을 시작해봅시다. "네가 어질러놓은 장난감들을 엄마가 밟으면 엄마도 다치고 장난감도 망가질 수 있어"라고 말하는 겁니다.

네 번째, 한 번에 한 가지만 이야기합니다. 잔소리를 시작하면 말이 나온 김에 아까 잘못한 것, 어제 이야기한 것, 도대체 몇 번을 이야기해도 고쳐지지 않는 것을 한꺼번에 쏟아내기 쉽습니다. 하나를 소화하기도 힘든 아이들이 폭풍처럼 쏟아지는 잔소리를 감당할 수 있을까요. 자꾸 생각나는 다른 잔소리들을 누르고 한 번에 하나만 이야기합니다. 그러려면 그 시간에 그 자리에서 이야기하는 것이 중요합니다. "내가 언제부터 이야기하려고 별렀는데, 저번에는 너"로 이어지는 이야기는 다 빼고 지금의 일에 대해서만 구체적으로 말하는 것이 좋습니다. 다시 말해 타이밍을 놓친 잔소리는 하지 않아야 합니다. 잔소리는 타이밍의 예술입니다. 하지만 때로는 지금 일어난 일에 대해 잔소리를 쏟아내기보다는 아이가 그 문제를 찬찬히 반추할 수 있는 시간을 주고 이야기하는 것이 좋을 때도 있습니다. 특히 아이가 자신이 한 행동 때문에 감정적으로 고조되어 있는 상태라면 이야기를 해도 큰 효과를 보기 어렵습니다. 어떤 일로 놀랐거나, 부끄럽거나, 겁을 먹었거나, 짜증이 났거나, 화가 난 상태의 아이는 잔소리보다 먼저 감정을 알아주고 가라앉도록 도와주는 것이 필요합니다. 이야기해야 할 때와 잠시 미뤄야 할 때를 구별하는 것 또한 좋은 부모의 능력이며 교사 역시 다르지 않습니다.

마지막으로 결정은 아이가 하도록 합니다. 위의 네 가지 원칙을 충분히 지켰음에도 아이가 거부하거나 반항하는 경우가 있습니다. 그럴 때는 그 결정이 가져올 수 있는 결과에 대해서도 역시 담담하게 일러줍니다. "너 그러다 나중에"로 이어지는 협박이 아니라 실제로 그 결과가 닥쳤을 때 아이가 수용하고 책임질 수 있는 단계를 밟게 하는 거지요. 예상되는 결과를 감정적으로 거부해도 그 결과를 감수해야 하는 주체는 결국 자신임을 깨닫도록 해줘야 합니다.

누군가 제게 얼마나 이 원칙을 잘 지키며 아이를 키웠느냐고 묻는

다면 참 부끄럽습니다. 하지만 불끈불끈 올라오는 화와 잔소리를 그냥 쏟아내는 것과 이런 사실을 인지하며 자녀 교육의 방식을 점검하는 것은 큰 차이가 있습니다. 때로는 '참을 인'자를 마음속에서 세 번이 아니라 100번씩 쓰더라도요.

사교육, 안 시켜도 될까요?

필요악과 죄수의 딜레마 사이에서

얼마 전 제가 존경하는 분께 들은 이야기입니다. 그 댁 할아버님은 이북 출신인데 자식들을 훈계하실 때면 늘 "옛날 용강에 얼간이 하나가 있었다"는 이야기로 시작했다고 합니다. 그 내용은 이렇습니다. 옛날 용강에 머슴을 사는 얼간이 하나가 있었답니다. 그 집 주인이 아침에 마당을 쓸고 있는 얼간이를 보며 "평양에 좀 다녀와야 할 텐데" 했다지요. 그런데 막상 보내려고 보니 하루 종일 얼간이가 보이지 않더랍니다. 밤이 어두워져서야 얼간이는 몹시 지친 얼굴로 나타났답니다. "너 도대체 하루 종일 어디 가 있었기에 보이지를 않았느냐"고 주인이 물었더니 얼간이가 대답하길 "주인님이 평양에 다녀

오라고 하셔서 평양에 갔다가 지금 돌아왔습니다" 하더라나요. 용강은 평양에서 서남쪽으로 40킬로미터쯤 떨어진 곳이더군요. 교통이 발달하기도 전인 옛날이야기일 텐데 왕복 80킬로미터의 거리를 무슨 일로 왜 가는지도 모르고 다녀왔다는 말입니다. 어떤 일을 할 때는 그 일을 왜 하는지 목적을 정확하게 이해하고 판단한 후에 행동에 옮기라는 훈계인 것이지요.

그렇게 어이없는 짓을 하니 '얼간이' 소리를 들어도 할 말이 없겠다 싶습니다만 남의 이야기가 아닐지도 모릅니다. 우리네 교육도 그렇지 않을까요. 개인적으로 한국 교육의 가장 큰 문제 중 하나는 질문을 하지 않는 것이라고 봅니다. 질문을 하지 않는다는 것은 답을 찾기 위한 '생각과 판단'이 배제되었다는 의미입니다. 이것은 세 가지 측면에서 그렇습니다. 첫 번째는 우리가 왜 교육을 하는가의 문제입니다. 교육의 진짜 목적은 희미해지고 오로지 출세와 영화를 누리고자 하는 욕망만이 교육을 수단화하고 있습니다. 도대체 무엇을 위한 교육인지 생각해보지도 않은 채 다른 사람들이 그리로 몰려가고 있으니 나도 일단 달려간다는 태도로 임하고 있는 것입니다. 12세기 초에 발간된 《근사록》에서도 "古之學者爲己(옛날에 배우는 이들은 스스로를 위해 공부했으나) 其終至於成物(마침내 다른 사람을 기쁘게 하기에 이르렀다) 今之學者爲人(지금 배우는 이들이 세상의 좋은 평판을 위하여 공부하는데) 其終

至於喪己(마침내 자기를 망치는 데 이르고 만다)"[45]고 하였으니 이런 태도는 어제오늘의 일은 아닌 듯합니다.

하지만 대학 입시를 정점으로 교육을 출세의 수단으로 바라보는 시각은 '초중고' 교육은 물론 최근에는 유치원, 심지어 그 이전 유아교육에도 엄청난 부작용을 미치고 있습니다. 다른 OECD 국가들과 비교하면 대한민국의 어린이, 청소년 삶의 만족도는 최하위권이고 자살률은 최상위권입니다. 그 기저에는 아이를 아이답지 못하게 만드는 교육의 문제가 있습니다. 2016년 육아정책연구소에서 발표한 연구 자료에 따르면 전국 5세 아동의 84%, 2세 아동의 36%가 사교육을 받고 있다고 합니다.[46] 내 아이만 뒤처지면 안 된다는 생각이 우리를 사교육 시장으로 몰아놓고 아무도 빠져나올 수 없게 된 채 모두가 허우적거리고 있습니다.

그사이 아이들의 생활은 점점 더 피폐해져 갑니다. 사교육에 많이 노출된 아이들은 관계의 어려움(13.5%)과 사회적 미성숙(11.0%), 불안(9.8%), 감정 조절의 어려움(9.3%), 주의 산만(9.1%) 등으로 힘들어하고 있습니다. 사교육 경험이 있는 아이들이 경험이 없는 아이들보다 정서 불안 행동을 더 많이 보이고, 유아가 경험하는 사교육 수가 증가할수록 비행과 공격성 등의 외현적 문제 행동과 위축, 우울, 불안 등의 내재적 문제 행동이 커진다는 겁니다. 그런데 더 큰 문제는 부모들은 현재 참여하고 있는 사교육 수준이 적당하거나 오히려 부족하다고 인식하고 있다는 점입니다. 2세 아동의 부모 중 현재 자녀가 참여하고 있는 사교육이 적당하다고 인식하는 부모가 69.4%, 오히려 부족하다는 응답이 26.9%로 나타났다니 무척 놀랍습니다. 아동 학대 수준이라고 해야 할까요? 부모들 중 90% 이상이 현재의 사교육 정책에 문제가 있다는, 앞의 답변과는 모순적인 응답을 내놓은 것에 겨우 희망을 찾아야 할까요? 결국 부모들도 이건 아니라고 생각하면서도 사교육의 늪에 점점 더 깊이 빠져든다는 것이겠지요.

육아정책연구소의 또 다른 연구에 따르면 유아나 초등학생이 사교육을 일주일에 한 번 더 받을수록 창의성 점수가 0.563점씩 감소한다고 합니다.[47] 사실 이건 유아나 초등학생에게만 해당되는 이야기는 아닙니다. 통계청 자료에 따르면 우리나라 학생의 68%가 평균 26만 원의 비용을 들여 주당 여섯 시간의 사교육을 받고 있습니다. 부모들이 부담하는 사교육비 총액은 연간 18조에 달하며 전체 공교육 예산 53조의 1/3까지 치솟았습니다.[48] OECD에서 각국의 만 15세, 중등 의무교육을 마치는 연령의 청소년들을 대상으로 학업성취도를 비교한 PISA Programme for International Student Assessment 결과 보고서에 따르면 우리나라 학생들은 다른 나라 학생들에 비해 여섯 배나 많은 시간을 사교육에 투자합니다. 그 결과 학업성취도의 모든 영역에서 세계 상위권을 유지하고 있지요. 동시에 하위권 학생이 늘어나고 있다는 결과도 두드러지게 보입니다. 기초학력 미달 학생 비율이 해마다 늘어나고 있다는 것이죠. 그 이유는 연구의 또 다른 영역에서 찾을 수 있습니다. 우리나라 학생들의 자아 효능감은 70개국 중 41번째고, 학습 동기에 대한 즐거움은 무려 61번째입니다.[49] 즉, 재미도 없고 잘할 수 있다는 자신감도 없으나 사교육에 기대어 꾸역꾸역 하고 있으며 그 과정에서 이탈자가 속출하고 있다는 것입니다. 공부는 보다 윤택한 삶을 위해 하는 것이 아니라 살아남기 위해 어쩔 수 없이 하는 것이 되었습니다. 부모들도 줄곧 말하지요. "공부를 좋아서 하는 사람이 어디 있니? 다 하기 싫지만 참으면서 하는 거야. 어쩔 수 없어." 정말 그런가요? 왜 어쩔 수 없을까요? 경제학자들은 이를 '죄수의 딜레마' 이론으로 설명합니다.

검사가 두 명의 죄수를 잡아 왔습니다. 둘은 공범인데, 명확한 물증이 없어 처벌에 곤란을 겪고 있습니다. 검사는 둘을 분리해놓고 심문하기 시작합니다. 다른 공범의 죄를 모두 밝히면 가벼운 처벌을 받게 될 거라고요. 이렇게 되면 죄수에게는 두 가지 선택권이 생깁니다. 입을 다물고 공범을 보호할 것인가, 아니면 공범의 죄를 밝히고 내가 살 것인가의 선택권이죠. 그런데 내가 입을 다문다고 해서 공범도 그러리라는 보장은 없습니다. 최악의 상황에는 내 죄만 밝혀져서 혼자

죄를 다 뒤집어쓰는 상황이 될 수 있습니다. 먼저 공범의 죄를 털어놓고 나면 나는 최악의 결과를 면할 수 있을 뿐만 아니라 공범이 입을 다물 경우 공범이 다 뒤집어쓰는 최고의 결과를 얻을 수도 있습니다. 그러니 죄수는 무조건 공범의 범행을 밝힐 수밖에 없습니다. 상황은 공범도 마찬가지지요. 두 죄수는 서로의 범행을 모두 밝히고 결국 승자는 제3자인 검사가 됩니다. 남 좋은 일만 시키고 둘 다 패자가 되는 줄 알면서도 최악의 상황을 피하기 위해서는 어쩔 수 없이 선택하게 되는 것, 이것이 죄수의 딜레마입니다.[50]

사교육은 반짝 효과는 있을지언정 장기적으로는, 더구나 교육의 종합적 측면으로 보면 부정적 효과가 훨씬 크다는 연구가 많이 있습니다. 그런데 왜 과감하게 사교육을 그만두는 사람들이 많지 않을까요? 우리는 사교육을 통해 자녀의 성적이 오르기를 기대합니다. 남들이 하지 않을 때 우리 아이만 하면 성적이 올라갈 거라고도 생각하지요. 반대로 남들 다 하는데 우리 아이만 하지 않으면 성적이 떨어질까 불안합니다. 따라서 아무도 먼저 사교육을 그만두지 못하고 돈은 돈대로 들면서 아이들은 아이들대로 고통 받는 현실이 되었습니다. 승자는 제3자인 사교육업자들입니다. 우리 사회가 사교육이라는 죄수의 딜레마에 빠져 있는 것이지요. 주변에서 워낙 많이들 하니 사교육 없이 소신 있게 살던 사람들도 점점 불안해져서 원칙을 지키기 쉽지 않은 형편입니다.

　이런 상황을 보면 우리가 죄수의 딜레마에서 벗어날 수 있는 길은 보이지 않습니다. 하지만 배트맨 시리즈 중 최고 걸작으로 꼽히는 크리스토퍼 놀란 감독의 2008년 영화 〈배트맨: 다크 나이트〉는 우리가 이 죄수의 딜레마에서 벗어날 수 있는 방법이 의외로 간단하다는 사실을 보여줍니다. 악인 조커는 범죄의 도시 고담시를 탈출하려는 사람들을 시험에 빠뜨립니다. 민간인이 탄 배와 죄수들이 탄 배에 각각 폭탄을 설치하고 서로 상대방의 배를 터뜨릴 수 있는 기폭 장치를 실어놓습니다. 다른 배를 먼저 터뜨린 쪽이 살아남는다는 메시지와 함께요. 살기 위해서는 저쪽 배가 버튼을 누르기 전에 우리가 먼저 버튼을 눌러야 합니다. 더구나 저쪽은 죄수들이 타고 있습니다. 조커는 분명 자신이 살기 위해 내 손으로 수많은 사람을 가라앉히는 일이 일어날 거라 확신합니다. 마침내 죄수들이 탄 배에서 우두머리 격인 죄수가 망설이는 간수의 손에서 기폭 장치를 빼앗아 갈 때 관객들도 그 게임에 빠져듭니다. 그런데 그 죄수는 기폭 장치를 바다에 던져버립니다. 선택권을 없애고 게임에 참가하지 않겠다는 의지를 보여준 것이지요. 게임에서 이득을 볼 제3자, 조커의 의도대로 놀아나지 않겠다는 의미입니다.

　죄수의 딜레마는 경제학자들이 설명하는 게임이론입니다. 즉, 게임의 규칙을 정하는 것입니다. 이를 벗어나는 가장 쉬운 방법은 그 게임에 참여하지 않는 겁니다. 게임에서 한 걸음 벗어나서 보면 그렇게 어리석은 경기가 없습니다. 마치 코미디 프로그램에서 바보 같은 규칙을 정해놓고 좌충우돌하며 시청자에게 웃음을 주는 것과 같습니다. 게임에 참여하는 사람들은 이 바보 같은 게임을 왜 하는지 묻지 않고 그 안에서 '용강의 얼간이' 노릇을 합니다. 그러니 게임에서 과감하게 빠져야 합니다. "도대체 나와 내 아이가 왜 이 게임을 하고 있는 거지?", "왜?"라고 묻기 시작하면 더 이상 그것을 해야 할 이유가 없어집니다. 게임의 법칙이란 경기장 안에서만 의미 있는 것이며 게임은 사람들에게 질문할 여유도 없이 그것에 몰입하게 만듭니다. 어느새 우리는 이걸 왜 하고 있는지, 이걸로 얻는 것이 있는지도 모른 채, 게임에서 지면 죽을지도 모른다는 공포감에 시달리며 게임에 매달리게 됩니다. 교육을 수단으로 보는 시각에서 벗어나 그 목적에 대한 근본적인 질문을 던질 필요가 있습니다. "대한민국에서 살려면 어쩔 수 없다"던가 "남들도 다 하니까 안 할 수 없다" 등의 현실론 말고요. 그래야만 그 게임에서 벗어날 용기가 생깁니다.

그래도 영어는 가르쳐야 하지 않나요?

영어보다 더 중요한 소통의 즐거움

"다른 사교육은 하지 않아도, 영어는 해야 하지 않나요? 그래도 국제화 시대인데." 많은 부모들이 하는 말입니다. 더구나 어릴수록 언어 습득이 빠르다는 연구 결과들이 나오면서 영어를 놓는 것은 마치 총 없이 전쟁터로 나가는 것 같은 불안감을 느낍니다. 하지만 영어 교육과 관련된 정책은 도무지 부모의 마음을 헤아리지 못하는 것 같습니다. 2014년 국회에서 통과된 초등 저학년 방과 후와 어린이집, 유치원에서 영어 수업을 금지하는 법안이 3년간의 유예기간이 끝난 2018년 2월부터 시행된다는 소식이 알려지자마자 언론과 부모 커뮤니티는 난리가 났습니다. 흥미로운 점은 이 법의 이름이 '공교육 정상화 촉진 및 선행 교육 규제에 관한 특별법'이라는 겁니다. 그러니까 이 법은 선행 학습을 규제함으로써 공교육을 정상화하려는 취지의 법이지 특별히 영어 수업을 문제 삼은 것이 아니라는 거지요. 또 하나는 이 법이 제정되고 나서 그 사회적 파급력을 감안해서 3년 동안 유예기간을 두었다는 점입니다. 유예기간 동안 충분히 대책을 마련할 수 있었다는 거지요. 그럼에도 불구하고 시행 직전에 이토록 사회적 혼란이 컸던 것은 수많은 사교육 선행 학습 문제 중에서도 영어에 대한 사회적 불안감이 높다는 것, 그리고 충분한 시간적 배려에도 대안을 마련하지 못했다는 것을 의미합니다. 어쩌면 영어 교육 문제가 '막연한 불안감'에 기인하고 있어서 대안이 마땅치 않음을 반증하는 것일지도 모르겠습니다.

그러면 차근차근 짚어봅시다. 영어는 어린 나이에 학습하지 않고 시기를 놓치면 습득하기 어려울까요? 그리고 이 사회를 살아가는 데 필수적인 것일까요? 결론부터 이야기하자면 둘 다 아닙니다. 일단 우리 사회에서 실제로 영어를 필요로 하는 직무는 많지 않습니다. 물론 외국어 학습은 어릴 때 시작해야 유리하다는 사실은 분명합니다. 다만 어린 나이에 성장하는 것은 단지 외국어만이 아니라는 점 역시 중요합니다. 유학 시절, 겉보기에는 영어와 한국어 모두 유창해 보이는 조기유학생 출신 대학생들과 프로젝트를 진행할 기회가 몇 차례 있었습니다. 문제는 심도 있는 이야기로 들어가면 그 유창함이 영어와 한국어 양쪽 다 발휘되기 어렵다는 점이었습니다. 그리고 그것을 글로 표현하는 단계에 들어서면 문제가 더 심각했습니다. 영어와 한국어 모두 각각의 원어민에게 첨삭 지도를 받지 않으면 원활하지 않은 수준이었지요. 물론 이것을 개인적인 문제로 치부할 수도 있습니다. 하지만 발달 단계에서 보아도 형이상학적이고 깊은 사고를 발달시켜야 할 시기에 모국어로 고민하고 토론하고 글을 쓸 기회를 박탈당하는 것은 매우 위험합니다. 언어는 '사고의 집'이기 때문에 모국어가 우선입니다. 유아도 마찬가지입니다. 좋은 발음을 위해서 혀를 수술한다는 충격적인 이야기는 차치하더라도, 모국어의 기초를 튼튼히 다져야 할 유아기에 외국어로 혼란을 주는 것은 위험합니다. 물론 이중 언어를 사용하는 경우도 있습니다만 이는 특수한 경우입니다. 부모 중 한 사람이 그 언어를 원어민 수준으로 구사하는 상황이 아니라면 섣부른 흉내는 부정적인 결과를 불러올 수 있습니다. 실제로 다양한 연구 결과를 살펴보면 외국어 학습의 적기는 유아기가 아니라 모국어가 튼튼하게 자리 잡은 10세 전후입니다. 초등학교 3학년 영어 과목 도입이라는 정책은 이런 연구 결과를 기반으로 합니다. 물론 발음은 어릴 때 배울수록 더 좋습니다. 하지만 영어 발음은 점점 덜 중요해지고 있습니다. 영어가 국제어International Language로 자리 잡으면서 영국 영어, 미국 영어, 호주 영어 등 영어를 모국어로 사용하는 사람들끼리도 발음이 다 다르고, 인도 사람, 독일 사람, 한국 사람 들이 사용하는 발음도 다 다르기 때문에 무엇을 '표준 발음'으로 볼 것인가에 대한 기준이 모호해졌습니다. 그래서 발음보다는 자신이 하고자 하는 말을 막힘없이 Fluency 정확하게Accuracy 전달하는 능력이 더 중요해졌습니다.

그렇다면 어떻게 해야 할까요? 영어는 포기하고 살까요? 그렇지 않습니다. 외국어를 할 줄 알면 세계가 더 넓어집니다. 우리 옛말에 "우물 안 개구리"라는 말이 있습니다. 세계를 넓히는 것은 매우 중요한 일이며 우리 아이들은 초연결성의 21세기 4차 산업혁명의 시대를 살아가야 하기 때문에 세계를 넓게 인식해야 더 많이 연결될 수 있습니다. 단, 몇 가지 원칙만 지키면 됩니다.

첫 번째는 소통의 즐거움을 가르치는 것입니다. 꼭 영어가 아니어도 상관없습니다. 내가 속한 세계를 넘어 다른 세계를 보고 느끼고 나누는 경험을 제공합니다. 꼭 외국이 아니어도 됩니다. '다른' 존재들이 '틀린' 것이 아니라는 것, '비정상'적인 것이 아니라는 것을 경험할 수 있도록 돕는 것이 중요합니다. 한국어로도 좋습니다. 소통 없이 일방적인 관계를 맺으면서 영어만 유창하기를 기대하는 것은 망상에 가깝습니다. 원활하고 즐거운 소통이 가능하다면 그 매개체는 굳이 영어가 아니어도, 심지어 언어가 아니어도 상관없습니다. 다양한 사람들을 만나고, 다양한 언어를 만나고, 다양한 문화를 만나 우물 안 개구리인 나를 나 아닌 것들과 견주어 보면서 타자에 대한 이해를 높이는 것이지요. 그러기에는 사실 여행만큼 좋은 것은 없습니다. 서양 속담에 "집에만 있는 아이는 어리석다"고 했고 "귀한 자식일수록 일찍부터 여행을 보내라"고 했다지요. "진정한 여행이란 새로운 풍경을 보는 것이 아니라 새로운 눈을 가지는 데 있다"는 20세기 최고의 작가 마르셀 프루스트Marcel Proust의 말이 바로 그 이유가 될 수 있을 겁니다. 18~19세기 유럽 귀족들이 미성년 자녀들에게 그랜드 투어라는 여행을 필수적으로 시켰던 것은 단순히 한 시대의 유행이 아니라 그리스·로마시대의 전통에서부터 이어져 내려오는 중요한 교육 수단이었다는 점을 기억해야 합니다. 강조하고 싶은 것은 그것이 '관광'이 아닌 '여행'이어야 한다는 점입니다. 주마간산으로 휘리릭 둘러보는 것이 아니라 그곳에서 만나는 사람, 언어, 문화에 대해 대화를 나눠야 한다는 점입니다. 요즘은 그런 여행을 할 수 있도록 돕는 '공정 여행'이라는 영역도 생겨났습니다. 현지인과의 접촉은 배제된 채 소비적이기만 한 여행을 반성하면서 지역, 지역주민들과 관계를 맺는 방식의 여행입니다. 찾아보면 길은 많습니다.

두 번째로 자연스러운 언어 습득이 이루어지도록 부모가 도와주어야 합니다. 우리가 모국어를 배울 때는 단어를 암기하거나 문법책을 보며 학습하지 않았습니다. 언어를 '학습'해야 한다는 압박감에 시달리면 장기적으로는 역효과를 낼 수 있습니다. 언어로 '노는' 법을 경험시켜주어야 합니다. 그 경험이 쌓이면 자연스럽게 언어적 감각이 쌓입니다. 필요한 순간에 필요한 학습은 조금만 노력하면 바로 뒤따라오기 마련입니다. 아니, 부모가 외국어 교육 전문가도 아닌데 어떻게 언어로 노는 법을 경험시켜주느냐고 반문할 수도 있습니다. 하지만 요즘은 노래, 춤, 만화, 영화 등 무궁무진한 자료가 주변에 널려 있습니다. 굳이 학원에 가지 않아도 정보를 얻을 수 있는 곳도 많습니다. 무엇보다 부모가 아이와 함께 외국어를 즐기는 태도를 갖는다면 아이들도 외국어가 어렵고 힘든 것이라는 부정적 이미지 없이 즐겁게 습득할 수 있을 겁니다.

세 번째로 많은 노출이 필요합니다. 영어 실력으로 유명한 북유럽 사람들을 보면 그들의 영어 교육이 그리 특별하지는 않습니다. 다만 이들은 생활 속에서 영어를 경험할 기회가 많다고 합니다. 우리가 수많은 학원들을 놔두고 어학연수를 가는 이유도 현지의 언어 환경을 접해야 영어가 늘 거라는 생각 때문입니다. 그런데 어학연수에 가서 한국 사람들끼리만 어울려 다니다 영어가 하나도 늘지 않았다고 울상인 사람도 많지요. 핵심은 '얼마나 영어 환경에 노출되었느냐'입니다. 한국에서만 영어를 배웠는데도 유학을 다녀온 사람보다 잘하는 사람들이 많습니다. 텔레비전에 나오는 외국인들의 한국어 실력에 감탄한 적이 있지 않나요? 그들 중 한국어 조기교육을 받은 사람이 있다는 이야기는 들어본 적 없을 겁니다. 그들도 한국어를 사용하는 환경에 많이 노출되었기 때문에 유창한 한국어가 가능했을 것입니다. 꼭 외국에 나가거나 학원을 다니는 것이 외국어 교육의 핵심이 아니라는 겁니다.

우리 아이들에게 가르쳐야 할 것은 영어가 아니라 소통의 환경, 소통의 매체, 소통의 즐거움입니다. 소통을 즐길 줄 아는 아이가 외국어 습득도 빠릅니다. 그렇게 아이의 세상은 넓어집니다. 그 시작은 분명 모국어에서 출발합니다. 이러한 소통을 통해 더 넓은 세상을 경험하고 더 넓은 시야를 가진 아이들로 자라기를 기대합니다.

전자기기는 멀리해야 하나요?

사용하는 법보다 더 중요한 생각하는 힘

사실 이 주제는 부모 강연에서도 꽤 많이 나오는 질문이기도 합니다만, 개인적으로는 잊히지 않는 한 충격적인 장면 때문에 꼭 다뤄보고 싶었습니다. 해외의 어느 호텔에 투숙했을 때의 경험입니다. 휴양지로 유명한 그곳에는 가족 단위로 온 한국인 투숙객들이 꽤 많았지요. 그런데 조식을 먹으러 가서는 놀라운 광경을 봤습니다. 아이를 동반한 한국 사람들은 예외 없이 모두 아이들 손에 전자기기를 들려주고 있더군요. 아이가 전자기기에 정신이 팔려 있는 동안 여유 있게 조식을 즐기는 부모도 있었고, 눈은 전자기기에 고정된 채 부모가 떠주는 음식을 먹는 아이도 있었습니다. 가족들이 함께 대화를 나누며 조식을 즐기고 있는 다른 나라 사람들에게 너무 부끄러운 마음이 들 정도로 매일 아침 같은 장면을 목격해야 했습니다. 물론 다른 나라 부모들이라고 자녀와 전자기기 사용을 두고 갈등을 겪지 않는 것은 아닙니다. 다만 이토록 많은 사람들이 집단적으로 별다른 고민 없이 아이들의 손에 전자기기를 들려주는 것은 찾아보기 쉽지 않습니다. 일단 옳다 그르다의 문제를 떠나 과연 이래도 괜찮은 것인가 하는 문제의식이 생겼습니다.

물론 디지털 시대를 사는 것은 우리의 선택 여부와 관계없이 주어진 환경입니다. 아이들은 디지털 원주민Digital Native으로 태어나 키보드족, N세대(네트워크 세대)를 거쳐 엄지족에까지 이르게 되었습니다. 이미 태어날 때부터 디지털 환경을 체득하고 있다는 이야기지요. 반면 우리는 디지털 이주민Digital Immigrant이기 때문에 전혀 다른 환경에서 자랐습니다. 이건 마치 우리 세대가 산업사회 원주민으로 태어나 대량생산과 소비사회를 어려서부터 체화하면서 농경사회 원주민이자 산업사회 이주민인 우리 부모님 세대와 문화적으로나 가치관에서 여러 가지 충돌과 갈등을 겪을 수밖에 없었던 것과 일맥상통합니다. 그러니 우리 아이들 역시 우리와는 다른 문화와 가치관을 갖고 살아갈 수밖에 없는 것이 당연합니다.[51]

물론 어차피 디지털 시대를 살아갈 아이들이니 어려서부터 디지털 기기들을 무분별하게 사용하도록 놔두자는 이야기는 아닙니다. 디지털 기기의 어두운 측면은 분명히 존재하니까요. 우리 부모 세대는 텔레비전과 함께 성장한, 텔레비전과는 떼려야 뗄 수 없는 세대입니다. 하지만 텔레비전 앞에 무조건 노출되면서 자라는 것이 중독성이나 콘텐츠의 적절성 등의 측면에서 얼마나 큰 문제인지 잘 알고 있었습니다. 더구나 최근의 디지털 기기는 기본적으로 개별적으로 사용하는 매체인 데다 이전 세대의 매체들과는 비교가 되지 않을 정도의 몰입도를 제공하기 때문에 무조건적으로 노출시키는 것은 정말 위험합니다.

디지털 매체와 관련된 가장 두려운 이야기는 소위 '팝콘 브레인'과 관련된 경고입니다. 디지털 기기가 워낙 자극적이고 몰입도 높은 이미지들을 지속적으로 보여주기 때문에 어려서부터 여기에 익숙해진 아이들은 어지간한 자극에 무감각해진다는 말이지요. 그러니 200도 이상 되어야 탁탁 튀기 시작하는 팝콘처럼 어느 순간부터는 아주 뜨거운 자극들이 있어야 겨우 반응한다는 거지요. 일상생활의 잔잔함은 모두 지루하기 짝이 없는 일이 되고, 나에게 자극을 주는 소재를 찾아 수시로 스마트폰을 들여다보게 됩니다. 바로 우리가 '중독'이라고 부르는 전형적인 증상이지요. 2011년 발표된 한 연구에 따르면 인터넷 중독에 빠진 사람들의 뇌를 검사해봤더니 신경섬유들이 모인 백질 부위에 손상과 변형이 있었다고 합니다. 그리고 이는 감정조절, 주의집중, 의사결정, 자기제어, 인식조절 등에 문제를 가져온다고 합니다. 이런 증상은 약물 중독자에게서 보이는 전형적인 모습입니다. 즉 디지털 기기 사용만으로도 약물 중독과 같은 효과가 난다는 거지요. 그래서 요즘은 중독치료 영역에서도 디지털 기기 중독을 매우 핵심적으로 다루고 있습니다.

디지털의 메카라고 불리는 미국 실리콘밸리의 한 대안학교가 디지털 기기를 전면 금지하고 있다고 해서 화제가 되기도 했습니다. 그 대안학교는 아이들의 정서 발달을 중요하게 여기고 있기 때문에 실리콘밸리에 있는 학교 외에도 전 세계에서 모두 디지털 기기를 일정 연령까지 전혀 쓰지 않도록 하고 있습니다. 어린 나이에 발달시켜야 할 것은 정서적으로 통합된 영혼이지 기기를 통한 매체가 아니라는 교육철학이 밑바탕에 깔려 있는 것이지요. 그런데 특히 이 소식이 화제가 된 것은 부모들의 동의 여부였습니다. 누구보다 디지털 매체에 정통하며 그 분야 최고 수준의 직장을 다니는 실리콘밸리의 직장인들이 디지털 기기를 쓰지 않는 학교를 자신들의 자녀 교육 기관으로 선택했다는 사실이 관심을 끌게 된 것이지요. 그들의 선택 이유는 이렇습니다. 디지털 매체는 점점 발달해서 이제는 매우 직관적으로 사용할 수 있도록 개발되어 있습니다. 그래서 처음 접하는 사람도, 심지어 아주 어린 유아들도 잠깐만 만져보면 금세 쓸 수 있도록 발전되었습니다. 그러니 기기 자체에 대한 사용능력을 배우는 것은 중요하지 않다는 겁니다. 더 중요한 것은 기기를 통하든 통하지 않든 자신의 생각을 표현하고 새롭게 만들어내는 능력이기 때문이지요. 교육이 중요하게 다루어야 하는 것은 어떻게 자기 스스로에 대해 잘 알고 그것을 잘 표현해내고, 그것으로 다른 사람들과 소통할 것인가의 문제라는 뜻입니다.

물론 교육적으로 전자기기를 이용해야 한다는 주장도 만만치는 않습니다. 특히 최근 코딩 교육이 관심의 대상이 되면서 수학적 논리력, 창의력, 문제 해결력이 키워지는 동시에 4차 산업혁명시대에 인공지능, 사물인터넷, 지능형 로봇, 빅데이터 분석 및 활용 등의 기본이 되는 컴퓨터 프로그래밍 원리를 가르쳐야 한다는 목소리들이 높아집니다. 빌 게이츠도, 마크 주커버그도, 오바마 대통령도 코딩 교육의 중요성을 주장했다는 이야기들도 들립니다. 선진국들은 이미 오래전부터 코딩 교육을 공교육에 도입했고 우리나라도 2018년부터 개정교육과정에 따라 코딩 교육이 정규교과 안에 들어갔습니다. 미디어교육 전문가인 경인교대 정현선 교수도 '팝콘 브레인'의 공포가 언론을 통해 지나치게 과장되었다고 비판하면서 정반대로 디지털미디어가 아이들의 집중력이나 사고력에도 다양한 도움을 준다는 연구들 역시 많다고 반론을 제기합니다. 디지털미디어는 현대의 소통 방식인 만큼

소통능력을 길러준다는 차원에서 접근해야 한다는 주장입니다.[52]

누구는 이래야 한다고 주장하고, 누구는 저래야 한다고 주장하니 도무지 어느 장단에 춤을 추어야 할지 모르겠다고요? 사실은 두 가지 모두 맞는 이야기입니다. 디지털미디어들은 이전 세대와 달리 크고 빠른 자극들로 우리를 중독에 빠뜨리지요. 아이들뿐만 아니라 우리도 스마트폰을 내려놓기가 쉽지 않다는 점을 감안하면 당연히 고개가 끄덕여질 이야기입니다. 하지만 디지털 기기가 우리에게 엄청난 편리함을 주고 있고, 디지털 시대를 살아가야 하는 아이들을 생각하면 무조건 외면할 수도 없습니다. 그러므로 그 원리를 잘 이해하는 것은 자신을 이해하고 세상을 이해하는 일과도 연결되어 있지요. 중요한 것은 무조건 옳다, 그르다의 문제라기보다 우리가 디지털미디어에 대해 어떻게 중심을 세우고 균형을 잡느냐의 문제입니다. 그렇지 못하면 결국 사교육 시장이 부추기고 자극하는 대로, 그것이 좋은지 나쁜지도 모른 채, 선택하면 하는 대로 안 하면 안하는 대로 불안에 한쪽 팔을 잡힌 채 살아갈 수밖에 없기 때문입니다.

우선 인정해야 할 부분은 무조건적인 금지는 효과를 거두기 어렵다는 점입니다. 산속에 들어가 살지 않는 한 전자기기로부터 완전히 분리되기 어렵습니다. 더구나 부모의 강압으로 이루어지는 사용금지는 오히려 부모 자녀 간의 관계만 해치기 쉽습니다. '팝콘 브레인'이나 대뇌백질 따위의 전문지식으로 협박해봐야 짜증 섞인 반응만 돌아올 뿐 그게 두려워 전자기기를 멀리할 아이들은 많지 않을 겁니다. 결국 부모와는 말이 안 통한다는 인상만 남기고 사춘기로 접어들수록 갈등만 커지게 됩니다.

더구나 애들한테는 절대 쓰지 말라고 하면서 부모는 늘 스마트폰을 끼고 산다면 어떨까요? 이 책의 앞부분에서 언급했던 것처럼 자녀들은 부모가 하는 것을 그대로 보고 배웁니다. 부모는 책 한 번 읽는 법이 없으면서 책 좀 읽으라고 잔소리하는 것은 효과를 거두기 어려운 것과 같은 이치겠지요. 따라서 부모부터 전자기기를 자제할 수 있는지 질문할 필요가 있습니다. 디지털 매체 사용에 관한 연구 결과에 따르면 부모의 사용 습관이 자녀의 사용 습관을 예측할 수 있는 가장 강력한 변인이라고 합니다. 부모가 자녀를 위해 세운 사용 규칙보다 부모의 사용 시간이 자녀의 사용 습관에 더 큰 영향력을 발휘한다는 것이지요.[53] 부모가 스마트폰 등의 이용을 최소화하고 자녀와 다양한 방식으로 소통할 수 있다면 디지털 기기 중독은 우려할 필요도 없을 겁니다.

또 하나 기억할 것은 태어나서 '특정' 연령까지는 디지털 기기에 노출되는 것이 좋지 않다는 점입니다. 여기서 '특정' 연령이라고 언급한 이유는 학자나 개인에 따라 그 기준이 다 다르기 때문입니다. 나이에 대한 불일치에도 불구하고 지나치게 어린 나이에 영상매체의 자극에 멍하니 빠져드는 것은 매우 위험한 일이라는 데는 모두가 동의하는 부분입니다. 특히 만 3세 미만 유아의 경우 우려되는 부정적인 영향력은 더욱 민감하게 다루어집니다. 특정 연령이 지나서 디지털 기기를 사용할 때도 다른 양육태도와 마찬가지로 부모가 분명한 원칙을 정하고 엄격하게 그 원칙을 지키는 것이 중요합니다. 밥 먹을 때는 사용하면 안 된다든지, 가족들이 함께 이야기를 나누는 시간에는 사용하면 안 된다든지, 사용 시간은 하루 1시간으로 정하는 등 구체적이고 명확한 선을 그어놓고 부모 역시 반드시 그 선을 지켜야 합니다.

다음은 디지털 매체가 혼자서 고립되는 도구가 아니라 소통의 도구임을 인식하는 것입니다. '특정' 연령이 지나면 서서히 디지털 매체를 사용하도록 하되 반드시 부모나 보호자와 함께 사용하며, 매체에서 다루고 있는 내용까지 함께 이야기를 나누어야 합니다. 그러기 위해서는 사용할 때 어떤 콘텐츠를 이용할지 정하는 것도 매우 중요합니다. 책을 읽을 때도 아무 책이나 읽는 것이 아니라 연령대별로 좋은 책들이 따로 있어서 그걸 잘 찾아 읽는 게 중요한 것처럼요. 최근의 연구도 하루에 사용하는 시간보다 어떻게 사용하느냐를 연구하는 방향으로 변하고 있습니다. 결국 내용과 맥락의 문제라는 거죠. 미디어 전문가들은 현대 사회를 '디지털 서부시대Digital Wild West'라고 표현하기도 합니다.[54] 무법자가 난무했던 미국 서부시대처럼 디지털 시대는 아직 정착되지 않고 혼란에 빠져 있다는 겁니다. 하지만 혼란은 겪어내야만 하는 것이기도 합니다.

인쇄술의 발달이 문자시대를 만들어낸 것처럼 디지털 기술의 발전은 이미 우리를 디지털 시대로 인도하고 있습니다. 문자를 읽을 줄 아는 문해력과 마찬가지로 디지털 문해력은 유아들의 성장과 발달에 새로운 혁신을 만들어낼 것이라 예견합니다. 아이들의 자연스러운 읽기 쓰기 능력의 발달을 위해서 다양하고 풍부한 인쇄물을 제공하고 생활 속에서 소소히 발생하는 관련 경험을 알아주고 지원해야 하는 것처럼 디지털 문해력을 위해서도 마찬가지의 노력이 필요합니다. 학자들은 부모들의 지원 전략을 '함께 미디어와 관계 맺기Joint Media Engagement'라고 칭하면서 디지털 매체를 가지고 아이들과 함께할 수 있는 생활 속 방법을 ▶함께 보기viewing ▶함께 놀기playing ▶함께 검색하기searching ▶함께 읽기reading ▶함께 만들기creating ▶함께 기여(공헌)하기contributing의 여섯 가지로 제시합니다.[55] 스마트폰이나 태블릿을 들고 앉아 있는 아이를 비난하거나 심란한 얼굴로 바라보기보다 위와 같은 여섯 가지 행동들을 부모가 함께할 때 테크놀로지가 비로소 디지털 시대를 함께 살아갈 도구로 자리 잡는다는 것입니다.

국제 교육 테크놀로지 협회International Society for Technology in Education에서

는 '테크놀로지를 배우는 것(1998)'으로부터 '배움을 위해 테크놀로지를 사용하는 것(2007)'을 거쳐 최근에는 '능동적인 참여자이자 생산자로서 자신의 배움을 만들어가는 데 테크놀로지를 활용하는 것(2016)'으로 그 화두를 옮겨가고 있습니다. 중요한 것은 디지털 매체를 '쓰는 법'을 배우는 것이 아니라 디지털 매체를 통해 '생각하는 힘'을 키우는 것입니다. 플랫폼은 우리의 생각을 담을 수 있을 때만 중요하니까요.

직접 점검해보세요!

디지털 시대, 당신은 어떤 부모인가요?

(디지털미디어의 내용, 미디어 사용 상황, 사용자로서의 아이, 세 가지 측면에서 현재 당신의 모습을 진단해봅니다.)

내용
1. 아이가 폭력, 공포, 혹은 문제가 되는 내용이 담긴 미디어를 보거나 게임을 하고 있나요? -2
2. 미디어에 나오는 캐릭터가 바람직한 사회적 행동의 본보기가 되고 있나요? +1
3. 미디어가 아이의 의사소통이나 언어기술을 촉진하도록 디자인되어 있나요? +1
4. 미디어의 내용이 실제 상황에서의 창의력, 상상력, 탐구력 발휘를 위한 의사소통이나 질문, 놀이에 자극을 주나요? +2
5. 미디어의 기능이 당신이 (교실에서) 교사에게 기대하는 태도(특성)에 부합하나요? +2

상황
1. 아무도 사용하고 있지 않아도 디지털 장비를 켜두고 있나요? -2
2. 잠자리에서도 디지털 장비를 사용하나요? -1
3. 아이와 함께 디지털미디어를 시청하거나 게임을 하나요? +2
4. 아이가 디지털미디어를 사용한 후 (게임 포함) 무엇을 했는지, 혹은 보았는지에 관하여 이야기하는 시간을 가지나요? +1
5. 식사시간에 대화 없이 디지털미디어를 사용하나요? -1
6. 아이에게 당신이 사용하고 있는 TV, 비디오, 태블릿, 혹은 e-book 등의 미디어에 관해서, 그리고 당신이 거기서 발견한 의미 있는 것에 대해 이야기해주나요? +1
7. 당신이 디지털미디어를 사용하면서 아이에게 신경 쓰지 않거나 아이가 하는 말을 듣지 못할 때가 있나요? -2

| 아이 | 1 아이의 운동기술, 사회기술, 혹은 언어 발달이 진전이 보일 때 특정 미디어 경험이 도움이 되었다고 생각하나요? +1

2 아이에게 도움이 되는 미디어 경험과 그렇지 않은 미디어 경험을 구별할 수 있나요? +1

3 아이가 특정 내용의 미디어를 접하면서 당황하거나 마음이 좋지 않았을 때 당신은 아이와 함께 봐주거나, 그것을 피할 수 있는 방법에 대해 고심하나요? +1

4 아이가 미디어를 시청하거나 게임을 할 때 당신은 아이가 미디어와 충분히 상호작용하면서 자신의 언어로 그것에 대해 이야기하고 있는지 주의를 기울이고, 그럴 수 있도록 충분한 지원을 하나요? +1

각 부문별 점수를 더해 총점을 구합니다.

내용 (   )점 + 상황 (   )점 + 아이 (   )점 = 총 (   )점

-8~0점 아이가 스크린 미디어를 시청하거나 게임을 할 때 보다 세심한 주의가 요구됩니다. 아이의 성장과 발달은 디지털미디어를 포함한 주변 환경과 부모를 비롯한 주변 어른들의 상호작용에 큰 영향을 받는답니다.

1~7점 당신은 디지털미디어를 사용하면서 아이가 접하고 있는 내용과 의사소통 경험에 관심을 두고 있습니다. 아이에게 잘 맞는 게임과 비디오도 찾아보고 계시는군요.

8~13점 당신은 아이가 디지털미디어로부터 얻을 수 있는 긍정적인 요소뿐만 아니라 그것들을 얻기 위해 필요한 당신의 역할까지도 잘 이해하고 있군요. 부모의 디지털미디어 사용 습관이 아이에게 미치는 영향까지 염두에 두고 있는 당신에게 박수를 보냅니다.

〈출처〉 Guernsey, L. & Levine, M. H., TAP, CLICK, READ: Growing readers in a world of screens. Jossey-Bass/Wiley.
https://www.tapclickread.org/wp-content/uploads/2016/05/2016.06.26_NA_TCR_3Cs.pdf 2015

(경쟁 없이 살아갈 수 있나요?)

경쟁 신화와 협력의 시대

저는 평소 음악 경연 프로그램을 즐겨 봅니다. 특히 서바이벌 오디션 형식의 프로그램들은 옛날 가요제 시절과는 비교도 안 될 정도로 흥미로운 미션과 빠른 편집으로 다음 방송을 기다리게 만듭니다. 물론 지나친 경쟁 유도나 소위 악마의 편집, 그리고 상업화 등의 문제로 눈살이 찌푸려지는 일도 있습니다. 그럼에도 불구하고 제 관심을 끄는 부분은 참가자들의 성장입니다. 심사위원들의 질책이나 칭찬, 격려를 받고 한 주, 한 주 놀랍게 성장하는 모습은 참으로 감동입니다. 때로는 발전은커녕 오히려 뒷걸음질 치는 경우도 있지만 무엇이 문제이며 어떻게 해야 자신이 더 성장할 수 있을지 돌파구를 찾기 위해 애쓰는 모습을 보면 응원하지 않을 수 없습니다. 그중에서도 기억에 남는 한 장면이 있습니다. 참가자가 나오는 장면이 아니라 심사위원의 장면이었습니다. '더 라스트 찬스'라는 부제가 붙었던 2017년의 〈K팝 스타 시즌6〉 마지막 회, 최종 우승자가 발표되고 방송이 마무리되기 직전의 장면입니다. 진행자는 마지막으로 6년간의 여정을 마친 세 사람의 심사위원에게 소감을 물어봤습니다. 마이크를 잡은 박진영 심사위원은 곧 있을 대통령 선거를 염두에 두고 작심한 듯 이렇게 말했습니다.

> 너무 아픈 얘기지만 지난 6년간 K팝 스타 우승자 여섯 팀 중에 한국에서 중고등학교 정규교육을 제대로 받은 사람이 없습니다. 대부분 가정교육(홈스쿨링)을 했거나 자유로운 환경에서 꿈을 그리고 자기 세계를 펼쳤고…. 이 K팝 스타 대회만큼은 노래 잘하는 친구들을 뽑지 않았어요. 자기 생각을 가지고 자기 목소리로 노래하는 사람을 뽑았어요. 누가 대통령이 될지 모르겠지만 제발 이 한 명, 한 명 특별한 아이들이 놀라운 창의력을 가지고 그렇게 커갈 수 있게, 저는 교육제도를 우리 어른들이 잘 좀 만들어줬으면 좋겠습니다.

교육을 화두로 삼고 살아가는 제게는 마치 뒤통수를 맞은 듯한 발언이었습니다. 그러고 보니 이 프로그램의 1회 우승자부터 6회 우승자들은 모두 해외 교포 출신이거나, 홈스쿨링으로 공부를 했거나, 아직 학교교육에 덜 길들여진 초등학생이었습니다. 노래를 누가 더 잘 부르느냐가 아니라 누가 더 자기 생각과 자기 목소리, 다른 말로 표현하면 자신의 개성을 가지고 노래하는가를 기준으로 뽑았더니 우연히도 한국의 학교교육과는 최소한의 접촉만을 갖고 있더라는 것이지요. 그 이야기가 놀랍다기보다 당연하게 느껴져서 더 슬펐습니다. '교육이민'이라는 외국어로는 번역하기 어려운 현실이 우리 앞에 있는 것도 같은 맥락의 문제겠지요. 그럼 형편이 되면 무조건 이민을 가면 될까요? 안타깝게도 문제는 그렇게 간단하지만은 않습니다.

이제는 이런 이야기가 새삼스럽지 않지만, 국제적으로 보면 한국 교육은 성적 측면에서는 늘 최상위권이나, 그것을 즐기고, 활용하고, 주어진 틀 밖으로 확장하는 능력에 있어서는 평균 이하의 결과를 보여주고 있습니다. 21세기를 살아가는 데 중요한 자질은 호기심과 상상력, 협동심, 리더십 등이지만 우리나라 최고 대학의 졸업생들은 협동심과 리더십, 인간관계에 문제가 있다는 조사 결과도 있습니다.[56]

그런데 우리 교육에 문제가 많다면서도 크게 바뀌는 것은 없는 듯합니다. 정권이 바뀔 때마다 이런저런 정책이 '교육개혁'이라는 이름으로 시도되지만 진짜 혁신을 가져오는가에 대해서는 매우 회의적입니다. 왜 그럴까요? 우선 우리가 교육을 지나치게 '학교 중심적'으로 바라보고 있기 때문입니다. 내 아이의 교육을 아이와 내가 주체적으로 해결하겠다고 생각하기보다 학교라는 '기관'에 맡기겠다는 생각이 강합니다. 그리고 학교를 신뢰할 수 없다면 학교보다 더 믿음이 가는, 좀 더 노골적으로 말하자면 '돈값을 하는' 기관을 찾아가게 됩니다. 우리가 언제부터 이렇게 학교 의존적이 되었을까요?

따지고 보면 학교의 역사는 그리 오래되지 않았습니다. 물론 배움을 구하는 터전이라는 의미에서는 인류의 역사만큼이나 오랫동안 존재했지만 여기서 말하는 학교는 그런 곳이 아닙니다. 지금처럼 선생님이 교탁 앞에서 줄지어 앉은 아이들에게 구조화된 지식을 제공하는 곳이라는 의미에서의 근대 학교는 보통 산업혁명 전후로 발생했다고 봅니다. 대략 200년 전의 일입니다. 그 이전에는 교육과 삶이 분리되지 않았습니다. 남자아이들은 아빠를 따라다니다, 여자아이들은 엄마를 따라다니다 시나브로 성인의 역할을 습득했습니다. 이 방식은 매우 생활 밀착적이고 자연스럽다는 장점을 가집니다만, 시간이 너무 오래 걸리고 가르칠 수 있는 내용에 한계가 있어 생활 방식이 복잡하지 않던 농경·목축사회에나 적합하다는 단점이 있습니다. 더구나 18세기 중반부터 산업혁명이 본격화되면서 사회는 매우 빠른 속도로 산업화, 도시화, 복잡화되었습니다. 산업사회에 필요한 지식 중 기초적인 요소들만 뽑아 교육과정으로 만들고 이것을 특정 장소에서 집약적으로 가르치는 소위 '교육의 대량생산 시대'가 열린 것이지요. 이때부터 삶과 배움이 분리되기 시작합니다. '학교'라는 상자 안에 교육의 기능을 몽땅 넣어놓고 그 안에 들어가 배우라고 명령하는 시대가 왔습니다. 그리고 그 집약된 지식들을 누가 더 머릿속에 잘 넣었는지 확인하고 줄을 세웁니다.

문제는 두 세기 만에 다시 교육과 삶을 연계시켜야 한다는 요청이 들어오고 있다는 겁니다. 세상은 너무 복잡해져서 더 이상 핵심 지식과 집약 과정이 의미가 없어졌습니다. 그러다 보니 학교에서 가르치는 지식은 우리 아이들이 살아가야 할 시대를 반영하지도, 그것을 준비시키지도 못하고 있습니다.

국책연구기관인 한국교육개발원의 연구[57]에 따르면 21세기를 살아가는 데 필요한 자질들을 학교가 제대로 길러내지 못하고 있다고 합니다. 이 연구에 따르면 역량의 중요도와 학생들의 현재 수준이 그나마 접근되어 있는 지점은 ICT 활용 능력입니다. 하지만 아이들은 인터넷과 컴퓨터를 학교에서 배우지 않습니다. 결론적으로 말하면 학교는 어떤 영역에서도 아이들이 살아갈 세상을 맞이할 준비를 시켜주지 못하고 있다는 의미가 됩니다. 뒤집어 말하면 우리 아이들은 학교가 경쟁시키는 방식대로 자라날 경우 21세기에 필요한 자질을 갖추기가 어렵다는 말입니다.

이런 상황이니 각자가 문제를 해결하는 방식, 즉 사교육 시장에 자녀를 맡기는 방식에 의존하게 됩니다. 교육이 학교 중심에서 사교육 시장 중심으로 넘어가는 것은 이 지점에서 발생합니다. 그런데 사교육 시장은 아이들의 장기적인 배움과 성장에는 관심이 없습니다. 그저 어떻게 하면 부모의 불안감을 부추겨 교육 상품을 구매하도록 만들 것인가에만 관심이 있지요. 결국 돈까지 쓰면서 아이를 망치는 일에 애를 쓰는, 어처구니없는 일이 벌어지는 겁니다.

하지만 학교나 유치원 같은 기관이 없다면 우리 교육의 빈익빈 부익부는 더욱 심각해질 것입니다. 결국 학교가 바뀌어야 합니다. 하지만 학교가 바뀌기를 기다리는 것은 마치 감나무 밑에서 감이 떨어지기만을 기다리는 것과 같습니다. 우리가 요구하고 우리가 만들어야 하겠지요. 그러자면 우리부터 새로운 배움에 눈을 떠야 합니다. 더 이상 배움과 삶이 멀어지면 안 된다는 것, 상자를 벗어나는 교육을 해야 한다는 것, 그리하여 우리 아이들이 정보의 홍수 속에서 자신의 흥미와 관심을 연결시키고 배움으로 성장할 수 있는 환경을 만들어나가야 합니다.

그러면 또 '어떻게'의 문제로 돌아옵니다. 답을 찾기 위해 다시 경연 프로그램으로 돌아가보겠습니다. 경연 프로그램에서 사람들이 가장 재미있어 하는 부분은 '컬래버레이션 미션collaboration mission', 즉 협업 능력을 보여주는 과제입니다. 서로 알지도 못하는 참가자들을 섞어놓고 공동의 목표를 향해 나가도록 만듭니다. 그러고 나면 개별 과제를 할 때는 드러나지 않던 것들이 드러납니다. 심사위원인 유희열은 이렇게 말합니다.

> 혼자 솔로 무대를 가졌을 때 노래 잘한다, 가능성 있다 그런 얘기를 들었는데 팀을 이루면서 하니까 조금 받아들이기 힘든 평가가 나오고 생각할 게 더 많아지죠, 혼자 할 때보다. 그게 뭐냐 하면 축구로 치면, 축구 선수 한 명이 혼자서 볼트래핑 하고 슛 연습하는 거 보면 우와, 이래요. 그런데 이 친구가 둘이 패스 연습을 하면 골 넣고 트래핑 보여줄 수 있는 시간이 없어요. 축구팀에 들어가서야 열한 명 중에 기량이 뛰어난 선수가 보이기 시작하는 거예요. 오히려 아이돌 가수가 되면 팀을 이루기 쉬울 거라고 생각하는데 그게 아니구나 하는 걸 여기서 알았어요. 그래서 그렇게 몇 년간 어떤 팀이 한 곡을 하기 위해서, 짧으면 자기 분량 10초를 하기 위해서 합숙을 하고 연습을 하는 거구나. 그래서 팀이 어렵구나. 굉장히 어려운 길을 선택하신 거예요. 이거 경험입니다, 경험. 나 혼자 할 땐 되는 거 같았는데 누군가랑 같이 했을 때는 더 어렵다는 걸 깨닫는 것. 이제 시작하는 거예요.

그러고 보니 이 멘트 외에도 유난히 마지막 시즌에서는 '협업'에 대한 지적이 많이 나왔습니다. 그 시즌 참가자들의 특성이었을 수도 있지만 최근의 흐름을 반영한 것이 아닐까 합니다. "세상은 2등을 기억하지 않는다"는 광고는 요즘 보기 어렵습니다. 오히려 '공동체', '협동',

'감성' 등의 단어가 더 많이 나오지요. 협업은 점점 더 중요해지는데 우리 아이들에게는 그것을 연습해보고 시행착오하고 깨닫게 될 기회가 주어지지 않습니다. 혼자서 경쟁에 나서는 것이 속도 편하고 쉬울 수도 있지만 우리가 살아가는 사회는 관계와 소통, 협업을 요구하고 있으며 그 경향은 앞으로 더욱 심화될 수밖에 없습니다. 때로는 자신을 희생하거나 다른 사람들을 배려해야 하는, 경쟁보다 더 큰 용기가 필요합니다.

> # 4차 산업혁명시대, 우리 아이는 어떻게 키워야 하나요?

드론맘이 아닌 서핑맘 되기

한동안 '캥거루맘'이라는 단어가 유행이더니 언제부턴가 '헬리콥터맘'이라는 표현을 쓰기 시작했습니다. 지금은 '드론맘'의 시대까지 왔네요. 자녀가 어렸을 때부터 좋은 학원들을 섭외해서 이리저리 데리고 다니며 매니저 역할을 한 부모 밑에서 자란 아이들은 성인이 되어서도 자립하지 못하고 마치 드론처럼 조종당한다는 세태를 비꼬는 말입니다. '내비맘'이라는 표현도 있더군요. 자동차 내비게이션처럼 목표 지점에 도달할 수 있도록 일일이 여기서 좌회전, 여기서 우회전을 지시한다는 말입니다. 물론 '내비맘', '드론맘'으로 자녀를 평생 조종할 수 있다면 차라리 다행입니다만, 우리 앞에 놓인 세상은 그렇게 녹록하지 않습니다. 그 증거는 이미 우리 앞에 있습니다.

그중 하나가 '알파고'입니다. 구글의 자회사인 딥마인드가 제작한 인공지능AI 알파고는 바둑이라고 하는, 인간이 고안한 게임 중에 가장 창의력을 요하는 게임, 단순히 그동안 쌓인 기보를 외운다고 해서 승리가 보장되지 않는 그 바둑을 둡니다. 2016년 3월, 알파고는 현재 세계 최고의 기사 중 한 사람인 이세돌 9단에게 도전했습니다. 이세돌 기사는 기세가 높았습니다. AI가 아무리 발전했더라도 바둑에서 인간을 이길 수 없을 거라고 장담했죠. 그런데 시작부터 패배했습니다. 다음 경기도 졌죠. 먼저 2패를 당한 이세돌 기사는 처음의 기세와는 달리 한 판이라도 이겨보겠다고 이야기합니다. 그리고 한 판을 이겼고 결국 경기는 1:4의 참패로 끝납니다. 그 결과를 본 많은 사람들은 "무섭다"고 말하기 시작했습니다.

요즘처럼 4차 산업혁명이라는 화두가 눈앞으로 다가오기 훨씬 이전부터 기계문명이 발전하면 기계의 지배를 받을지도 모른다는 두려움이 있었습니다. 많은 SF소설이나 영화가 이 공포를 모티프로 쓰였죠. 대부분의 소설이나 영화는 인간이 기계를 무찌르고 다시 '인간 세상'의 평화를 되찾는 것으로 끝납니다. 그리고 그 승리에는 매우 평범하지만 창의적인 (종종 어린아이인) 주인공이 있지요. 기계의 지배를 받는 동안 아무도 생각하지 못했던 창의적인 방법을 발휘해서 그토록

강고하던 기계 지배에 우습지도 않은 작은 구멍 하나를 내게 되고, 결국 그것이 시스템 전체의 붕괴를 이끌어내서 인간들을 다시 빛의 세계로 이끕니다. 뒤집어 이야기하면 물리적인 힘이나 논리적인 정보처리를 가진 가장 강한 시스템에 도전하기 위해 우리가 믿을 최후의 보루는 바로 '창의력'이었다는 겁니다. 기계는 주어진 명령을 수행할 뿐 창의력을 갖추지는 못했으니까요. 교육에서도 한때 '창의인재 육성'을 주창하던 시대가 있었습니다.

그런데 그 신화가 무너졌습니다. 가장 창의력을 필요로 한다는 바둑에서 세계적인 기사인 이세돌 9단이 4:1로 참패하는 결과를 우리는 목격했습니다. 이세돌 기사도 첫 대국 전에는 자신이 5:0으로 이길 수 있을 것이라고 공언했을 만큼 예상 밖의 일이었지만 우연한 결과는 아니었습니다. 딥러닝을 통해 학습한 엄청난 내용을 바탕으로 창의적인 안을 만들어나가는 것은 단순히 바둑에 국한되지 않습니다. 또 다른 창의 영역인 예술에서도 컴퓨터가 만들어낸 작품들이 등장하고 있으니까요. 이제는 시키는 대로 수행하는 일을 넘어 창의적인 일까지도 기계가 더 잘하는 시대가 되었습니다. '창의 인재 육성'이나 '한 명의 천재가 99명을 먹여 살린다'던 기존의 발상과는 다른 접근이 필요한 이유입니다. 예전에는 대안이 있느냐고 물었다면 이제는 대안을 만들지 않으면 안 되는 시대에 들어선 것입니다.

인공지능과 관련해서 많은 연구와 강연을 하는 KAIST의 정재승 교수는 인공지능의 시대가 오면 우리가 기계에게 지배당하는 것이 아니냐고 묻자 그것은 매우 어려운 일이라고 답변합니다. 왜냐하면 기계는 감정을 갖지 못한 존재이기 때문에 인간을 복속시키고 지배하겠다는 욕망을 갖는 것 자체가 어렵다는 겁니다. 그래서 SF영화에서 기계가 인간을 지배하게 되는 계기는 우연한 오류에서 시작되거나, 악당이 기계를 통해 인류 지배를 계획하다가 벌어지는 일로 시작되는 것이지요.

결국 기계로도 대체될 수 없는 일은 인간의 감정과 관련된 일입니다. 지금 촉망받는 많은 직업들이 사라지더라도 사람의 감정을 다루는 일은 없어지지 않거나 새롭게 주목받을 것이라는 예측 역시 이에 근거합니다. 그러므로 아이들을 경쟁에 길들여져 감정을 상실한 목적지향적 인간으로 키우는 것은 위험할 뿐만 아니라 우리 아이들이 살아야 할 시대와도 맞지 않습니다. 아이들에게는 건강하게 감정과 생각을 표현하고 이를 타인과 소통하며 다른 사람이 보내는 신호 역시 잘 포착하고 공감해내는 능력이 필요합니다.

21세기를 살아갈 우리 아이들 교육에 대해 중요한 시사점을 주는 것이 또 하나 있습니다. 바로 스마트폰입니다. "스마트폰이야 현대인의 필수품이지"라고 할지도 모르겠습니나만 그런 이야기를 하려는 것이 아닙니다. 이전의 핸드폰과 스마트폰의 차이가 우리에게 던지는 메시지를 이야기해보려고 합니다. 핸드폰 시절에는 제조사가 어떤 핸드폰을 만들어주느냐가 중요했습니다. 핸드폰은 원래 실내에서 전화선을 연결해 사용했던 전화기에서 진화한 것입니다. 선을 없애고 휴대가 가능하도록 전화기를 점점 더 작게 만드는 것이 진화의 방향이었고요. 초창기 핸드폰 광고가 "잘 터진다"를 모토로 했던 것을 기억하나요? 선이 없어도, 나중에는 안테나마저 없어도 핸드폰은 점점 더 잘 터지게 되었습니다. 크기는 어떻습니까? 처음의 핸드폰은 무척 커서 저걸 어찌 들고 다닐까 싶더니 점점 작아지다가 어느 순간부터 절반으로 접혀서 주머니에 쏙 들어가는 핸드폰이 나오기 시작했습니다. 더 이상 작아지기 어려운 크기까지 작아졌지요. 그런데 여기서 중요한 것은 핸드폰을 잘 터지게 만드는 것도, 작아지게 만드는 것도 모두 제조사의 몫이라는 점입니다. 소비자이자 수용자인 우리는 제조사가 신제품을 더 잘 터지고 더 작게 만들어주기만을 바랄 뿐이었지요.

지금은 어떻습니까? 스마트폰 시대가 되면서 핸드폰의 크기는 오히려 커지고 있지요. 잘 터지느냐의 문제는 더 이상 우리의 관심사가 아닙니다. 스마트폰 시대가 도래하며 손바닥 안에서 모든 정보를 검색할 수 있는 건 놀라운 일이기는 합니다만 우리 사고의 틀이 바뀐 것은 그 정도에서 멈추지 않습니다. 스마트폰이 이전 핸드폰과 가장 다른 점은 사용자 스스로가 구성한다는 점입니다. 제조사는 사용자가 원하는 대로 쓸 수 있는 기반(플랫폼)만을 제공하고 사용자는 그 플랫폼 위에 자기가 원하거나 필요한 앱을 다운받아서 활용합니다. 즉, 제조사가 만들어주는 대로 쓰던 시대에서 스스로 원하는 대로 구성해서 사용하는 시대가 된 겁니다. 이를 기반으로 새로운 콘텐츠가 만들어지고, 누구나 생산자가 될 수 있는 시대가 된 것이지요. 바야흐로 오리고 붙여서 자신의 것을 만드는 시대, 편집의 시대가 열린 겁니다.

 우리 아이들에게 중요한 것은 이미 만들어진 것을 쥐어주는 것이 아닙니다. 스스로 구성해서 사용하는 힘을 길러주는 것입니다. 그러기 위해서 첫 번째로 자기 자신이 무엇을 원하는지 알아야 합니다. 내가 플랫폼 위에 무엇을 구성해야 할지, 이걸로 뭘 하고 싶은지 모르는 사람에게는 좋은 앱이니 추천 앱이니 하는 건 의미가 없습니다. 스마트폰 초창기에는 '10대 추천 앱' 등의 정보가 있었지만 요즘은 그런 정보를 볼 수 없는 이유도 여기에 있습니다. 누군가가 정해준 추천 앱이 아니라 내가 필요에 의해 스스로 구성해서 쓰는 것이 중요하기 때문입니다. 그러자면 내가 뭘 하고 싶은지, 무엇을 어떻게 구성하면 내 욕구를 해소할 수 있을지 자신을 들여다보고, 판단하고, 자기주도적으로 수행하는 아이로 길러내야 합니다. 자기 욕구를 자제하고 시키는 것을 열심히 하는 것으로는 해결되지 않습니다.

두 번째, 자기 욕구를 분명하게 알고 나면 그 욕구를 해결할 방안을 플랫폼 위에 잘 구성하는 것이 필요합니다. 편집의 시대니까요. 똑같은 것이 주어졌어도 어떻게 구성하는가에 따라서 새롭고 흥미로운 결과가 나오기도 하고, 진부하거나 흔한 이야기가 되기도 합니다. 따라서 아이들에게 이미 구성된 것을 주는 건 매우 위험합니다. 장난감도 만들어져 있는 것보다는 상상력을 발휘해서 새롭게 구성하여 예상치 못했던 결과를 보여줄 수 있는 열린 장난감이 좋듯 아이들의 의견을 바탕으로 스스로 구성하도록 유도하는 교육 환경을 제공해야 합니다.

세 번째, 플랫폼 위에 스스로 구성한 것을 바탕으로 새로운 창작물을 만들어내는 작업이 필요합니다. 가장 중요한 것은 이 일련의 과정을 즐길 줄 알아야 한다는 것입니다. 다 만들어진 콘텐츠를 소비하는 것은 편하고 간단한 일입니다. 새로운 것을 만들어내는 일은 때로는 힘들고 부담스럽고 두려운 일일 것입니다.

바다에서 서핑을 해본 적이 있습니다. 널빤지 한 장에 몸을 의지해서 파도를 맞서는 겁니다. 발이 닿지 않는 곳까지 가니 정말 무섭더군요. 바닷물도 많이 먹었습니다. 파도는 매 순간 변합니다. 파도를 예측하고 준비하는 건 어리석은 일입니다. 그저 파도에 몸을 맡기고 순간순간 변하는 파도를 즐겨야 합니다. 도와줄 사람도 없습니다. 온전히 내 몸으로 균형을 잡고 파도를 타야 합니다. 파도 위에 올라섰을 때 느꼈던 쾌감은 정말 짜릿했습니다. 단순한 체험만으로 이 정도인데 파도를 즐기며 타는 사람들은 어떨까 상상이 되지 않았습니다.

우리는 4차 산업혁명이 몰고 올 미래를 '디지털 혁명의 쓰나미'라고 일컬으며 어떻게 하면 그 파도를 피할 수 있을까 전전긍긍합니다. 아이들에게도 파도로부터 최대한 멀리 도망치라고 하지요. 그래서 평생 휩쓸려 가지 않을 직업, 정년이 보장되는 교사나 공무원 같은 직업이 인기입니다. 잘 생각해봅시다. 과연 얼마나 버틸 수 있을까요? 파도로부터 최대한 멀리 도망가서 말입니다. 오히려 당당히 널빤지 한 장 들고 파도를 향해 나아가는 아이들의 모습이 멋지지 않습니까? 신나고 재미있겠다는 표정을 얼굴에 가득 머금고요.

대안은 있습니다. 용기가 없을 뿐이지요. 누군가가 만들어주지도 않습니다. 학교와 제도의 변화는 매우 느리고, 오래된 질서를 유지하고 싶어 하는 힘도 존재합니다. 그러니 부모들이, 교사들이, 마을이, 지역사회가 함께 만들고 요구해야 합니다. 대안 교육도 그렇게 만들어졌고, 혁신 교육도 그렇게 만들어졌으며, 마을교육공동체도 그렇게 만들어지고 있습니다. 예전에는 아이를 다르게 키우고 싶으면 "옆집 아줌마를 조심하라"라고 말했습니다. 학원 정보를 잔뜩 듣고 나면 나노 보내야 하는 건가 흔들린다는 우스갯소리였습니다. 이제는 "옆집 아줌마를 찾아라"라고 말합니다. 아이를 다르게 키우겠다고 생각하는 부모, 함께 손잡고 그 길을 걸어줄 친구가 있어야 흔들리지 않고 걸을 수 있기 때문입니다. 그 길에서 저희도 만나기를 기대합니다.

집에서 아이와 함께 만들어 노는
홈메이드 장난감 10

1컵=250㎖   1큰술=15㎖   1작은술=5㎖

1
먹어도 무해한
소금 찰흙

제가 처음 배운 홈메이드 장난감입니다. 아들이 어렸을 때도 숱하게 만들어 놀았고, 지금은 마을놀이터에 놀러 오는 아이들을 위해 떨어뜨리지 않고 만들어 둔답니다. 소금의 굵기에 따라 질감에 변화를 줄 수 있습니다. 식재료로 만들기 때문에 몇 주가 지나면 기름에 절은 냄새가 나거나 곰팡이가 피기도 하니 상태를 잘 살펴주세요. 식용유 대신 베이비오일을 사용하면 사용 기간이 조금 더 늘어납니다. 여러 가지 색깔로 만들고 싶다면 식용색소를 제외한 재료를 비율대로 섞고 소분한 후에 색소를 더해 따로따로 익히면 됩니다.

재료

밀가루	1컵
소금	1컵
물	1컵
주석산(크림오브타르타르)	2작은술
식용유(혹은 베이비오일)	1작은술
식용색소	약간

만드는 법

1 분량의 재료를 잘 섞어줍니다.
2 코팅된 팬에 ①을 붓고 약한 불에서 잘 저으면서 가열합니다.
3 점성이 생기면 뭉쳐서 쏟아놓습니다.
4 식혀서 다시 잘 반죽하면 완성.

2
쫀득쫀득한 놀이 찰흙

소금 찰흙보다 더 곱고 쫀득한 질감을 느낄 수 있어요. 쉽게 상하지 않는 재료라 사용 기간이 길기는 하지만 빨리 마르는 단점이 있죠. 반죽이 너무 말랐다 싶으면 물을 조금 뿌려 다시 반죽해주세요. 금방 부드러운 찰흙으로 돌아올 거예요.

재료

베이킹소다 ········· 2컵
물 ················· 1.5컵
옥수수전분 ········ 1컵
식용색소 ·········· 약간

만드는 법

1 분량의 재료를 잘 섞어줍니다.
2 코팅된 팬에 ①을 붓고 약한 불에서 잘 저으면서 가열합니다.
3 거품이 일면서 점성이 생기면 뭉쳐서 쏟아놓습니다.
4 식혀서 다시 잘 반죽하면 완성.

3
세상에서 가장 부드러운 놀이 찰흙

집에 남는 헤어 린스가 있다면 시도해보세요. 아주 부드러운 놀이 찰흙이 된답니다. 원하는 색깔의 색소나 반짝이 가루를 첨가해도 좋습니다. 헤어 린스 대신 로션을 사용해도 좋습니다.

재료

옥수수전분 ·········· 2컵
헤어 린스 ·········· 1컵

만드는 법

1 볼에 분량의 재료를 넣고 반죽합니다.
2 옥수수전분과 린스로 원하는 농도를 맞추면 됩니다.

4
구름처럼 부드러운 놀이 가루

밀가루의 부드러움은 유지하면서 가루가 날리지 않고 뭉쳐지기까지 하는 신기한 장난감이에요. 손으로 뭉쳐보거나 여러 가지 그릇에 꾹꾹 눌러 담아 엎으면 모양대로 찍혀 나오지요. 입에 들어가도 해가 되지 않아 어린아이들이 가지고 놀기에도 좋아요.

재료

밀가루 ············ 8컵
식용유 ············ 1컵

※ 밀가루와 식용유기 8:1 비율임을 기억하면 됩니다.

만드는 법

1 밀가루를 볼에 담습니다.
2 ①에 식용유를 부으면서 잘 섞어줍니다.
   양손으로 반죽을 비비면서 섞으면 좋아요.

5
거품이 부글부글! 두 가지 놀이를 한 번에 즐길 수 있는 놀이 가루

'구름처럼 부드러운 놀이 가루'를 가지고 놀 수 있으며 놀이 가루에 싫증이 날 때쯤 식초를 톡톡 뿌려주면 거품이 부글부글 나서 또 다른 짜릿한 재미를 더할 수 있답니다. 식초에 식용색소를 섞어주면 색깔이 있는 거품이 일어나서 아이들이 정말 좋아해요. 식초는 작은 스프레이 용기나 스포이트 병에 담아 사용하세요. 아이들 소근육 발달에 도움이 된답니다.

재료

- 밀가루 …………… 1컵
- 베이킹소다 ………… 1컵
- 식용유 ……………… ¼컵
- 식초 ………………… 약간
- 식용색소(선택) …… 약간

만드는 법

1 밀가루와 베이킹소다를 잘 섞어주세요
2 ①에 식용유를 넣고 잘 섞어줍니다.
  양손으로 반죽을 비비면서 섞으면 좋아요.
3 ②번까지 만들면 놀이 가루가 완성됩니다.
  놀이 가루에 싫증을 느낄 때쯤 식초병을 쥐어주세요.

6
안전한 재료로 만드는
액체 괴물

문방구에서 파는 액체 괴물. 아이들이 정말 좋아하죠? 그런데 도대체 무엇으로 만들었는지 알 수 없어서 걱정스럽기도 해요. 저는 액체 괴물 만드는 법을 하이스코프에서 처음 배웠는데 붕사borax를 이용한 방법이었습니다. 아들이 어렸을 때 자주 만들었고 아무런 문제가 없었는데 피부가 예민한 아이의 경우 화상을 입을 수도 있다는 인터넷 기사를 보고 깜짝 놀랐어요. 붕사 대신 안전한 재료로 액체 괴물 만드는 법을 소개할게요. 기본 베이스가 되는 PVA풀은 여러 제품을 다양하게 사용해보았는데 우리나라 제품 중에는 아모스 물풀이 가장 안정적이었습니다. 아모스 물풀은 1.2ℓ짜리 대용량으로도 판매하는데 사두면 한꺼번에 많이 만들 때 유용해요. 소프트렌즈 관리용액은 바슈롬 리뉴 후레쉬를 사용했어요. 글리세린은 베이비오일로 대체해도 됩니다. 놀다가 액체 괴물이 마르면 뚝뚝 끊어집니다. 그럴 때는 뜨거운 물을 조금 넣고 한참 주무르면 다시 부드러워져요.

재료

PVA풀 ······ 60㎖
물 ······ 60㎖
베이킹소다 ······ ¼작은술
소프트렌즈 관리용액
······ 2작은술
글리세린(혹은 베이비오일)
······ ¼작은술
식용색소(선택) ······ 약간

만드는 법

1 PVA풀과 물을 섞어줍니다. 1:1 비율이에요.
색을 내고 싶을 때는 이 단계에서 색소를 넣습니다.
2 ①에 베이킹소다를 넣고 잘 섞습니다.
가루가 남지 않도록 잘 저어주세요.
3 ②에 소프트렌즈 관리용액을 넣고 잘 섞습니다.
4 ③에 글리세린을 넣고 다시 섞어주면 완성.
밀폐용기에 보관하여 사용합니다.

7
천연 재료로 만드는 액체 괴물

화학 재료가 마음에 걸린다면 100% 식재료만 이용해서 액체 괴물을 만들 수도 있어요. 바질씨앗과 옥수수전분을 이용하는 방법입니다. 바질씨앗을 물에 불렸다가 전분과 섞어주면 씨앗을 둘러싼 젤 성분이 수분과 전분을 함께 잡아주어 질척한 질감이 되지요. 화학 재료를 이용해 만든 액체 괴물처럼 쭉쭉 늘어나지는 않지만 유아들을 위한 촉감 놀이로 좋아요. 전분 없이 바질씨앗만 색소 탄 물(혹은 예쁜 색깔의 주스)에 불려주어도 재미있는 촉감 놀이 재료가 됩니다.

재료

바질씨앗	¼컵
물	2.5컵
옥수수전분	2컵
식용색소	약간

만드는 법

1 바질씨앗과 물에 색소를 약간 넣고 불립니다.
밀폐용기에 담아 반나절 놔두면 바질씨앗이 충분히 부풀어요.

2 ①에 옥수수전분을 섞습니다.
반죽의 농도를 보면서 원하는 상태가 될 때까지 물과 전분으로 조절합니다.

8
먹어도 무해한 핑거 페인트

손가락 그림을 그릴 때 물감처럼 사용할 수 있는 수제 핑거 페인트예요. 물감을 먹을까 걱정스러운 어린아이들에게 특히 좋은 장난감입니다. 유의할 점은 반죽이 너무 익어버리지 않게 점성이 생기면 바로 불에서 내려주는 거예요. 지나치게 가열하면 떡처럼 뭉쳐버리거든요.

재료

- 물 ······ 2컵
- 옥수수전분 ······ ½컵
- 설탕 ······ 3큰술
- 소금 ······ ½작은술
- 식용색소 ······ 약간

만드는 법

1. 식용색소를 제외한 분량의 재료를 모두 섞어 약한 불에 올리고 잘 저어주세요.
   반죽에 점성이 생기면 바로 불에서 내립니다.
2. 만들고 싶은 색의 수만큼 소분해서 용기에 담습니다.
   각각의 용기에 식용색소를 넣고 잘 섞어주면 완성.

9
마당 놀이용 페인트

마을놀이터에서 마당에 그림을 그리고 놀 때 사용하는 페인트를 만드는 방법이에요. 페인트 붓을 이용하여 그림을 그리면 알록달록 멋진 바닥화가 되지요. 다 그린 후에 3배 식초를 스프레이 용기에 담아 그림 위에 뿌리면 부글부글 거품이 일면서 또 다른 재미를 느낄 수 있답니다. 물로 지워야 하니 하수구가 가까이 있는 곳에서 그림을 그리는 게 좋아요. 마당에서 물놀이를 할 때 추천합니다.

재료

옥수수전분
베이킹소다
물
수채물감(식용색소)
3배 식초

만드는 법

1 옥수수전분과 베이킹소다를 1:1 비율로 섞어줍니다.
2 ①에 물을 넣어 잘 저으면서 원하는 농도가 되도록 만듭니다.
3 만들고 싶은 색의 수만큼 소분해서 용기에 담습니다. 각각의 용기에 식용색소를 넣고 잘 저어주면 완성.

10
물들인 파스타

여러 가지 모양과 크기의 파스타를 색색으로 물들이면 다양하게 활용할 수 있는 놀잇감이 됩니다. 소꿉놀이에 활용하기도 하고, 조용히 앉아 모양별, 색깔별로 분류해보거나 패턴 만들기, 수 세기도 가능하지요. 실에 꿰어 액세서리를 만들거나 콜라주 재료로도 활용할 수 있어요. 제가 참고한 외국 사이트에서는 파스타에 색소를 입히는 매개물로 식초를 사용했는데, 소주로 하니 냄새도 나지 않고 더 좋더라고요. 소주(식초)는 색소가 파스타에 골고루 묻을 정도로만 소량 사용합니다.

재료

파스타 ······ 한 줌
소주(혹은 식초) ······ 약간
식용색소 ······ 약간

만드는 법

1 비닐에 파스타를 한 줌 넣고 파스타에 고루 묻을 만큼 소주와 식용색소를 넣은 후 주물러 고루 섞습니다.
2 채반에 골고루 펴서 말리면 완성.

미주

1) 공자, 《논어》, 홍익출판사, 2016.
2) 신영복, 《담론》, 돌베게, 2015.
3) 강선보·김정환, 《교육학개론》, 박영사, 2016.
4) 임동석 역, 《등석자 윤문자 공손룡 신자》, 동서문화사, 2011.
5) 피에르 부르디외, 《구별짓기》, 새물결, 2005.
6) 법륜, 《엄마수업》, 휴, 2011.
7) A. S. 닐, 《문제의 아동》, 양서원, 1991.
8) 문은희, 《엄마가 아이를 아프게 한다》, 예담Friend, 2011.
9) 이혜정, 《서울대에서는 누가 A+를 받는가》, 다산에듀, 2014.
10) 조한혜정 외, 《노오력의 배신》, 창비, 2016.
11) Ann S. Epstein, The HighScope Preschool Curriculum: Approaches to learning, HighScope press, 2012.
12) Mary Hohmann, Many faces of child planning, Extension, Jan/Feb 1991 Vol 5, No 4, HighScope educational research foundation, 1991.
13) 김용언 기자(정리), 임경선, 송인수, 김대식, 김두식 좌담. 공부로 머리 '타 버린' 특목고 학생, 괜찮을까?: '공부의 신'과 맞서는 법. <공부논쟁> '한국사회 공부를 말한다' 공개좌담. 프레시안, 2014년 06월 07일 (www.pressian.com/news/article.html?no=117806)
14) Mark Tompkins, A look at looking back: Helping children recall, Extension, Jan/Feb 1990 Vol 4, No 4, HighScope educational research foundation, 1990.
15) 야누슈 코르착 저, 노영희 옮김, 《야누슈 코르착의 아이들》, 양철북, 2002.
16) 존 그레이 저, 김경숙 역, 《화성에서 온 남자 금성에서 온 여자》, 동녘라이프, 2010.
17) 이정화·박정언, 유아의 쌍 구성조건에 따른 Scaffolding 유형과 과제수행력, 열린유아교육연구, 제12권 제6호, p.311-335, 2007.
18) Ladd, G. W., Herald, S. L. & Andrews, R. K., Young children's peer relations and social competence. In Handbook of research on the education of young children, p.23-54, Mahwah, NJ: Erlbaum, 2006.
19) Epstein, A. S. Me, You, Us: Social-Emotional Learning in Preschool. HighScope Press, 2009.
20) Sroufe, L. A. & Fleeson, J. Attachment and the construction of relationship. In Relationships and development, p51-71, Hillsdale, NJ: Erlbaum, 1986.
21) 이 내용에 대해서는 Evans, B. You can't come to my birthday party!: Conflict resolution with young children. HighScope Press. 2002에 상세히 나와 있음.
22) 앨리스 밀러 저, 신홍민 역, 《사랑의 매는 없다》, 양철북, 2005.
23) 한나 아렌트 저, 김선욱 역, 《예루살렘의 아이히만-악의 평범성에 대한 보고서》, 한길사, 2006.
24) 미국 전국유아교육연합회. The National Association for Education of Young Children.
25) 헤드 스타트: 미국 연방정부에서 경제적·문화적으로 불우한 아동들을 위하여 국가적으로 개입하여 만든 유아교육 프로그램.

26) Miller, E., & Almon, J. Crisis in the kindergarten: Why children need to play in school. www.allianceforchildhood.org, 2009.

27) Ouellette, J. The death and life of American imagination. The Rake: Magazine. http://rakemag.com/2007/10/death-and-life-american-imagination/ October, 16, 2007; Lockhart, S. Play: An important tool for cognitive development. Extension, vol. 24, no. 3, HighScope educational research foundation, 2010에서 재인용.

28) 스튜어트 브라운·크리스토퍼 본 공저, 윤미나 역, 《플레이, 즐거움의 발견》, 흐름출판, 2010.

29) National Scientific Council on the Developing Child. Building the brain's "Air traffic control" system: How early experiences shape the development of executive function(working paper 11). Center on the Developing Child, Harvard University, 2011.

30) Marshall, B. Trust in children's play. Extension, vol. 27, no. 6. HighScope educational research foundation, 2013.

31) 기요노 사치코 글 그림, 고향옥 역, 《개구쟁이 아치 20: 주사는 무섭지 않아》, 비룡소, 2010.

32) 채인선 글, 유승하 그림, 《아기 오리 열두 마리는 너무 많아!》, 길벗어린이, 2007.

33) 홍혜경, 영유아 수학교육의 방향과 과제에 대한 고찰, 유아교육학논집, 제14권 4호, p.29-51, 2010.

34) Cross, C. T., Woods, T. A. & Schweingruber, H.. Mathematics learning in early childhood education, Washington DC: The national academic press, 2009.

Epstein, A. S. The HighScope Preschool Curriculum: Mathematics, HighScope Press, 2012.

35) www.nctm.org

36) Gelman, R., & Gallistel, C. R. The child's understanding of number, Cambridge, MA: Harvard University Press 1986; Epstein, A. S. The HighScope Preschool Curriculum: Mathematics, HighScope Press, 2012에서 재인용.

37) Epstein, A. S. The HighScope Preschool Curriculum: Science & Technology. HighScope Press, 2012.

38) National Council for the Social Studies. National curriculum standards for social studies: a framework for teaching, learning, and assessment, Silver Spring, MD: Author. 2010과 https://www.socialstudies.org를 참조함.

39) 앤서니 브라운 글 그림, 허은미 역, 《돼지책》, 웅진주니어, 2001.

40) 피에르 들리에 글, 세실 위드리지에 그림, 김양미 역, 《빵을 어떻게 나누지?》, 한국톨스토이, 2016.

41) Epstein, A. S. The HighScope Preschool Curriculum: Social Studies. HighScope Press, 2012.

42) Leslie, R. W. & De Gaetano, Y. ALERTA: a multicultural, bilingual approach to teaching young children, Menlo Park, CA: Addison-Wesley. 1985; Hohmann, M. & Weikart, D. P. Educating young children. HighScope press, 2002에서 재인용.

43) Baumrind, D., Effective Parenting During the Early Adolescent Transition. In P. A. Cowan & M. Heatherington (Eds.), Family Transitions. Hillsdale, NJ: Erlbaum, 1991.

44) Schaefer E. S., Children's Report of Parental behavior: An inventory. Child Development. 36, 1965.

45) 주희·여조겸 편,《근사록》, 홍익출판사, 1998.

46) 김은영 외, 영유아 사교육 실태와 개선방안, 육아정책연구소, 2016.

47) 도담희 외, 아동의 창의성 증진을 위한 양육환경과 뇌발달 연구, 육아정책연구소, 2016.

48) 통계청, 2016년 초·중·고 사교육비조사 결과, 통계청, 2017.

49) 송미영 외, PISA2012 결과에 나타난 우리나라 학생들의 성취 특성, 한국교육과정평가원, 2014.

50) 윌리엄 파운드스톤,《죄수의 딜레마》, 양문, 2004.

51) Marc Prensky, Digital Natives, Digital Immigrants. On the Horizon.MCB Univ Press, 2001.

52) 정현선,《시작하겠습니다, 디지털 육아》, 우리학교, 2017.

53) Yip, J., Levine, M. H., Lauricella, A. R. & Wartella, E., Early learning & healthy development in a digital age. In Farrell, A., Kagan, S. L., & Tisdal, E., The SAGE handbook of Early Childhood Research, SAGE Publications, 2015에서 재인용.

54) Guernsey, L., Levine, M., Chiong, C. & Severns, M., Pioneering literacy in the Digital Wild West: empowering parents & educators. New York: Joan Ganz Cooney Center at Sesame Workshop, 2012.

55) Steven, R. & Penuel, W. R., Studying and fostering learning through joint media engagement. Paper presented at the principal investigators meeting of the national science foundation's science of learning centers. Arlington. VA, 2010.

56) 김상기 기자, '서울대 졸업생 타대학 출신과 비교해 보니.. 지식·논리력 ↑ 인간관계·협동심 ↓' 국민일보 2007년 3월 3일. (v.media.daum.net/v/20070302190609919?f=o)

57) 최상덕, 미래 인재 양성을 위한 핵심역량 교육 및 혁신적 학습생태계 구축. 한국교육개발원, 2013.

남들처럼 육아하지 않습니다

ⓒ 차상진 · 하태욱, 2018

초판 1쇄 발행 2018년 6월 30일
초판 2쇄 발행 2018년 7월 23일

지은이 | 차상진 · 하태욱
펴낸이 | 이상훈
편집인 | 김수영
기획편집 | 오혜영 이미아 허유진
마케팅 | 조재성 천용호 박신영 조은별 노유리
경영지원 | 이해돈 정혜진 장혜정 이송이

펴낸곳 | 한겨레출판(주) www.hanibook.co.kr
등록 | 2006년 1월 4일 제313-2006-00003호
주소 | 서울시 마포구 효창목길 6(공덕동) 한겨레신문사 4층
전화 | 02) 6383-1602~3 **팩스** | 02) 6383-1610
대표메일 | happylife@hanibook.co.kr

ISBN 979-11-6040-170-7 13590

• 책값은 뒤표지에 있습니다.
• 파본은 구입하신 서점에서 바꾸어 드립니다.